国家出版基金项目
NATIONAL PUBLICATION FOUNDATION

"船舶智能制造关键共性技术"丛书

U0659212

船舶智能制造车间解决方案

储云泽　姜　军　周荣富　赵福财　主　编

哈尔滨工程大学出版社
Harbin Engineering University Press

内 容 简 介

　　本书旨在通过对国内外船舶智能制造发展现状和趋势进行分析,确定国内外船舶智能制造技术水平发展情况,指出国内推进船舶智能制造面临的问题和发展机遇。以构建智能船厂为目标蓝图,提出智能船厂建设总体规划,并对智能船厂架构设计、数据体系、整体管控平台及软硬件设备选型等提出解决方案,进一步细化提出船舶智能制造车间通用模型;重点围绕船体分段、管子加工、分段涂装三大作业环节,阐述船舶智能制造车间布局规划设计、总体架构与数据流通机制、管控体系要求、关键技术、实施路径等内容,总结形成船体分段、管子加工、分段涂装船舶智能制造车间解决方案;剖析国内知名船厂智能制造实践案例,帮助相关行业工作人员快速了解船舶智能制造的内涵与特征、关键技术、应用场景、实施路线与推进策略,有效降低投资风险。
　　本书适用于造船业相关领域的科技工作者、大中专院校的师生阅读,并能够为广大造船企业业务实推进船舶智能制造提供指导与帮助。

图书在版编目(CIP)数据

　　船舶智能制造车间解决方案 / 储云泽等主编. — 哈尔滨:哈尔滨工程大学出版社,2023.11
　　ISBN 978-7-5661-4028-9

　　Ⅰ. ①船… Ⅱ. ①储… Ⅲ. ①造船-智能制造系统-车间管理 Ⅳ. ①U671-39

　　中国国家版本馆 CIP 数据核字(2023)第 129283 号

船舶智能制造车间解决方案
CHUANBO ZHINENG ZHIZAO CHEJIAN JIEJUE FANG'AN

选题策划　史大伟　雷　霞　汪　璇　周长江
责任编辑　王丽华　张　昕
封面设计　李海波

出版发行	哈尔滨工程大学出版社
社　　址	哈尔滨市南岗区南通大街 145 号
邮政编码	150001
发行电话	0451-82519328
传　　真	0451-82519699
经　　销	新华书店
印　　刷	哈尔滨午阳印刷有限公司
开　　本	787 mm×1 092 mm　1/16
印　　张	13.75
字　　数	318 千字
版　　次	2023 年 11 月第 1 版
印　　次	2023 年 11 月第 1 次印刷
书　　号	ISBN 978-7-5661-4028-9
定　　价	74.00 元

http://www.hrbeupress.com
E-mail:heupress@ hrbeu.edu.cn

"船舶智能制造关键共性技术"丛书
编 委 会

《船舶智能制造车间解决方案》
编　委　会

主　编

储云泽　　姜　军　　周荣富　　赵福财

副主编

于　航　　郤金波　　汪　璇　　赵　晶　　周昌智　　周同明

编写人员

周文鑫	谢子明	黄敏健	饶　靖	朱若凡	王　旭
牛延丹	陈好楠	张　然	马秋杰	沈文轩	邵明智
杨　虎	李　波	吴　韩	陈卫彬	封雨生	徐　鹏
张　宇	胡小锋	张亚辉	陆燕辉	马誉贤	刘建峰
杨　振	倪　健	张宝民	苏华德	邵志杰	刘　华
吴　佩	马景辉	范玉顺	田　凌	刘连臣	李敬花
杨博歆	周青骅	习　猛	瞿雪刚	罗　金	万　莉
钱振华	周　瑜	戴　伟	马彦军	伍英杰	宋建伟
张亚运	王素清	沈　伟	刘玉峰	唐诗渊	唐永生
李　迎	张　俭	陆　豆	张致宁	李　季	

前　言

随着全球新一轮科技革命和产业变革深入发展，新一代信息技术与先进制造技术加速融合，为制造业高端化、智能化、绿色化发展提供了历史机遇，世界造船强国纷纷规划建设智能船厂，以智能制造为抓手，力图抢占全球制造业新一轮竞争制高点。船舶制造是典型的离散型生产，具有船厂空间尺度大、船舶建造周期相对较长、工艺流程复杂、单件小批量生产、中间产品种类繁多、物理尺寸差异大、作业环境相对恶劣等行业特点，对智能制造技术提出了特殊要求。

近年来，在国家的关心指导、行业的不断努力下，我国船舶工业实现了跨越式发展，产业规模迅速扩大，国际市场份额大幅跃升，造船三大指标位居世界前列，船舶工业核心设施和技术能力大幅提升，形成了长三角、珠三角和环渤海湾三大造船基地；造船核心设施能力达到国际领先水平，骨干船厂建立起以中间产品组织生产为特征的现代总装造船模式，并不同程度地开展了智能化转型探索工作，取得了一定成效。但是我国船舶工业大而不强的问题依然存在，造船质量、效率与世界先进造船国家相比还存在一定差距，我国船舶制造业处于数字化制造起步阶段，各造船企业发展水平参差不齐，三维数字化工艺设计能力不足，关键工艺环节装备自动化水平不高，基础数据缺乏积累，互联互通能力薄弱，集成化水平低等问题亟待解决。未来的10~20年是我国由造船大国向造船强国迈进的关键时期，也是我国造船企业通过技术创新实现转型升级、由大到强的重要发展机遇期，风险更大，挑战更为激烈。

为贯彻落实海洋强国、造船强国国家战略，国家相关部委先后发布了《推进船舶总装建造智能化转型行动计划（2019—2021年）》（工信部联装〔2018〕287号）、《船舶总装建造智能化标准体系建设指南（2020版）》（工信厅科〔2020〕36号）等规划文件，旨在加快新一代信息通信技术与先进造船技术的深度融合，提高我国造船效率和质量，推进船舶总装建造数字化、智能化转型。2016年12月20日，工业和信息化部、财政部批复"船舶智能制造关键共性技术专项"项目立项，专项以船舶智能车间为对象，研究突破船舶智能制造关键共性技术，形成船舶智能制造核心技术和系统集成能力，使我国船舶企业建造技术水平跃上一个新台阶，缩短与国际先进造船国家的差距。通过"船舶智能制造关键共性技术专项"四年的研究，形成了一批船舶智能制造关键技术研究成果。为更好地推广科研成果，实现行业共享,项目组将专项的主要研究成果编辑成一套"船舶智能制造关键共性技术"丛书,该丛书以船舶智能车间为对象,通过对面向智能制造的船舶设计技术、船舶智能制造集成技术应用以及互联互通的船舶智能制造车间基础平台开发的相关研究总结,形成船舶智能制造关键共性技术的知识文库,为我国造船企业推进智能制造提供方向指引和知识支撑,助推提升企业造船效率和质量水平,为进一步构建智能船厂,实现我国由造船大国向造船强国的转变打下坚实基础。

本丛书共十一分册,各分册主要内容如下:

第一分册《船舶智能制造数字化设计技术》主要介绍船舶智能制造的数据源头数字化设计技术,包括基于统一三维模型的详细设计及审图、设计与生产集成、三维工艺可视化作业指导以及面向智能制造的产品数据管理系统开发与应用等内容。

第二分册《船舶智能制造工艺设计》主要介绍船体构件加工成形、船体焊接、管子加工、船体结构件装配、分段舾装、涂装等关键工艺环节的工艺模型设计、工艺特征描述、工艺路线设计、工艺知识库构建。

第三分册《船舶智能制造模式》主要介绍造船企业智能化转型的目标图像,分析国内骨干造船企业智能制造技术总体水平与差异,构建以信息物理系统为核心的船舶智能制造系统架构,研究船舶智能制造的设计、管控生产模式,并给出实施路径与评估评价方法。

第四分册《船舶智能制造车间解决方案》主要介绍船舶智能车间通用模型、面向智能制造的船舶中间产品工艺路线制定,提出船体分段、管子加工与分段涂装智能车间解决方案。

第五分册《船舶中间产品智能生产线设计技术》主要介绍国内骨干船厂中间产品生产线的发展现状以及对自动化、智能化程度的需求,研究型材切割、条材切割、船体小组立、平面分段、管子加工等典型中间产品生产线的设计方案,设计开发智能控制系统并验证,支持各类中间产品智能生产线的应用。

第六分册《船舶智能制造的统一数据库集成平台》主要介绍数据库顶层设计、数据库设计规范、数据库标准接口和数据库集成开发技术。

第七分册《船厂大数据技术应用》主要介绍船厂大数据应用的顶层设计、大数据质量保证、大数据分析和应用使能工具等技术,并对基于大数据的派工管控协同优化、分段物流分析与智能优化、船厂能源管控优化进行应用研究。

第八分册《船舶车间智能制造感知技术》主要介绍船舶分段制造车间定位技术、船舶制造中间产品几何信息感知技术、车间资源状态信息采集技术、船舶焊接与涂装车间环境感知应用技术。

第九分册《船舶制造车间组网技术》主要介绍船舶制造车间复杂作业环境下的网络构建和覆盖、制造过程物联,构建基于物联网的可控、可管、可扩展和可信的船舶分段制造车间网络空间架构。

第十分册《船舶智能制造海量数据传输与融合技术》主要介绍基于三维模型的海量数据传输技术及海量异构数据融合、管理技术。

第十一分册《船舶分段车间数字化多工位协同制造技术》主要介绍船舶分段制造车间切割、焊接等多工位协同作业、协同机制分析技术与船舶制造现场多数据源协同集成技术。

本丛书是项目团队花费大量时间和精力研究、编写的成果,希望能够得到广大读者的认可和支持。同时,我们也期待着读者的宝贵意见和建议,以便我们不断改进和完善本丛书的内容,为读者提供更加优质的服务和产品。

最后,我们要感谢所有参与本丛书编写和出版的人员及单位,他们的付出和支持是本丛书能够顺利出版的重要保障;还要感谢所有关注和支持智能制造技术发展的人,让我们共同推动智能制造技术在船舶行业的广泛应用和发展,为实现船舶工业数字化、智能化转型而不懈努力!

编 者

2023 年 5 月

目　　录

第1章　船舶智能制造发展概况

1.1　概　　述

本章重点论述船舶智能制造发展概况,通过对国内外船舶智能制造的发展现状和趋势进行分析,进一步对国内外船舶建造技术水平做出总体判定,清晰指出当前船舶行业推进智能制造面临的问题,并提出以智能车间为抓手,推进船舶智能制造的发展。

1.2　国内外船舶智能制造发展现状及趋势分析

1.2.1　国外船舶智能制造发展现状及趋势分析

面对日趋激烈的国际竞争,为确保韩国造船业国际竞争优势,2021年9月,韩国政府实施《K-造船再腾飞战略》,战略的核心目标是"将韩国建成世界第一造船强国",加强基于数字化的生产能力。2022年10月19日,韩国政府发布《确保造船产业超级差距战略》(图1-1),该战略仍以绿色智能为发展主线,以恢复市场、绿色、数字转型为契机,抢占造船产业未来技术优势,确保超差距竞争力。新战略提出开发并推广适合中小型船厂及配套企业的智能船厂技术,开发造船产业数字化转型制造革新技术(预计2024—2029年,共计投入经费2 800亿韩元)。

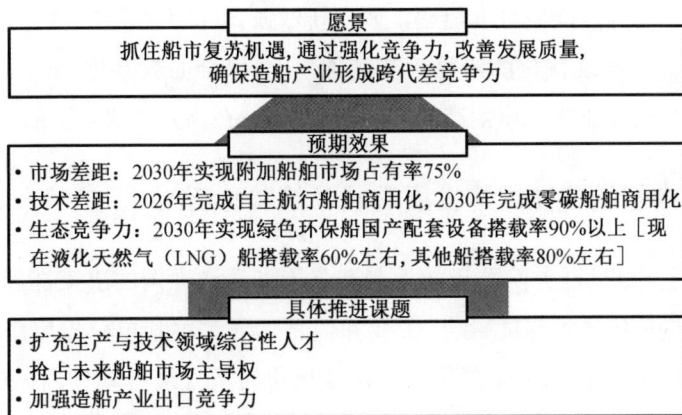

愿景

抓住船市复苏机遇,通过强化竞争力,改善发展质量,
确保造船产业形成跨代差竞争力

预期效果

· 市场差距:2030年实现加船舶市场占有率75%
· 技术差距:2026年完成自主航行船舶商用化,2030年完成零碳船舶商用化
· 生态竞争力:2030年实现绿色环保船国产配套设备搭载率90%以上〔现在液化天然气(LNG)船搭载率60%左右,其他船搭载率80%左右〕

具体推进课题

· 扩充生产与技术领域综合性人才
· 抢占未来船舶市场主导权
· 加强造船产业出口竞争力

图1-1　《确保造船产业超级差距战略》框架

在韩国国家战略引领和推动下,韩国三大造船企业纷纷将智能制造作为提质增效的重要手段,以智能车间/区域作为基本单元,以实现2030年建设成为世界一流的智能船厂的目标愿景进行推进。日韩等国造船企业重点开展了以下工作。

(1)制造过程自动化、智能化

日韩先进的造船企业在加工、焊接等制造过程中均实现了高度自动化、智能化,构建专业化、智能化流水线,实现节拍化流水式生产,同时将人工智能(AI)、大数据、物联网等新一代信息技术应用于生产制造过程,实现高效生产。

韩国骨干船厂在自动化、智能化方面开展了深入的研究和应用,研制组立焊接、激光复合焊接、全位置智能焊接等智能装备,同时开发了焊接监控系统、远程检测平台、焊接变形和精度管理等智能生产系统,从而提高了生产质量与效率。持续推进总段建造工艺,建设数字化船坞,研发总段搭载精准定位控制系统,提升了后行作业坞内化率,外场作业工厂化、大型设备的高效化及现代化生产。

(2)业务数字化升级

韩国船厂利用数字孪生、人工智能、大数据等新技术,实现生产作业、分段物流、试验试航等业务数字化升级。现代重工(中国)电气有限公司应用韩国造船海洋的数字举例船舶平台(HiDTS)实现虚拟试航,能减少在海上进行试航的时间,最多可以节省30%的费用。韩国大宇船厂利用智能终端、无人机、增强现实(AR)等新技术,辅助生产作业,实现现场业务智能化,提高了生产效率;研发重型设备监控系统、分段过程监控系统、基于地理信息系统(GIS)的集成监控平台、基于物联网的智能标签位置管理系统等,实时监控船厂起重机、叉车等设备状态,实现了物料与装备可视化、分段精确定位。

日本为提升船舶制造业竞争力,推出了一项新的船舶产业创新政策——"i-shipping",计划将物联网、大数据技术应用到船舶运营和维修中,通过及时反馈信息达到设计、建造、运营和维护一体化的效果,实现从提升产品和服务能力、开拓商业领域、提升船舶制造能力和加强人力资源储备等方面使日本船舶工业创新做强,以扩大产品出口量,提升产业价值。

欧美船厂在高水平现代化的造船工艺基础之上,以全面数字化、自动化和网络化平台为支撑,组建模块化、专业化合作生产的动态联盟,保持在高人力成本下的竞争优化。

1.2.2 国内船舶智能制造发展现状及趋势分析

为贯彻落实党中央、国务院关于建设制造强国和海洋强国的决策部署,加快新一代信息通信技术与先进造船技术深度融合,工业和信息化部等主管单位先后制定、印发了一系列政策文件。2017年,《船舶工业深化结构调整加快转型升级行动计划(2016—2020年)》和《海洋工程装备制造业持续健康发展行动计划(2017—2020年)》正式发布,明确了"十三五"期间船舶工业深化结构调整加快转型升级的总体要求、重点任务和保障措施,引导船舶企业健康平稳发展。2018 年 12 月,工业和信息化部、国家国防科技工业局联合印发《推进船舶总装建造智能化转型行动计划(2019—2021 年)》,提出加快新一代信息通信技术与先进造船技术深度融合,逐步实现船舶设计、建造、管控与服务全生命周期的数字化、网络化、智能化,推动船舶总装建造智能化转型。

国内骨干造船企业"点、线、面"三位一体,系统推进船舶总装建造数字化、智能化转型升级,"点"上突破了一批智能制造关键技术和短板装备,"线"上集成了型材、条材、小组立、平面分段、管子加工等中间产品智能生产线,"面"上研发了分段车间制造执行管控系统,提高了船舶分段建造阶段的质量与效率,自主可控水平显著提升。

1.3　船舶制造技术发展特点及水平

1.3.1　国内外船舶制造技术水平的总体判定

从"工业 4.0"的角度,国外先进造船企业处于由"工业 3.0"向"工业 4.0"推进阶段,日韩等国外先进造船企业普遍使用了数字化、自动化和精益生产等技术,实现厂域空间全网络覆盖,物联网技术被大量应用;大数据技术在局部领域被应用,由智能单元向智能生产线推进,为智能车间/船厂打下了坚实的基础。国内骨干船厂总体处于"工业 2.0"阶段,正向"工业 3.0"迈进,国内船厂在数字化技术、自动化技术、精益生产技术等方面的发展水平参差不齐,骨干企业仍有短板需补齐;少量骨干企业在物联网、智能单元/产线/车间等方面取得一定进展,但与国际先进水平相比仍有较大差距。

1.3.2　推进船舶智能制造面临的问题

虽然我国船舶工业取得了长足进步,但与国际先进水平相比,尚存在较大差距,造船效率仅是日韩的 1/3,造船设计、制造和管理一体化平台技术处于初级阶段,难以满足船舶工业提高企业综合素质和整体效率的需要。具体表现在数字化工艺设计能力不足、制造装备与系统的自动化与智能化水平低、过程管控缺少有效的数据支持、制造技术与信息技术融合程度低,从而影响着我国船舶工业推进智能制造的深入发展。特别是受国际金融危机深层次影响,国际船舶市场需求大幅下降,手持订单持续减少,产业发展下行压力较大、环保要求不断升级;国际航运和造船新规范、新公约、新标准密集出台,船舶产品节能、安全、环保要求不断升级;需求结构加快调整,节能环保船舶、高技术船舶、海洋工程装备等高端产品逐渐成为新的市场增长点。世界船舶工业已经进入新一轮深刻调整期,围绕技术、产品、市场的全方位竞争日趋激烈。同时我国船舶工业创新能力不强、高端产品研发能力薄弱、配套产业落后等结构性问题依然存在,特别是产能过剩矛盾加剧。

1.3.3 推进船舶智能制造发展机遇

在船舶行业推进智能制造层面,我国明确提出以提质增效为中心,以加快新一代信息技术与制造业深度融合为主线,以推进智能制造为主攻方向,全面推进制造型产业转型升级,并把海洋工程及高技术船舶列为国家十大重点发展领域。在市场需求的驱动下,国内骨干船厂逐步开展了一系列关于智能船厂方面的有益探索,将新模式、新技术、新装备引入船舶建造过程中,进一步提升国内造船企业的软实力,推进我国船舶工业高质量发展。

随着新一代信息通信技术的快速发展,数字化、网络化、智能化已经成为未来船舶制造业发展的重要趋势。近年来,我国船舶工业快速发展,骨干船舶企业不同程度地开展了智能化转型的探索工作,智能科研攻关取得了积极进展,智能技术工程化应用成效初显,具备了一定的技术和产业基础。但是,我国船舶制造业总体上仍处于数字化制造起步阶段,企业发展水平参差不齐,三维数字化工艺设计能力严重不足,关键工艺环节仍以机械化、半自动化装备为主。面对我国与国外在造船技术上存在的差距,我国以提升造船质量、效率和效益为核心,以推进数字化、智能化造船为重点,以关键环节智能化改造为切入点,突破一批关键共性技术和短板装备,夯实智能制造基础,推进船舶设计、建造、管理与服务数字化、网络化集成,建立车间级现场网络,系统集成智能生产线与设备单元,构建虚实一体制造信息物理系统,以制造大数据和知识重用为基础,持续优化车间制造过程,形成涵盖智能单元、智能生产线、数据采集与感知和智能管控系统等完整高效的智能车间,加快促进我国船舶建造技术水平提升,增强国际市场竞争力,支撑我国船舶工业由大到强的转变。

1.4 本章小结

本章重点从国外、国内两个角度,分别就国家战略、行业推进到骨干船厂等层面对船舶智能制造的发展现状、趋势进行分析,并在此基础上,对国内外骨干造船企业的船舶建造技术水平进行评价判定。与国外先进造船企业相比,特别是在智能制造方面,本章分析并提出我国造船企业存在的问题,明确了以智能车间为基础推进智能船厂建设的目标愿景。

第 2 章　智能船厂顶层规划

2.1　概　　述

本章以智能车间为基础,以推进智能船厂建设为出发点,以打造船舶智能建造模式为核心,从设计、生产、管理三个方面对智能船厂进行顶层规划,以实现建设具有全球竞争力的智能船厂为目标愿景。

2.2　智能船厂建设的战略愿景、目标及实施路径

2.2.1　智能船厂建设的战略愿景

到 2025 年,初步建立网络化、协同化、智能化的船舶建造新模式,推广应用先进制造工艺与成熟智能装备,推进基于大数据分析的决策支持、可视化等技术应用,形成涵盖智能单元、智能生产线、感知系统和智能管控系统等的完整智能车间集成平台,建成高质、高效、柔性制造的船舶智能制造车间,进一步构建智能船厂。

到 2035 年,全面建立网络化、协同化、智能化的船舶建造新模式,并在船厂区内构建互联互通的数据网络,实现大数据驱动的智能决策和流水式生产,形成面向总装厂的智能化设计、制造、试验、管控、服务一体化集成平台,实现船舶建造敏捷化、柔性化、高效化与绿色化生产,建成智能船厂,全面实现造船强国目标。

2.2.2　智能船厂建设的目标

以效率提升、质量提高、周期缩短、成本下降为目标,围绕船舶总装建造设计、生产、管控、服务四大领域统筹推进智能船厂建设,深入贯彻新一代信息技术和船舶先进制造技术深度融合与创新应用,实施并应用一批自主可控的智能装备、系统平台和解决方案,形成以中间产品为导向的智能化流水式生产,实现一体化数字设计、智能化高效生产、精益化协同管控、远程化维修保障的智能船厂,如图 2-1 所示。

2.2.3　智能船厂建设的实施路径

智能船厂建设工作是一项庞大的系统工程,需要船舶建造企业广泛参与,加强组织领导、建立组织体系,按照统筹规划、分步实施的基本原则,保障智能船厂建设工作的顺利推进。

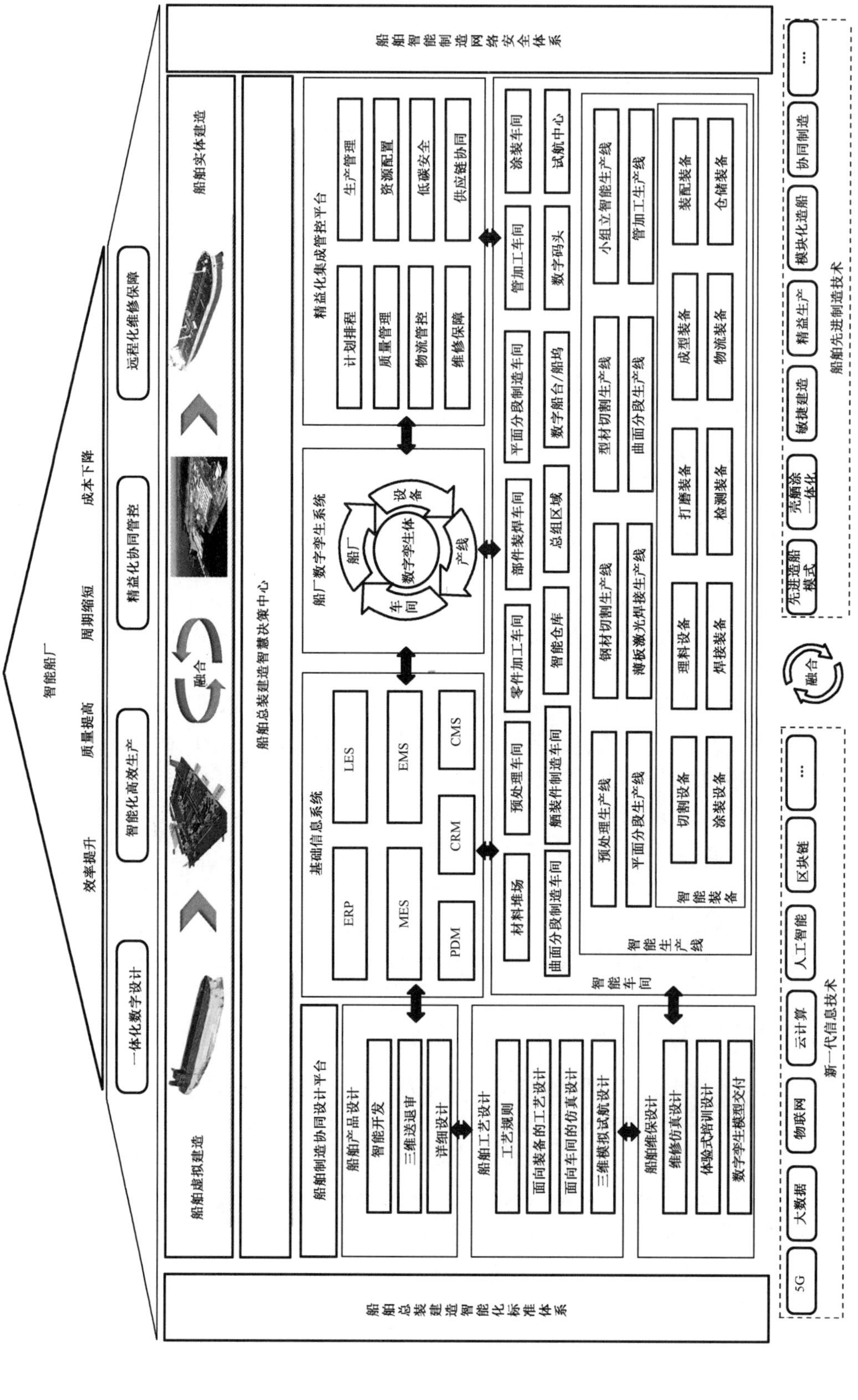

图2-1 智能船厂目标图像

（1）加速推进建设，构建智能车间

加快推进网络化、协同化、智能化的船舶建造新模式建立，推广应用先进制造工艺与成熟智能装备，形成涵盖智能单元、智能生产线和车间管控系统的智能车间，建成高质、高效、柔性制造的船体联合、管子、涂装等一批智能车间。

（2）协同跨越阶段，构建智能船厂

持续推进网络化、协同化、智能化的船舶建造新模式建立，构建船舶智能制造技术体系和标准体系，推进基于大数据分析的决策支持、可视化等技术应用，构建厂域级的智能感知系统和管控系统，形成完整的智能车间集成平台，建成数字化智能船厂。

（3）全面推进阶段，建成智能船厂

升级网络化、协同化、智能化的船舶建造新模式，完善智能生产线、智能车间及智能产品研制等领域的研究，形成面向船舶总装厂的智能化设计、制造、管控、服务一体化集成平台，全面建成智能船厂。

2.3 智能船厂构建总体规划

以新一代信息技术与先进制造技术深度融合为主线，以提升创新、供给、支撑能力和应用水平为着力点，加快构建智能船厂，为实现建设具有全球竞争力的智能船厂的目标，制定智能船厂构建总体规划，如图2-2所示。

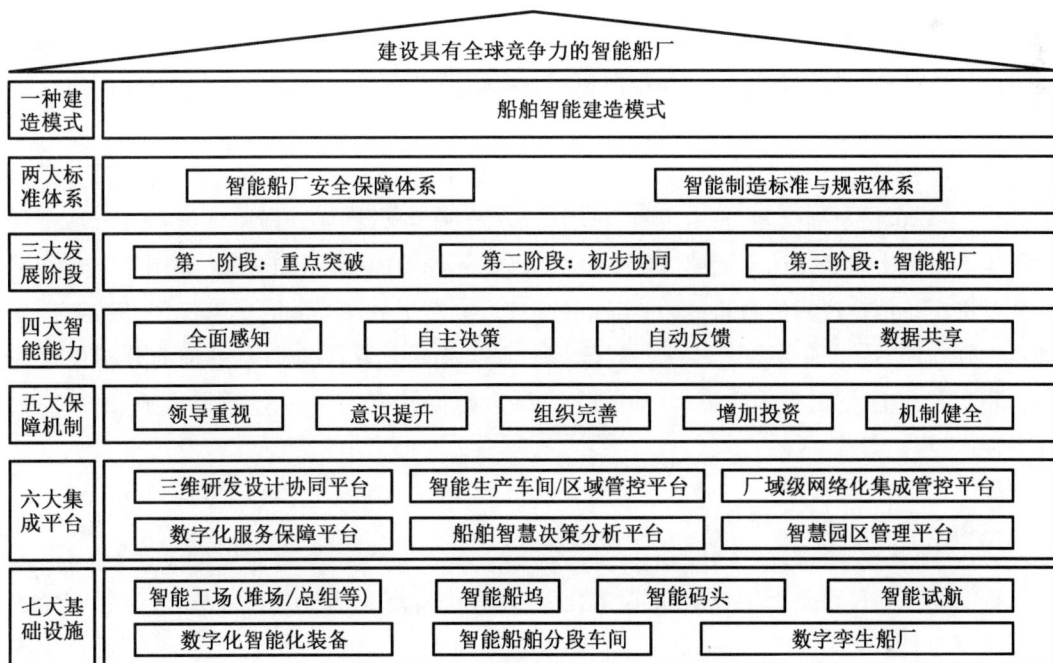

图 2-2 智能船厂构建总体规划

智能船厂构建总体规划主要包含一种建造模式、两大标准体系、三大发展阶段、四大智能能力、五大保障机制、六大集成平台、七大基础设施等,具体内容如下。

2.3.1　一种建造模式

加快推进新一代信息技术与船舶先进制造技术深度融合和创新应用,构建以中间产品为导向的智能化流水生产的船舶智能建造模式,如图 2-3 所示。

2.3.2　两大标准体系

加快构建智能船厂安全保障体系和船舶智能制造标准与规范体系,充分发挥标准的指导、规范、引领和保障作用,为数字化船厂智能制造建设保驾护航。船舶总装建造智能化标准体系如图 2-4 所示。

2.3.3　三大发展阶段

船舶智能制造贯穿于船舶设计、生产、管理、服务等各个环节,是一项极其复杂的系统工程。智能船厂建设按照“点、线、面”的整体思路,分为“重点突破、初步协同、智能船厂”三个大的建设阶段系统推进,如图 2-5 所示。

2.3.4　四大智能能力

四种智能能力是定义智能船厂的基本特征,解释智能船厂在设计、生产、管控、服务等领域的具体体现。智能船厂的主要特征包括:一体化数字设计、智能化高效生产、网络化协同管控、智慧化运维服务,如图 2-6 所示。

根据智能船厂的四大特征,按照智能制造的基本要求,要实现智能制造必须具备的四大能力,主要包括全面感知、自主决策、自动反馈、数据共享,即实现对生产线、智能设备、软件等生产对象实时状态的全面感知能力;实现以业务管控模型、专家经验、案例库闭环持续优化及资产价值全过程的分析能力;实现以业务管控模型、专家经验、案例库闭环持续优化的自主判断能力;实现对决策过程、经营体系、生产流程及资产价值全过程的分析优化能力。要实现自主感知、自主决策、自动反馈,必须以数据共享为基础,实现跨专业、跨部门的业务贯通、数据集成。

2.3.5　五大保障机制

智能船厂的建设是一项长期、艰巨的任务,在其中肯定会遇到各种挑战,没有强有力的保障机制,可能难以顺利推进。因此,需要建立五大保障机制,主要包括领导重视、意识提升、组织完善、增加投资和机制健全等。

生产模式

企业级车间制造执行系统

管子加工车间
车间制造执行系统
生产过程数据采集和分析系统
| 数字化管子堆场 | 小管径加工生产线 | 中管径加工生产线 | 大管径加工生产线 | 管子智能加工设备 | 管子分拣装备 | 管子试压装备 | 管子表面处理装备 | 其他装备产线 |

智能仓库
仓库管理系统
管理过程数据采集和分析系统
| 钢结构货架 | 堆垛起重机 | 可识别钢制托盘 | 托盘移运装置 | 其他 |

船体分段车间
车间制造执行系统
生产过程数据采集和分析系统
| 数字化钢材堆场 | 钢材预处理生产线 | 型材切割生产线 | 型材切割生产线 | 零件打磨装备 | 复杂曲面加工装备 | 小组立焊装生产线 | 中型平面分段生产线 | 曲面分段流水线 | 分段移运装置 | 其他装备产线 |

数字化船台/船坞
船台/船坞制造执行系统
生产过程数据采集和分析系统
| 爬壁式焊接机器人 | 爬壁式涂装机器人 | 全三维测量装置 | 舾部作业平台 | 其他设备 |

数字化总组区域
车间工艺流程及布局的数字化建模
总组区域制造执行系统
生产过程数据采集和分析系统
| 爬壁式焊接机器人 | 爬壁式涂装机器人 | 全三维测量装置 | 结构焊接机器人 | 其他装备 |

涂装车间
车间制造执行系统
生产过程数据采集和分析系统
| 喷砂机器人 | 扫砂机器人 | 涂装机器人 | 其他装备 |

设计模式
基于模型的数字化设计体系
| 船舶基础数据库 | 全三维船舶设计系统 | 产品数据管理系统 | 厂所一体化协同设计平台 |

服务模式
| 造船产业供应链协同服务平台 | 造船产业链协同服务远程运维平台 |

管理模式
企业一体化综合信息管理平台
| 企业资源计划管理系统 | 造船大数据分析与决策系统 |

互联互通
感知采集
| 传感器 | 智能仪表 | 二维码 | 条形码 | PAD | FRID | 其他 |
数据传输平台
| 物联网 | 无线网络 | 互联网平台 | 网络安全 | 其他 |
数据传输及存储
| 集中存储 | 异地容灾 | 其他 |

智能制造基础
标准规范体系
| 基础共性标准 | 关键技术标准 | 船舶应用标准 |

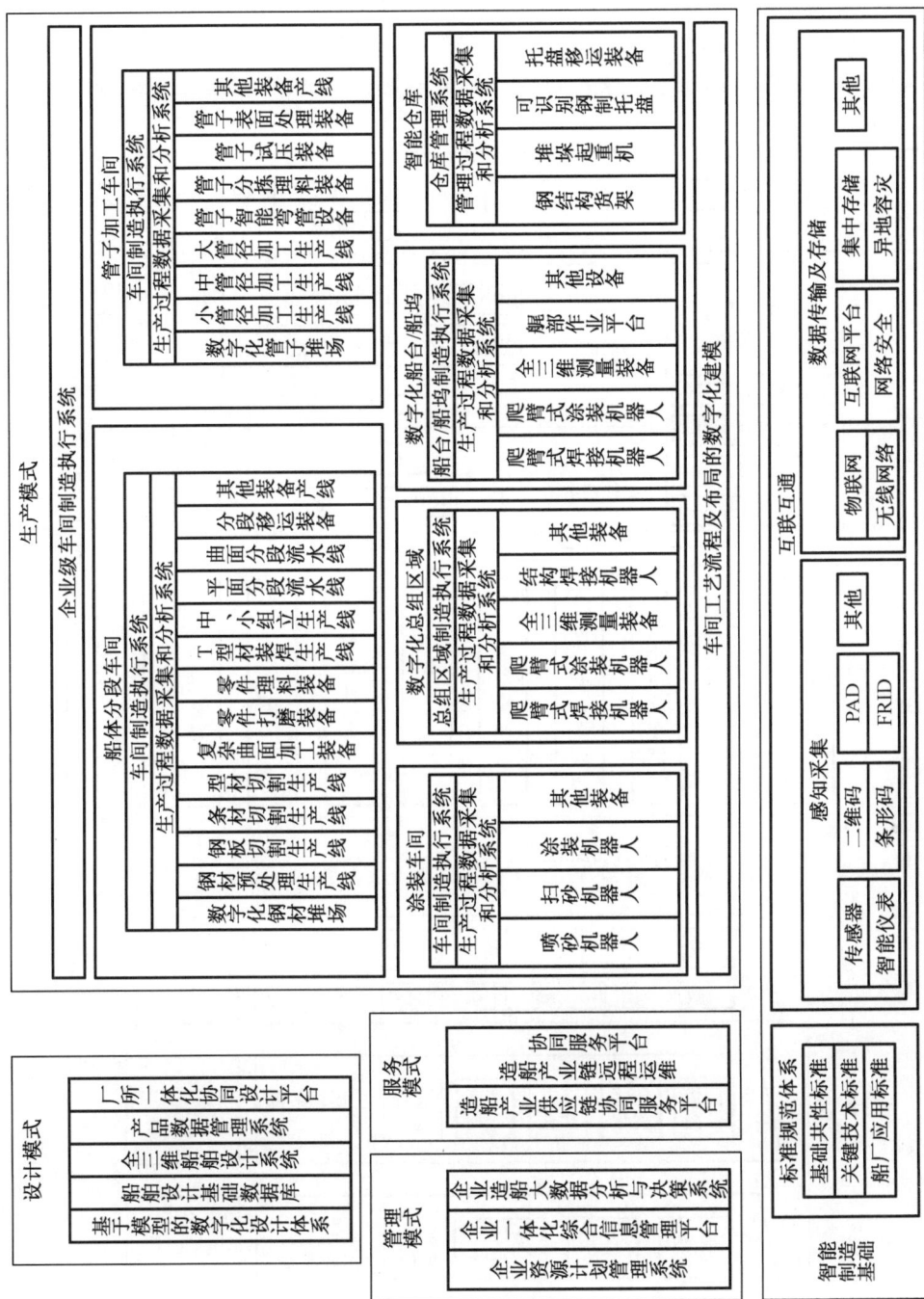

图2-3　船舶智能建造模式

推进智能船厂建设是造船企业提高未来核心竞争力的重要途径,智能制造技术的发展将会带动船舶产品设计方法和工具的创新、企业管理模式的创新和企业间协作关系的创新,进而实现产品设计制造数字化、生产过程控制智能化、企业管理信息化和服务网络化,最终提升企业的核心竞争力。

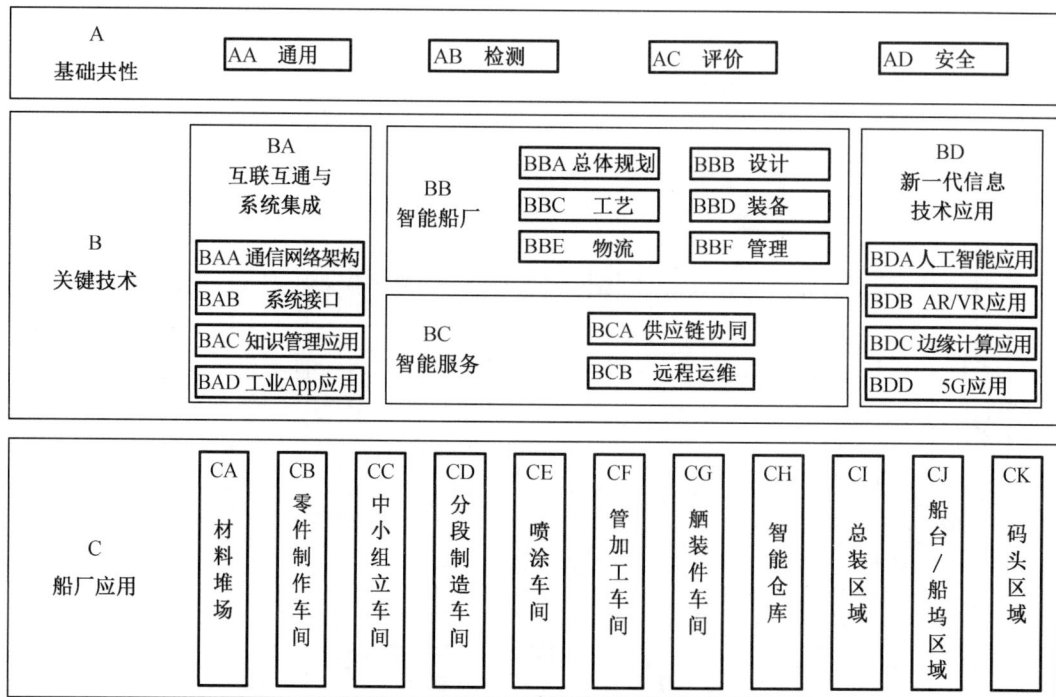

图2-4 船舶总装建造智能化标准体系

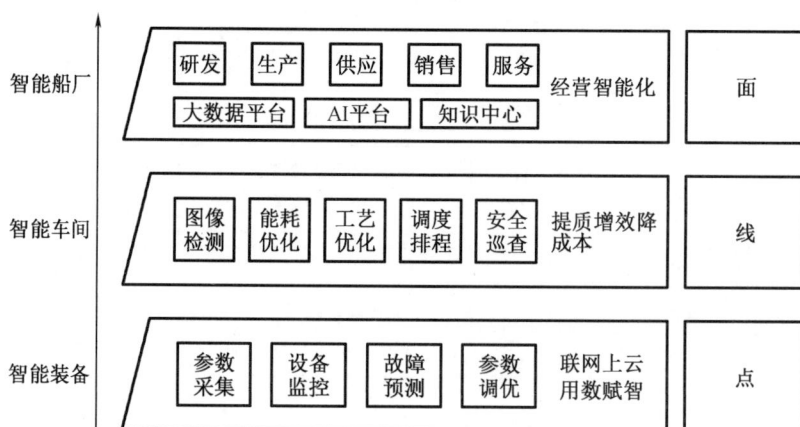

图2-5 实现智能船厂目标的"三步走"思路

2.3.6 六大集成平台

智能船厂集成平台建设内容主要包括三维研发设计协同平台、智能生产车间/区域管控平台、厂域级网络化集成管控平台、数字化服务保障平台、船舶智慧决策分析平台、智慧园区管理平台等。

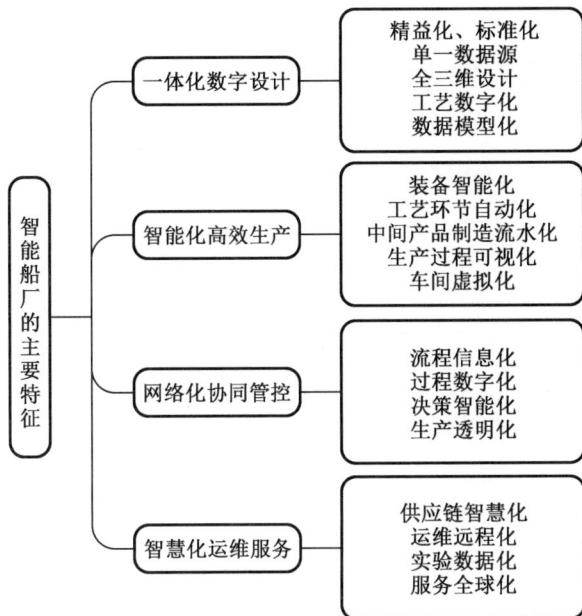

图 2-6　智能船厂的主要特征

（1）三维研发设计协同平台

数字化研发设计为基于单一数据源进行全三维研发设计，支持基于模型的设计、管理、制造一体化协同，满足模型驱动的船舶产品全生命周期数字化集成研制模式。三维研发设计协同平台的功能架构如图 2-7 所示。

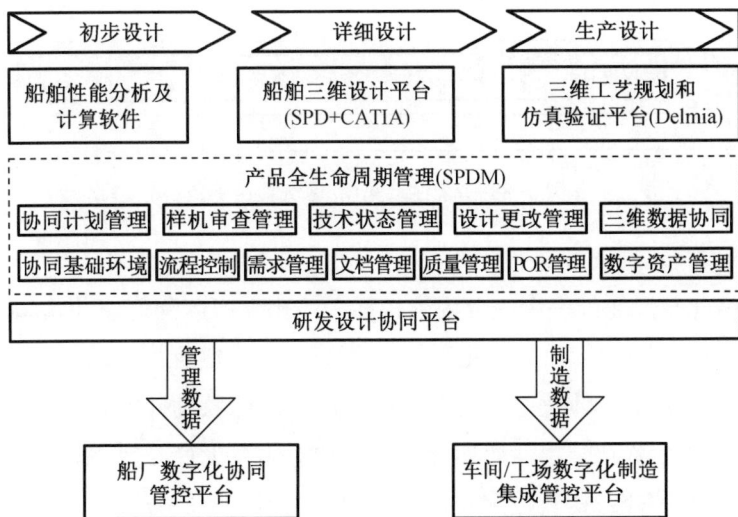

图 2-7　三维研发设计协同平台的功能架构

（2）智能生产车间/区域管控平台

以生产计划和成本控制为主线，通过"统一管理标准、统一管理流程、统一数据处理、统一资源平衡"，将造船过程中所需的"人机料法环测"等信息融于智能生产制造集成管控平台软件系统中，把静态、孤立的信息资源变为可共享的信息资源。通过迅速有效地反馈有关信息，加强协同作业，合理安排人力、财力、物力资源，达到缩短造船周期、提高产品质量、降低造船成本的目的，如图2-8所示。

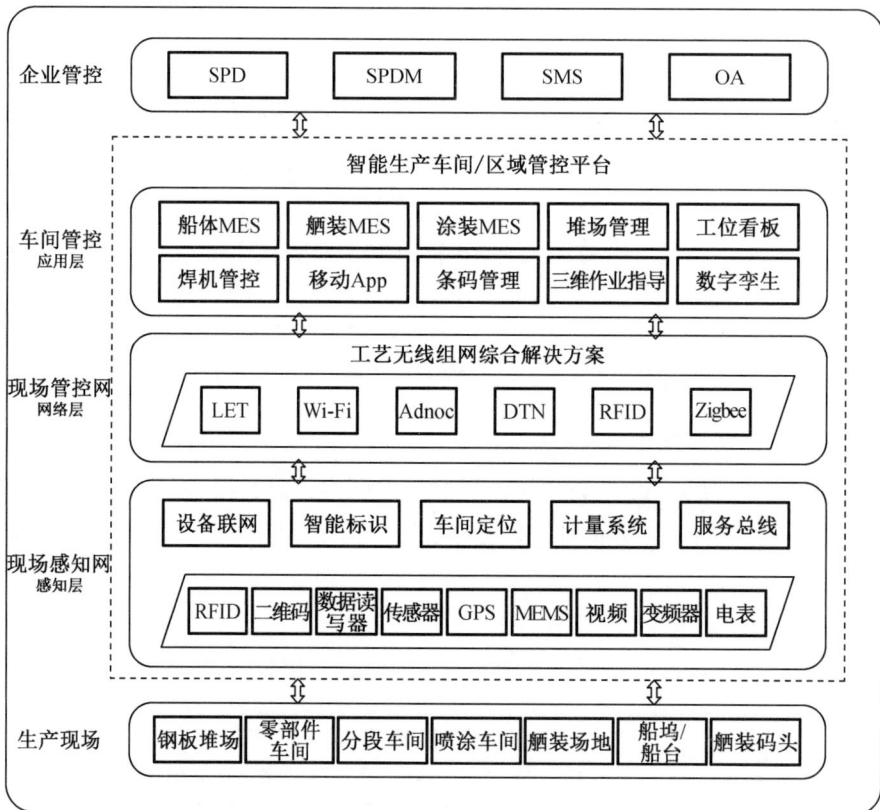

图2-8　智能生产车间/区域管控平台

（3）厂域级网络化集成管控平台

厂域级网络化集成管控平台主要内容包括一体化生产运营管控、供应链管理、设备资产全生命周期管理的流程体系，一体化生产运营管控、供应链管理、设备资产全生命周期管理的平台架构解决方案，一体化生产运营管控应用功能体系设计方案，供应链管理应用功能体系设计方案，设备资产全生命周期管理应用功能体系设计方案，基于大数据的企业智慧运营中心架构设计方案，构建数字化协同管理的规划和解决方案。通过计划为核心、设计为信息源、物料为支撑、生产为中心、质量为保障及其他综合业务为支持的一体化全流程造船协同管理的体系，最终实现产品信息互联互通。智能船厂管控平台整体架构如图2-9所示。

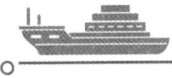

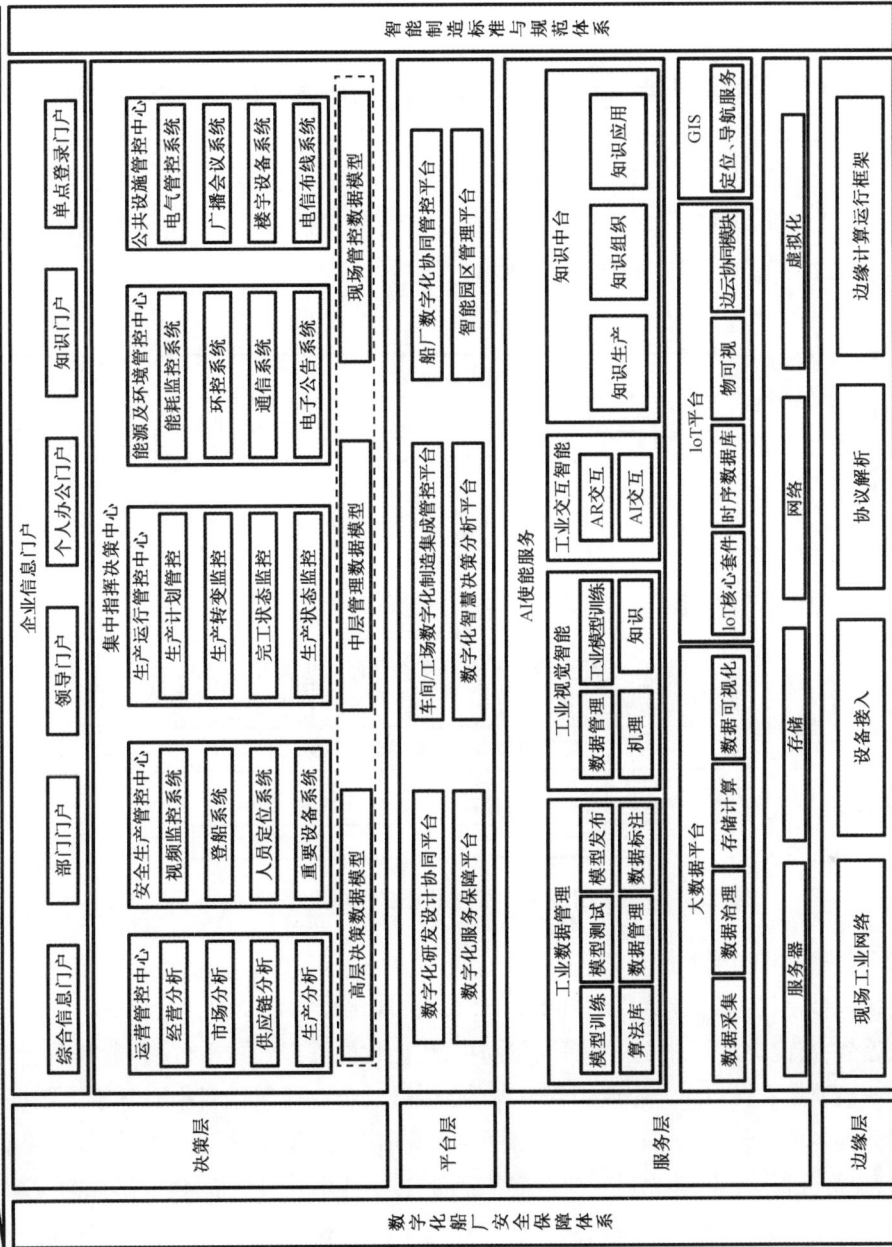

图2-9 智能船厂管控平台整体架构

（4）数字化服务保障平台

数字化服务保障平台主要解决船舶维修维护过程中设备数量大、结构复杂、施工空间小、维修难度大、备品备件类型多、信息传递速度慢、反馈不及时、服务支持时空受限等问题。面向船舶交付产品的全生命周期的运维保障支持需要，基于船舶运行状态检测和基于岸基通信平台的数据采集传输，为船舶交付产品提供故障预测与健康管控、等级修理和巡检、保障资源筹供、虚拟培训评估、远程维修支持等保障服务，真正实现船舶产品全生命周期的数字化运维保障管理，如图2-10所示。

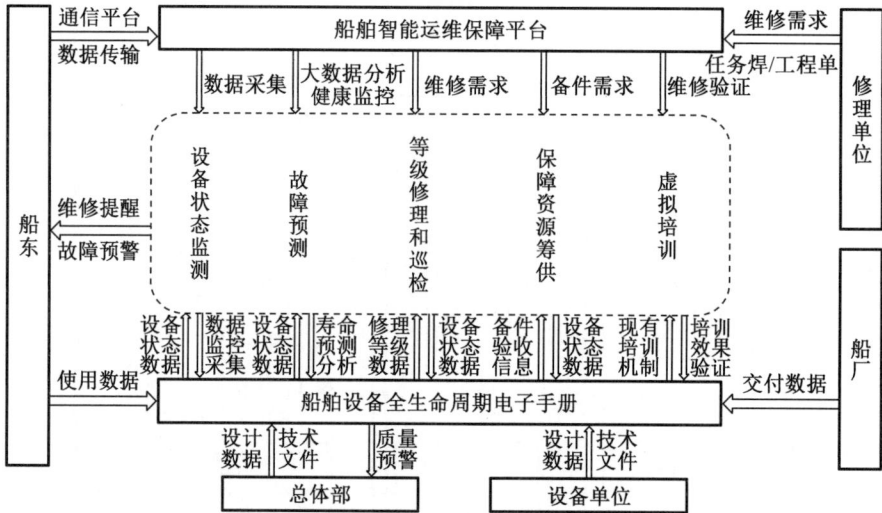

图2-10　数字化服务保障平台

（5）船舶智慧决策分析平台

建设以数字化、集成化为发展基础，一体化、协同化作为路径的智慧企业将成为未来企业的发展趋势，在此背景下，打造一体化、协同化、智能化的管理驾驶平台-企业智慧运营中心将赋能企业高质量发展。作为企业经营发展的"中枢"，企业智慧运营中心基于大数据平台，以不断累计的各项业务数据资产作为基础，主要围绕企业决策层、管理层提供包括船舶市场分析、经营决策分析、企业战略分析、建造成本计量、建造成本实时分析、供应链风险预测、物料纳期预测等决策依据，以交付目标和成本管控作为工作的双擎，以PC、App等多端展示，推动经营、生产、管理、科技、人力等板块高效协同，强化企业智慧运营中心穿透管理、分析把控、决策闭环的能力，实现管理层一站式管理。船舶智慧决策分析平台如图2-11所示。

（6）智慧园区管理平台

智慧园区管理平台是要建设以"智慧办公、智慧管理、智能生产、智慧物联"为核心的新型智慧园区。园区整体架构为"一个中心、两个平台、全链路网、N项应用"。园区具有全局化、可视化的态势感知，通过5G网络、机器视觉、物联网等先进ICT技术，结合大数据、人工智能、物联智控平台、快速开发平台等中台，以目前流行的中台化思想为牵引，把各系统微服务化或者用微服务架构进行封装，然后采用数据中台、业务中台、服务中台分层集成，通过终端物联网、5G 通信网、园区专网、密网等实现全面感知和互联互通,从而连接厂(园)区相关业务数据和应用,实现状态可视、事件可控、业务可管,提升厂(园)区的生产效率、质量,加强事件管控、流程监督,保障安全生产。智慧园区管理平台如图 2-12 所示。

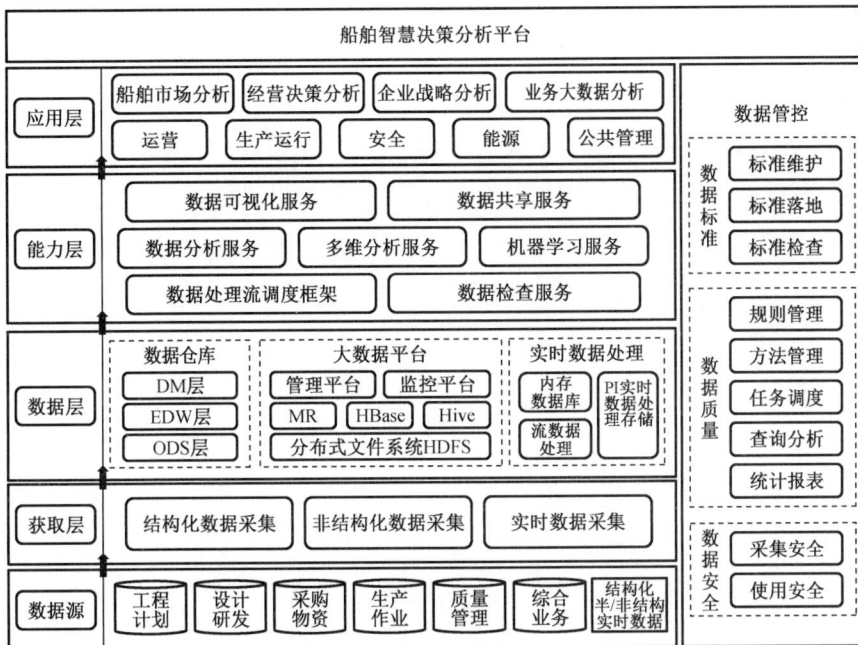

图 2-11　船舶智慧决策分析平台

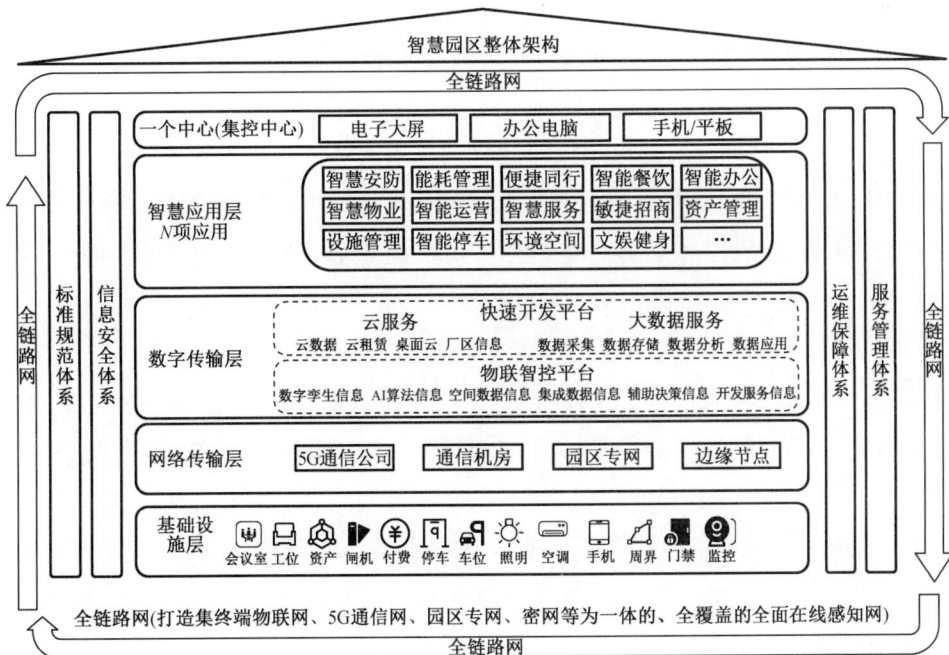

图 2-12　智慧园区管理平台

2.3.7 七大基础设施

智能船厂基础设施建设内容主要包括数字化智能化装备、智能船厂分段车间、智能工场(堆场/总组等)、智能船坞、智能码头、智能试航、数字孪生船厂等,具体内容如下。

(1)数字化智能化装备

智能船厂在工艺装备方面结合纲领产品,规划先进造船生产工艺及世界领先智能化装备,采用型材立体库、型材自动化切割流水线、板材自动化切割装备、自动打磨装备、钢板加工成型装备、管子智能加工流水线、小组立机器人焊接流水线、薄板平面分段流水线、曲面分段流水线等一批智能化装备,在自动化、智能化装备的基础上,通过集成管控信息平台对装备进行集成管控,支撑智能船厂的建设实施。

(2)智能船舶分段车间

智能车间利用物联网、大数据、5G 等新一代信息技术,以实现生产装备的智能化、生产要素的网络化、生产管控的智慧化为方向,建设涵盖智能单元、智能产线、感知系统,以点带线、以线带面,从计划源头、过程协同、设备底层、资源优化、质量控制、决策支持等方面建设智能化车间管控平台,建成智能车间,显著提升分段建造效率。

(3)智能工场(堆场/总组等)

建立基于 5G、物联网新一代信息技术的船舶厂域级物联感知网络,重点对外场进行网格化、编码化管控,构建数字化工场管控平台,重点解决后行作业数字化管控程度低,无法支撑厂域级协同的问题,为实现厂域级的智慧化协同管控奠定基础。

(4)智能船坞

在智能船坞方面,推进实施应用大船舱自动化柔性对接与装配装备、激光跟踪测量装备、智能可重构柔性工装、大场景测控等一系列装备工程样机和系统软件,实现对船舶总组搭载过程仿真和精度管控,建立孪生数字船坞系统,提升总段对接装配质量及效率,缩短建造周期。

(5)智能码头

在智能码头方面,重点进行智能码头仿真建模,动态跟踪、定位船舶停靠码头及位置,并通过看板实时展示;通过设备互联互通,实现吊车的管控及码头生产作业管控;利用人脸识别、智能检测技术,开展上下船管控,并通过 5G、GPS 定位、视频采集等技术,对码头室内外人员的定位出勤等业务进行管控,实现码头区域人员、设备、泊位等全要素的实时监控与动态管理。

(6)智能试航

在船舶试验试航方面,推进实施应用船舶半物理联合试验调试系统,实时收集数据,确认船舶建造的所有试航船舶的设备性能、燃料消耗量、存在问题点等所有航行信息,并提供技术支援,构建基于数字孪生的船舶虚拟试航中心,解决船舶试验环节技术手段落后、试验周期长、成本高等问题,提高船舶试验试航效率,缩短试航周期,降低船舶碳排放。

(7)数字孪生船厂

在智能车间的基础上,进一步构建数字孪生船厂,需要重点突破智能车间全要素多维建模、基于数字纽带的制造全要素信息物理融合、多维多尺度生产过程仿真优化、虚实映射的制造车间智能管控等技术。结合智能船厂管控系统,实现数字孪生船厂与物理船厂的实时双向映射与虚实同步运行,推进船舶总装建造数字化转型、智能化升级。

2.4 智能船厂架构设计

2.4.1 智能船厂总体架构设计

智能船厂总体架构主要由业务架构、系统架构和应用架构等组成。

(1)智能船厂业务架构

智能船厂业务架构按照管理角度可分为核心业务和综合业务两大类,如图2-13所示。其中,核心业务主要包括研发设计、供应链管理、经营管理、生产计划管理、生产制造、运维保障、质量管理、安全管理、设备管理和能源管理等,综合业务主要包括财务管理、人力资源管理、综合管理和信息管理等。

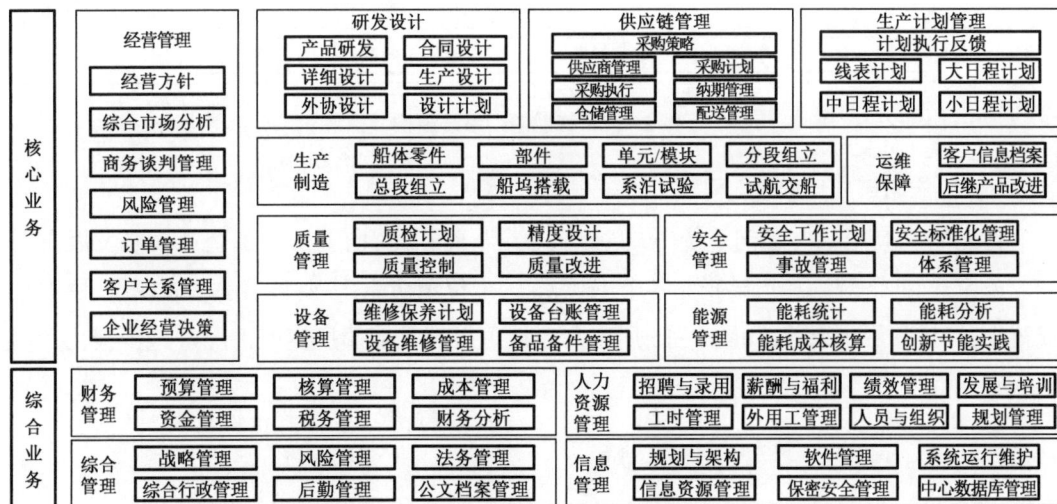

图2-13 智能船厂业务架构

(2)智能船厂系统架构

智能船厂系统架构重点基于业务架构中提出的功能(服务)进行系统实现,如图2-14

所示,主要包括网络基础架构层、智能装备层、数据集成层、协同设计与制造平台、智能制造平台、供应链计划与协同平台、物流管控平台、质量管控平台、工业大数据平台、船舶智慧决策分析平台、标准化知识分析库、新一代信息技术等。

图 2-14 智能船厂系统架构

（3）智能船厂应用架构

智能船厂应用架构起到了统一规划、承上启下的作用,向上承接了企业战略发展方向和业务模式,向下规划和指导企业各个 IT 系统的定位和功能,主要包括前端表现层、中端集成核心层、后端展示层等,如图 2-15 所示。后续可根据智能船厂实施情况进一步细化和调整完善。

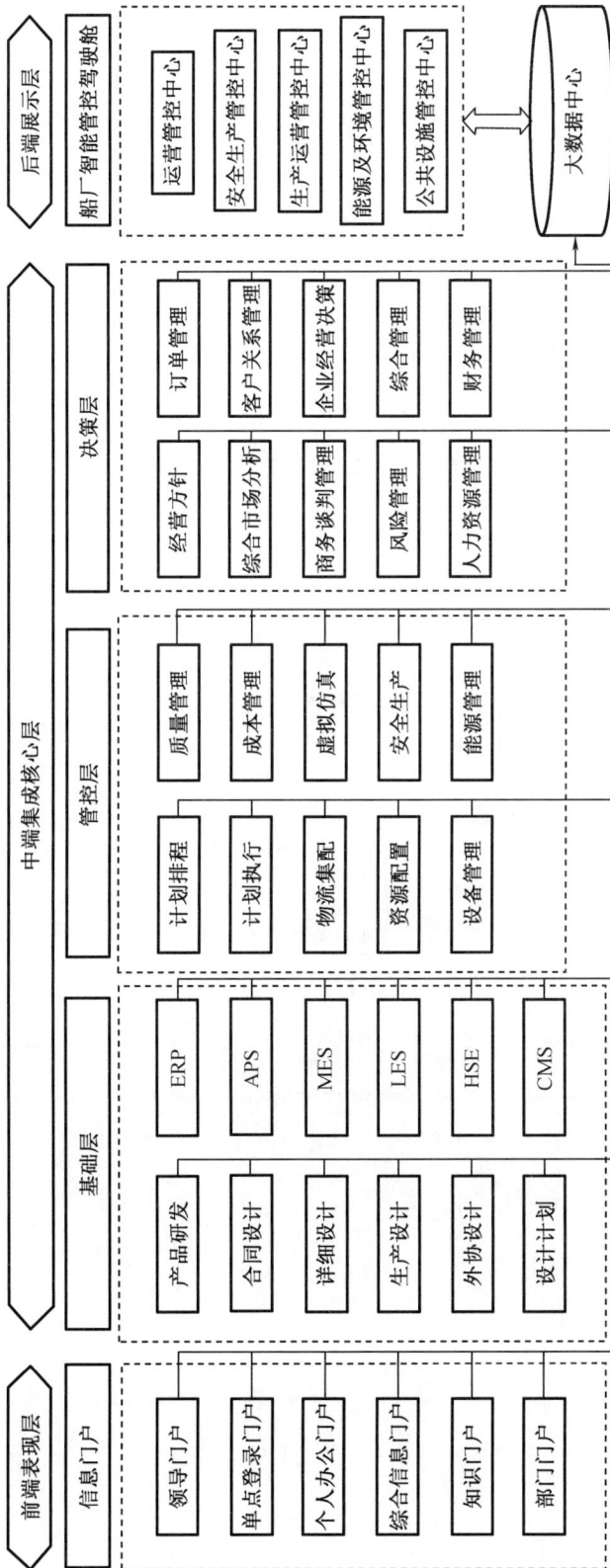

图2-15 智能船厂应用架构

2.4.2 一体化业务流程

根据智能船厂业务架构,综合考虑智能船厂的建设目标,系统梳理并形成一体化业务协同管理功能框图,如图 2-16 所示。重点对经营管理、研发设计、造船生产计划与生产制造、供应链管理、质量管理、安全管理、设备管理、能源管理、运维保管、财务管理等业务明确了业务流程,并形成了一体化业务流程图。

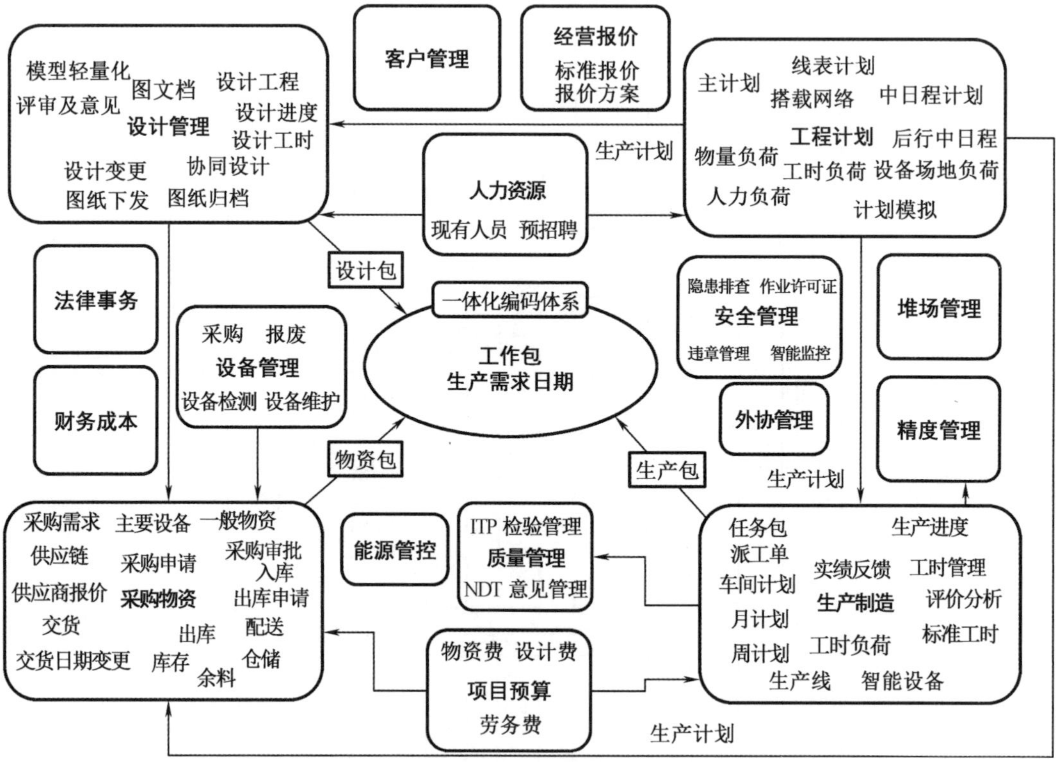

图 2-16 智能船厂一体化业务协同管理功能框图

（1）经营管理业务流程(图2-17)

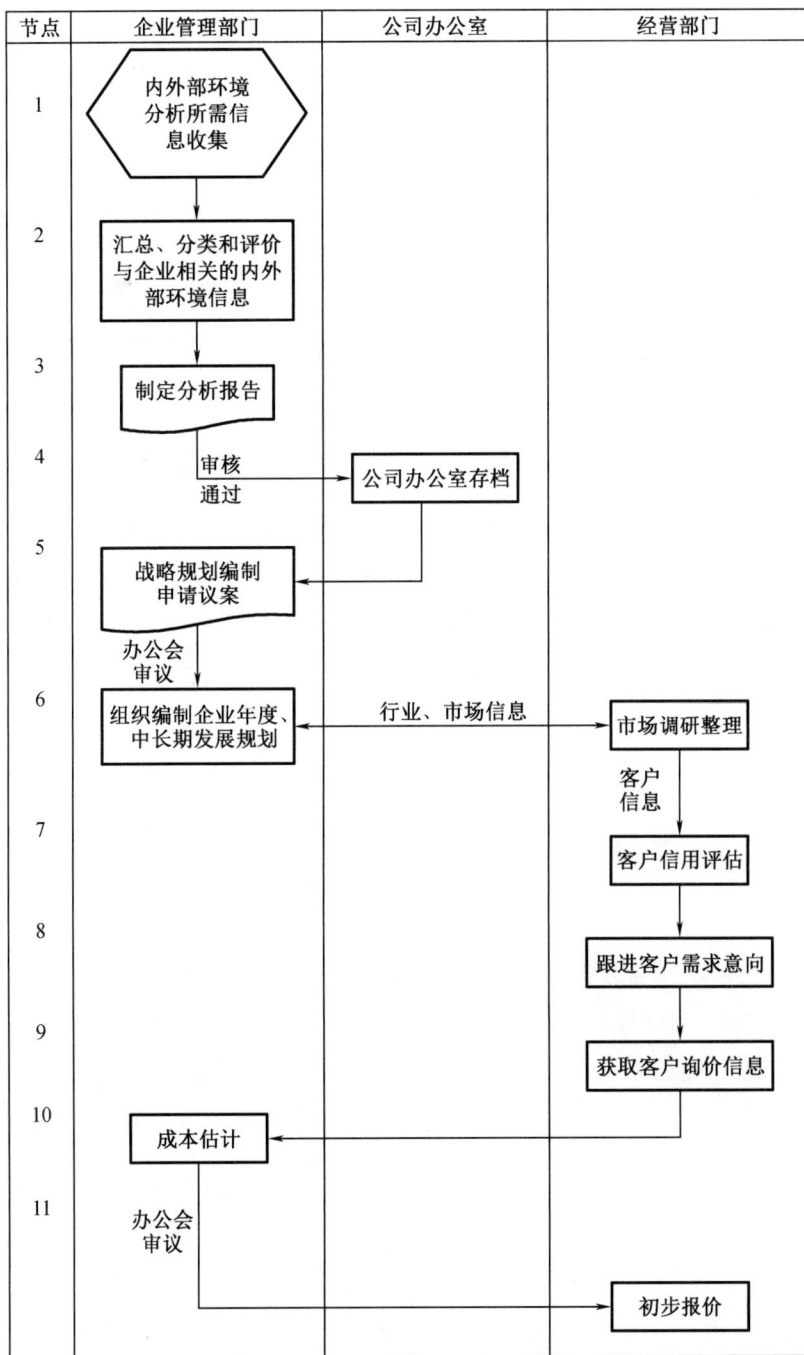

图2-17　经营管理业务流程

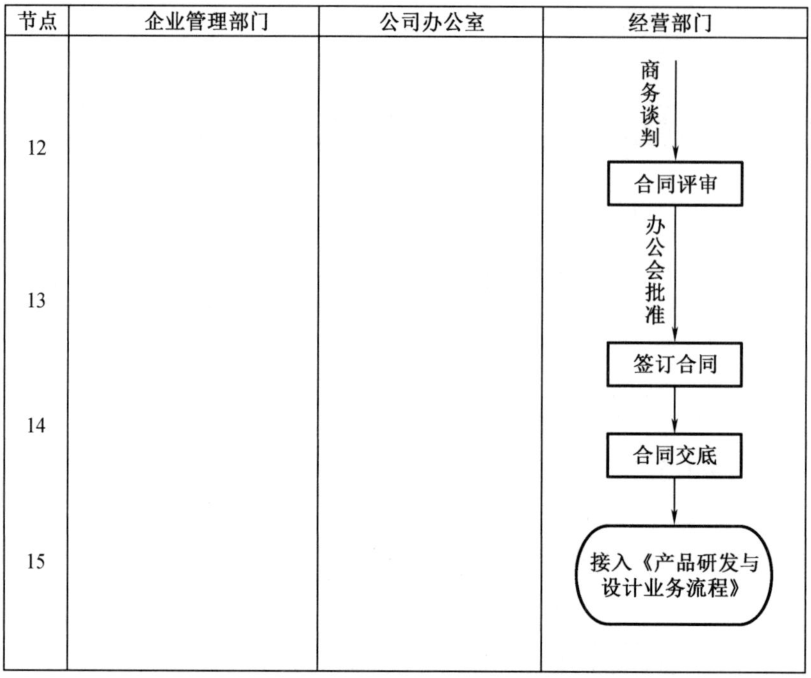

节点	企业管理部门	公司办公室	经营部门
12			商务谈判 → 合同评审
13			办公会批准 → 签订合同
14			合同交底
15			接入《产品研发与设计业务流程》

图 2-17（续）

（2）研发设计业务流程（图2-18）

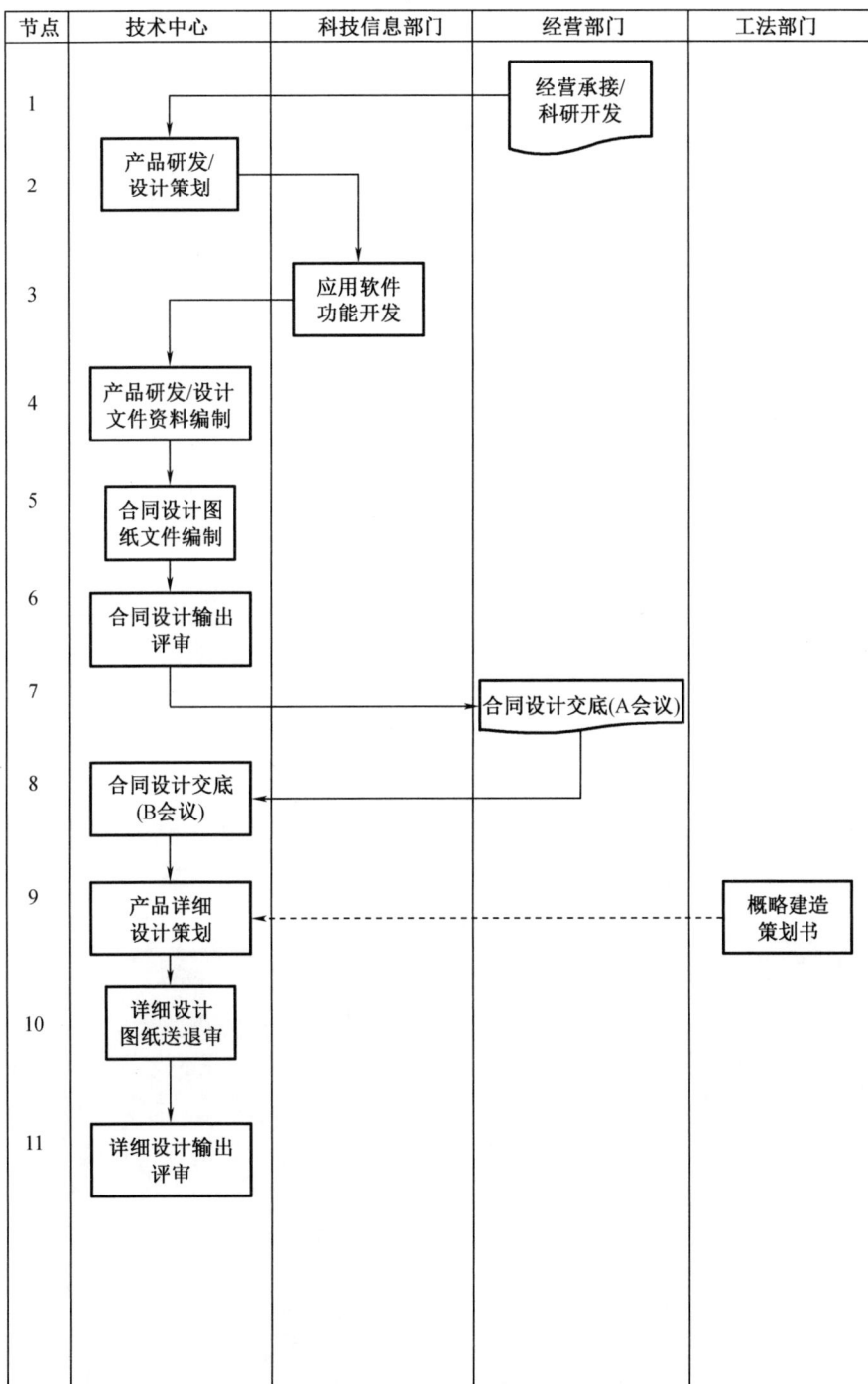

图2-18 研发设计业务流程

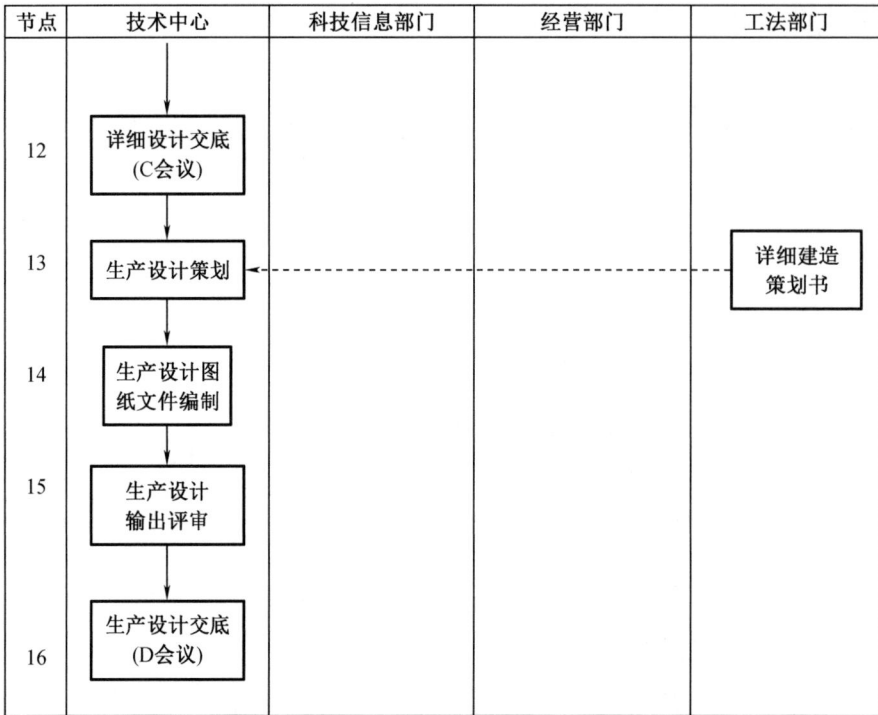

节点	技术中心	科技信息部门	经营部门	工法部门
12	详细设计交底 (C会议)			
13	生产设计策划			详细建造 策划书
14	生产设计图 纸文件编制			
15	生产设计 输出评审			
16	生产设计交底 (D会议)			

图 2-18(续)

（3）造船生产计划与生产制造管理业务流程（图2-19）

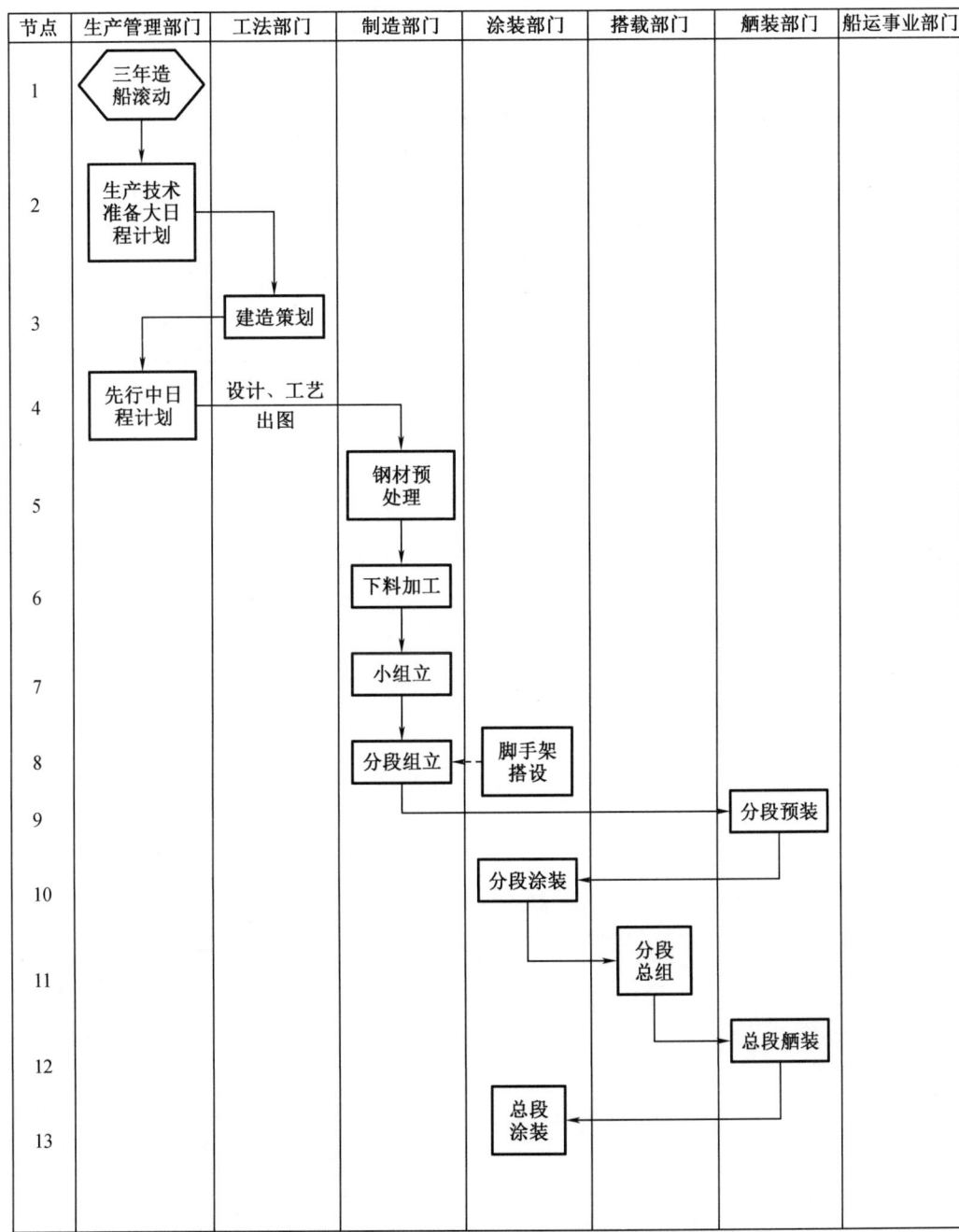

节点	生产管理部门	工法部门	制造部门	涂装部门	搭载部门	舾装部门	船运事业部门
1	三年造船滚动						
2	生产技术准备大日程计划						
3		建造策划					
4	先行中日程计划	设计、工艺出图					
5			钢材预处理				
6			下料加工				
7			小组立				
8			分段组立	脚手架搭设			
9						分段预装	
10				分段涂装			
11					分段总组		
12						总段舾装	
13				总段涂装			

图 2-19　造船生产计划与生产制造管理业务流程

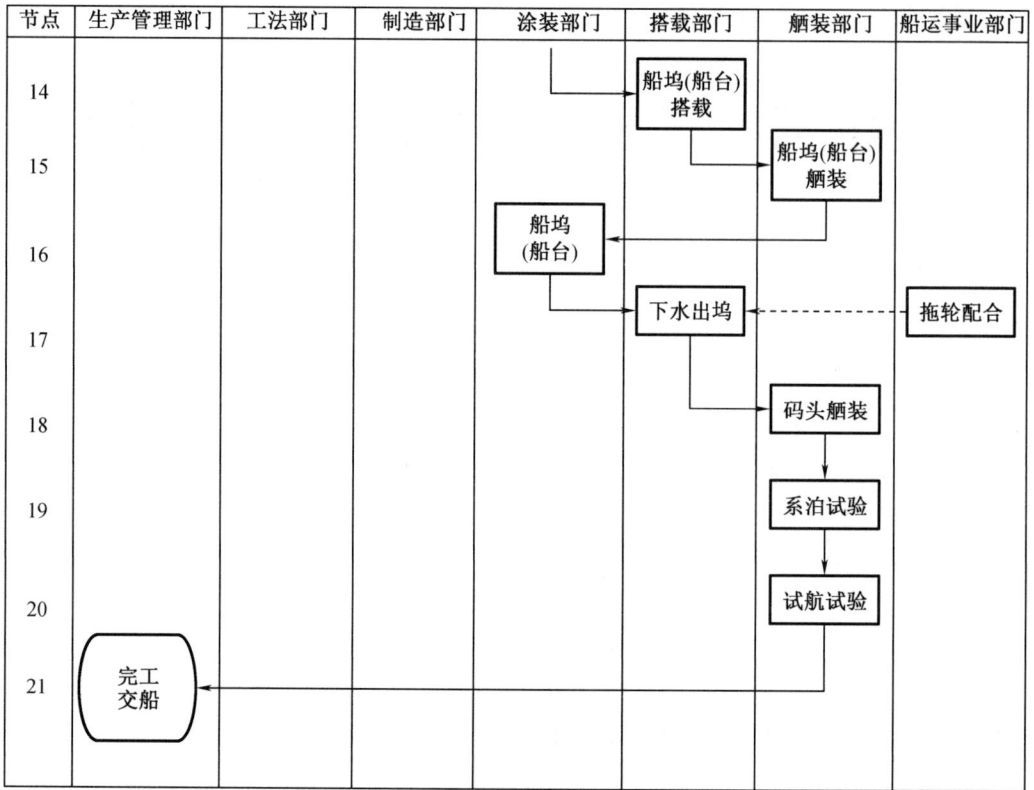

节点	生产管理部门	工法部门	制造部门	涂装部门	搭载部门	舾装部门	船运事业部门
14					船坞(船台)搭载		
15						船坞(船台)舾装	
16				船坞(船台)			
17					下水出坞		拖轮配合
18						码头舾装	
19						系泊试验	
20						试航试验	
21	完工交船						

图 2-19(续)

(4)供应链管理业务流程(图 2-20)

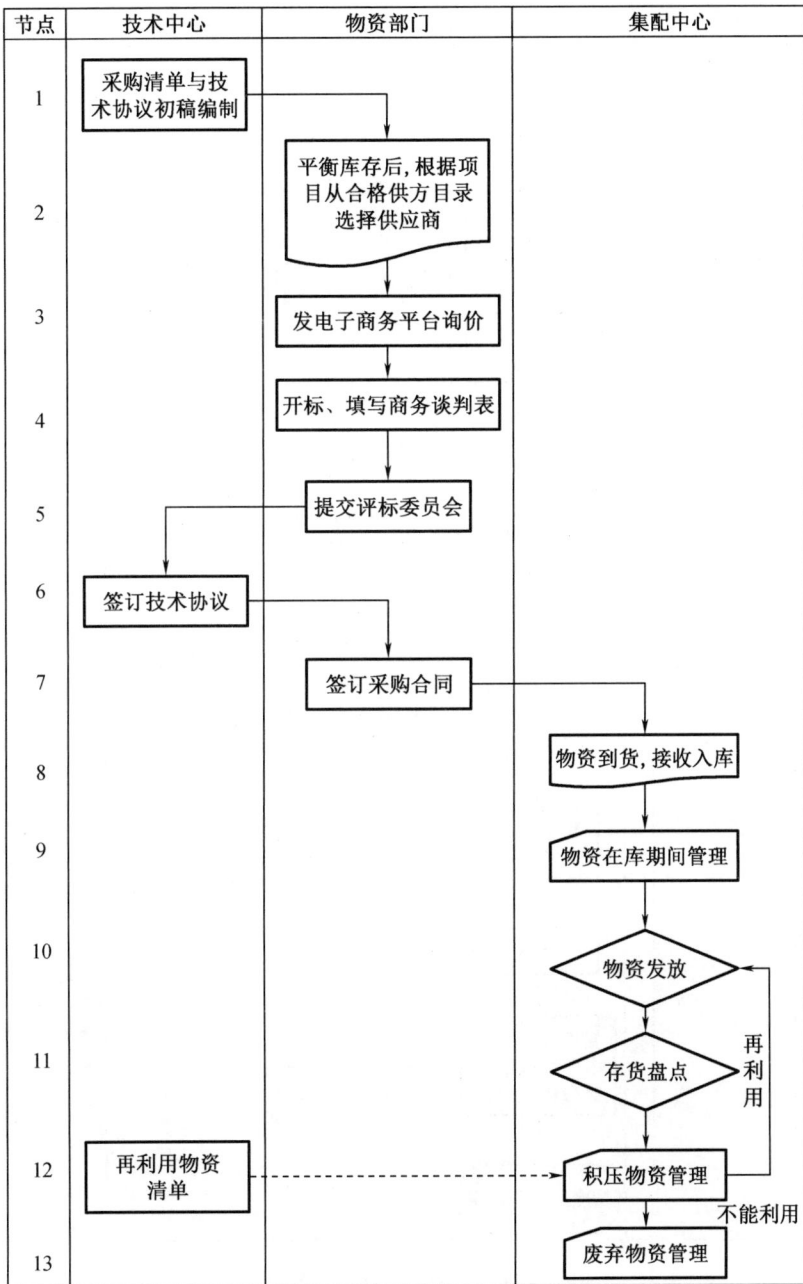

图 2-20 供应链管理业务流程

（5）造船精度管理业务流程（图2-21）

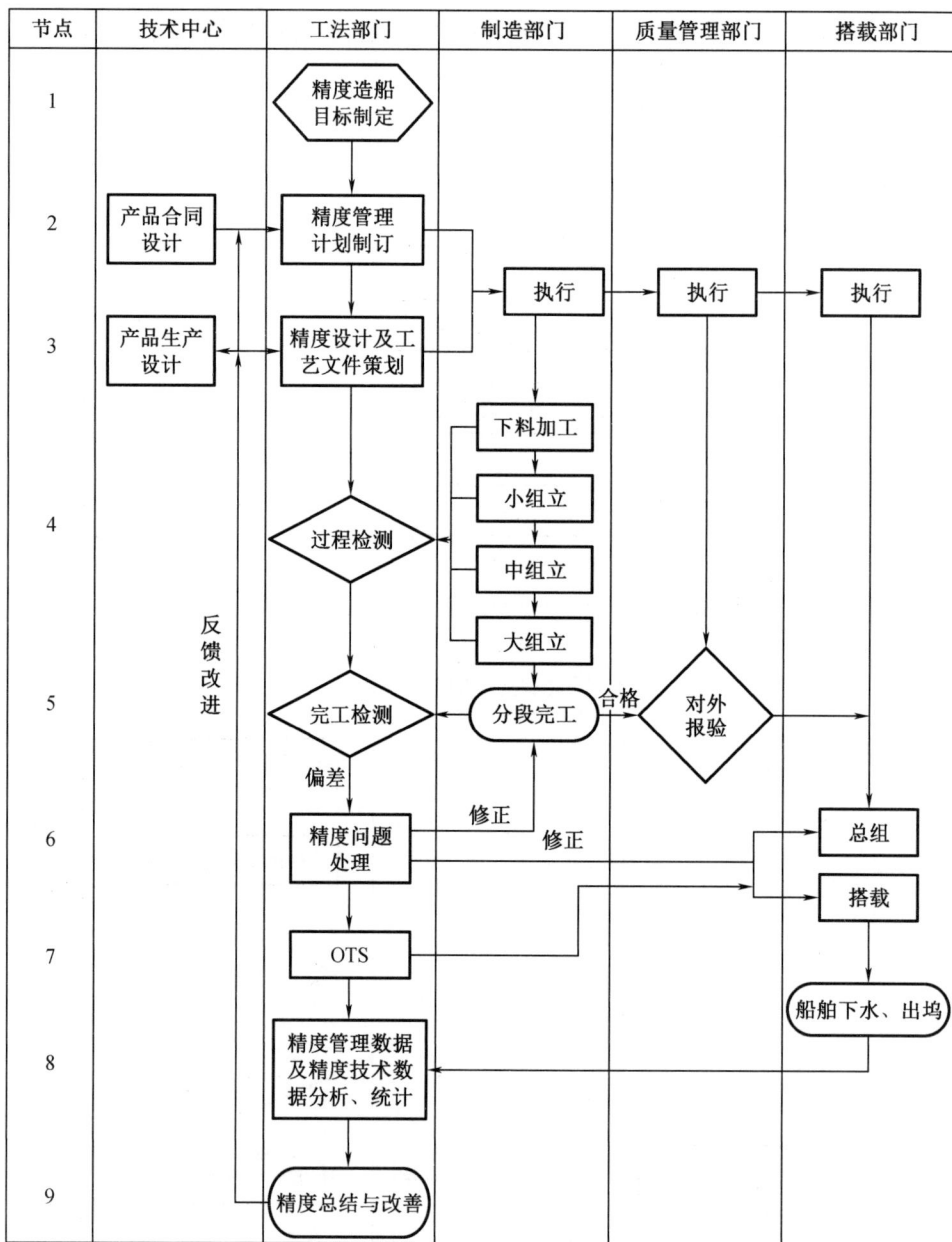

图 2-21　造船精度管理业务流程

（6）品质管理业务流程（图2-22）

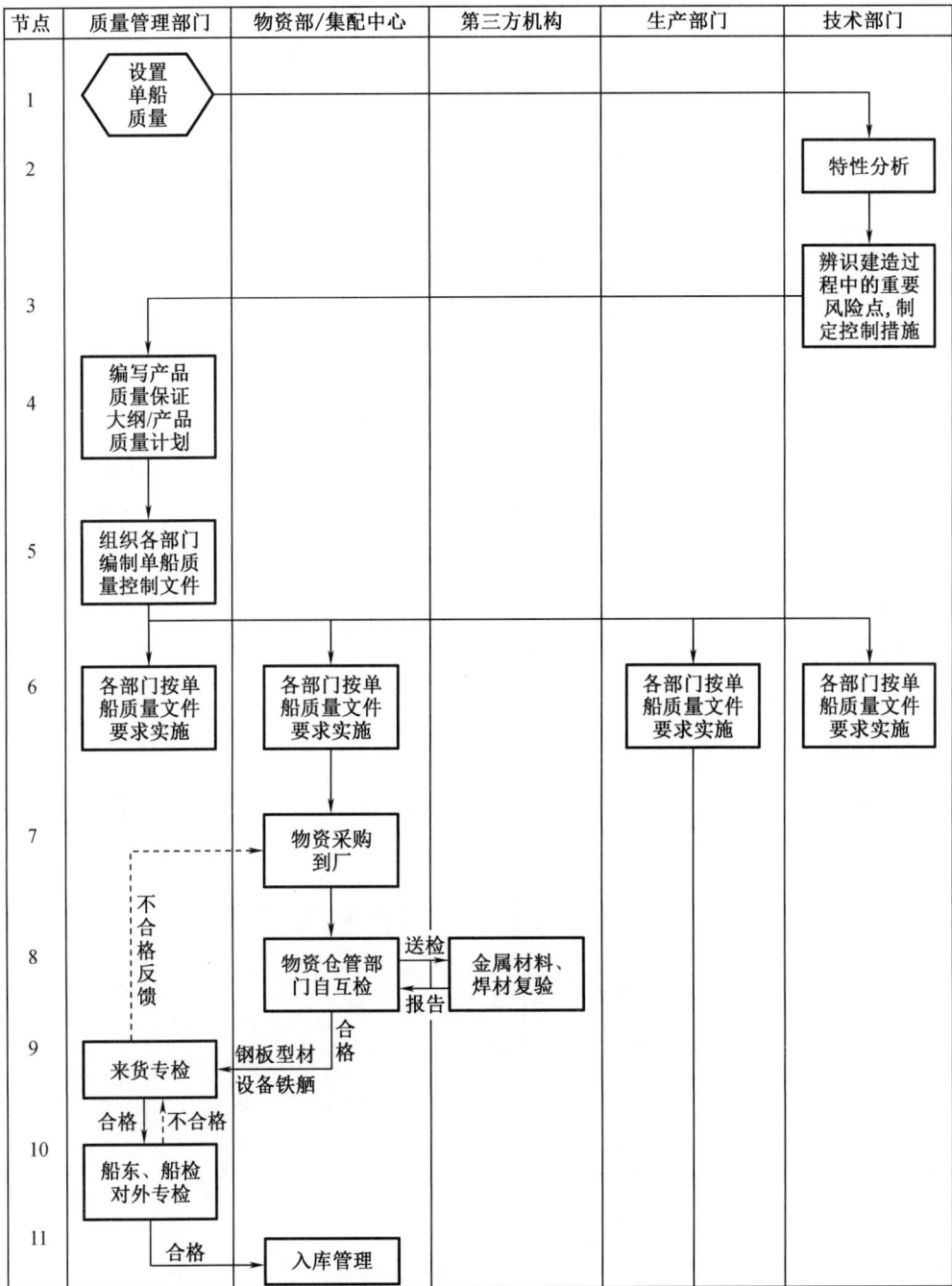

图2-22 品质管理业务流程

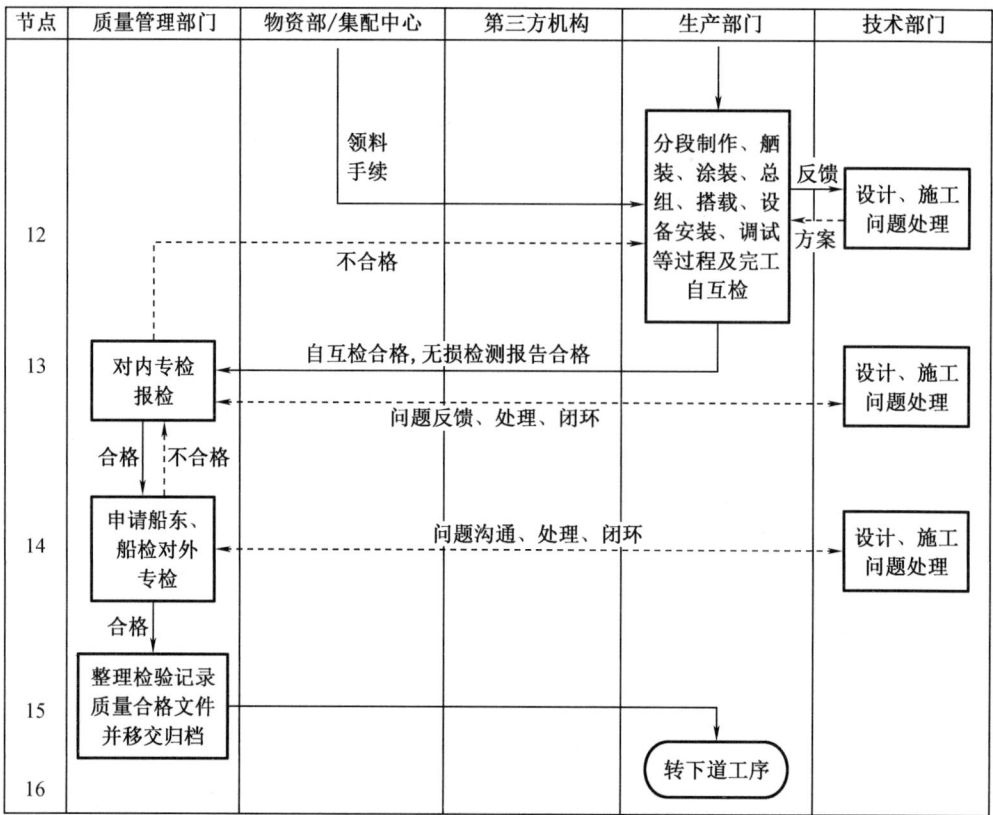

节点	质量管理部门	物资部/集配中心	第三方机构	生产部门	技术部门
12		领料手续	不合格	分段制作、舾装、涂装、总组、搭载、设备安装、调试等过程及完工自互检	反馈 方案 设计、施工问题处理
13	对内专检报检		自互检合格,无损检测报告合格 问题反馈、处理、闭环		设计、施工问题处理
14	申请船东、船检对外专检	合格 不合格	问题沟通、处理、闭环		设计、施工问题处理
15	整理检验记录质量合格文件并移交归档	合格			
16				转下道工序	

图 2-22(续)

（7）造船安全管理业务流程（图2-23）

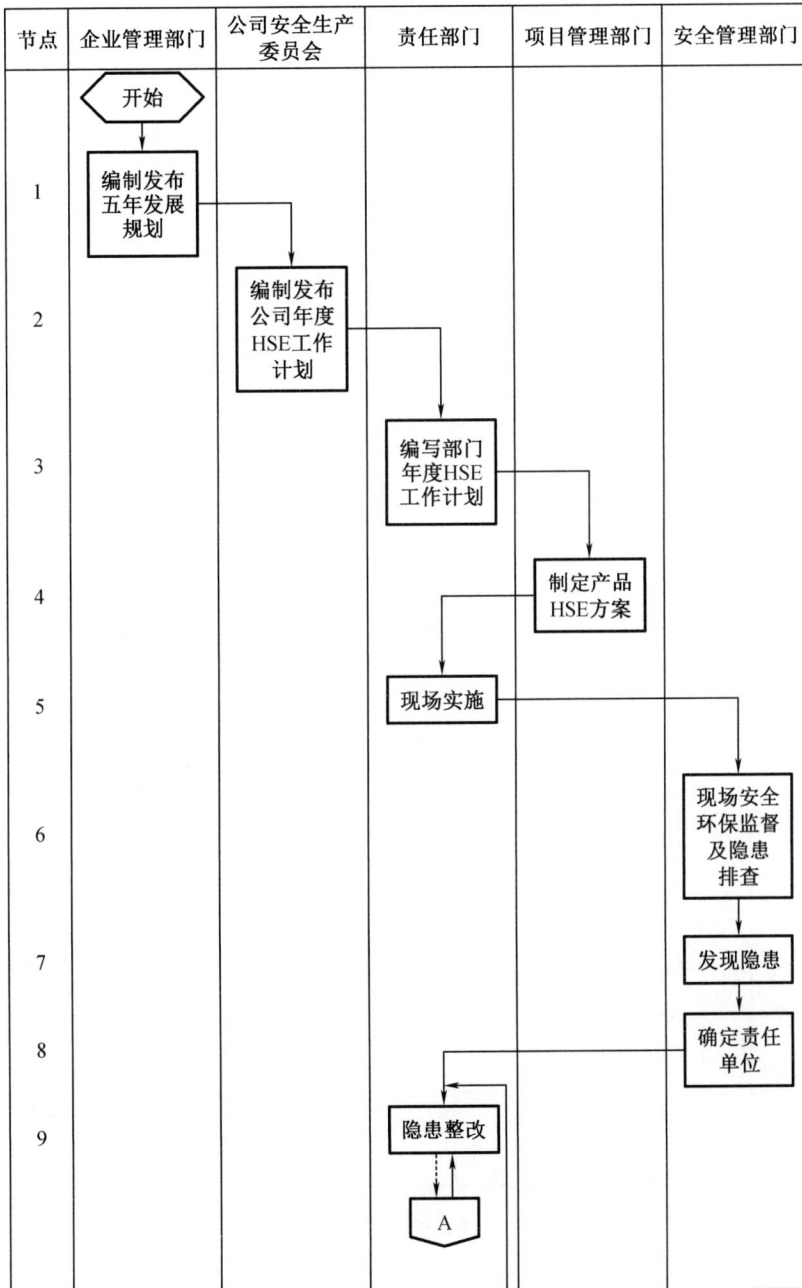

节点	企业管理部门	公司安全生产委员会	责任部门	项目管理部门	安全管理部门

开始

1　编制发布五年发展规划

2　编制发布公司年度HSE工作计划

3　编写部门年度HSE工作计划

4　制定产品HSE方案

5　现场实施

6　现场安全环保监督及隐患排查

7　发现隐患

8　确定责任单位

9　隐患整改

A

图2-23　造船安全管理业务流程

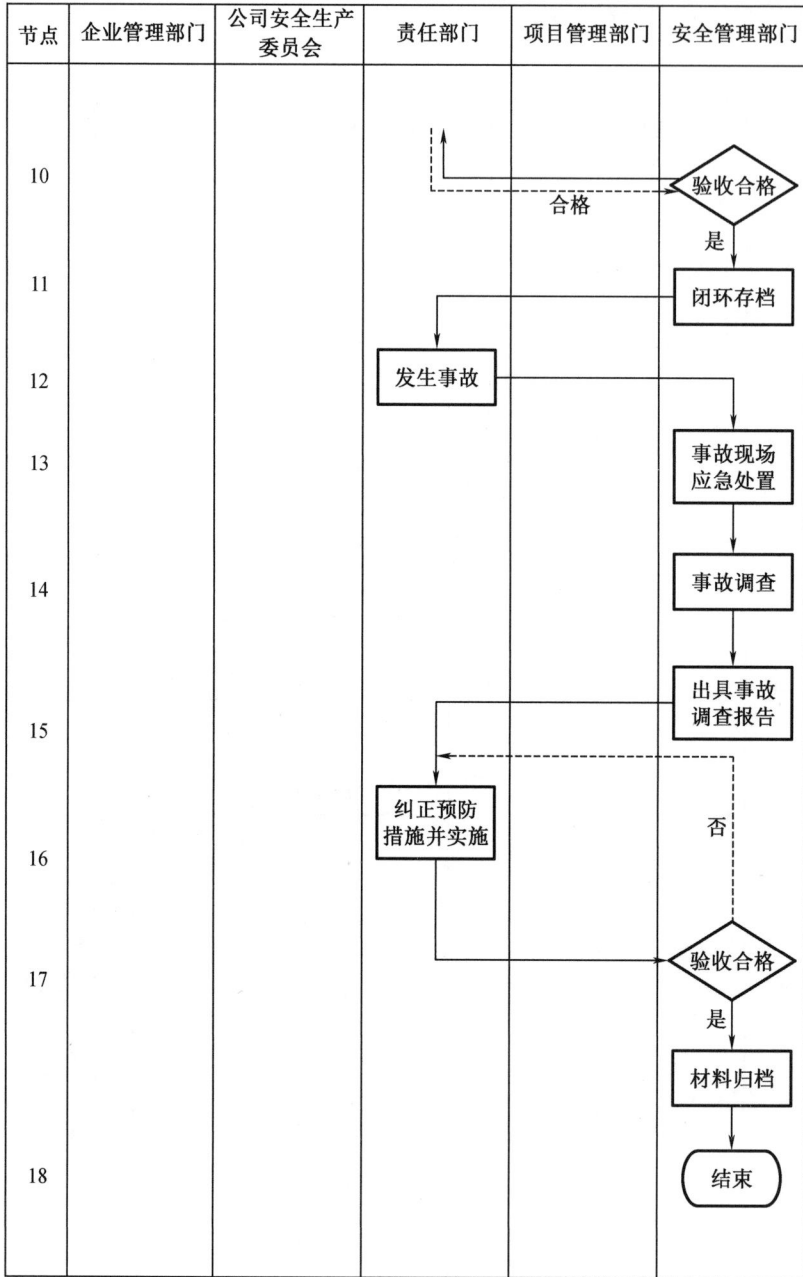

节点	企业管理部门	公司安全生产委员会	责任部门	项目管理部门	安全管理部门
10					验收合格
11					闭环存档
12			发生事故		
13					事故现场应急处置
14					事故调查
15					出具事故调查报告
16			纠正预防措施并实施		
17					验收合格
18					材料归档 结束

图 2-23 (续)

(8)设备管理业务流程(图2-24)

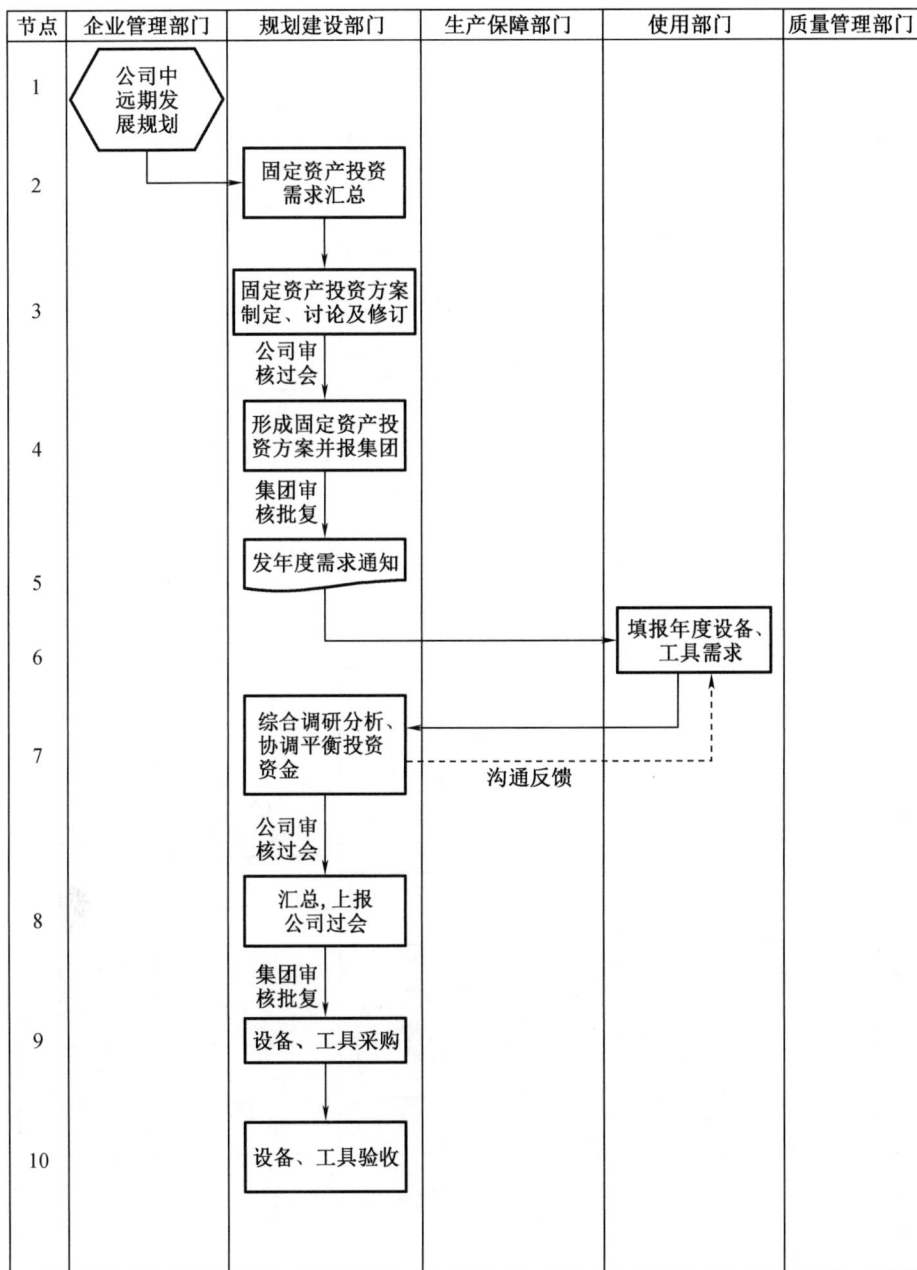

节点	企业管理部门	规划建设部门	生产保障部门	使用部门	质量管理部门
1	公司中远期发展规划				
2		固定资产投资需求汇总			
3		固定资产投资方案制定、讨论及修订 公司审核过会			
4		形成固定资产投资方案并报集团 集团审核批复			
5		发年度需求通知			
6				填报年度设备、工具需求	
7		综合调研分析、协调平衡投资资金 公司审核过会	沟通反馈		
8		汇总,上报公司过会 集团审核批复			
9		设备、工具采购			
10		设备、工具验收			

图2-24　设备管理业务流程

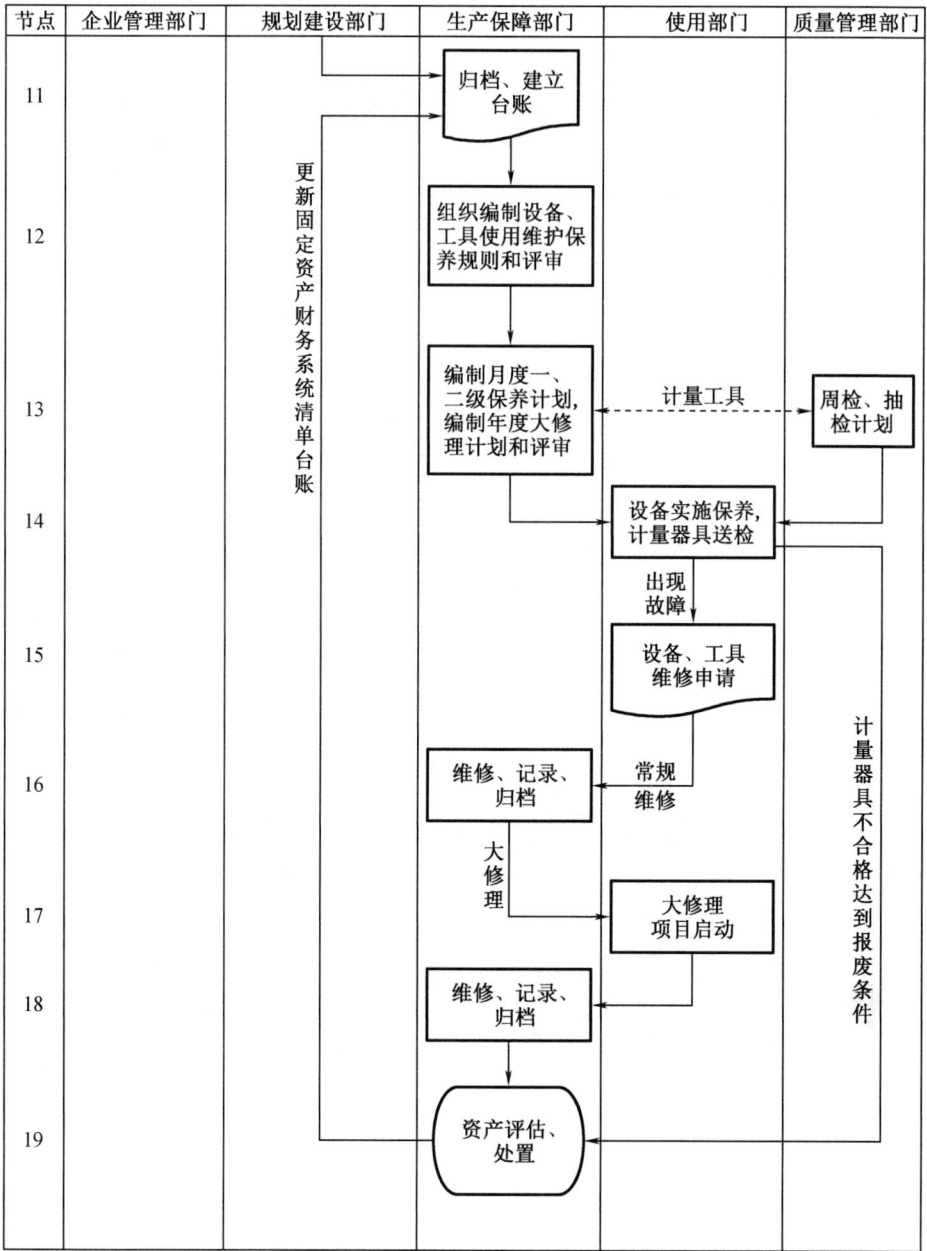

节点	企业管理部门	规划建设部门	生产保障部门	使用部门	质量管理部门
11			归档、建立台账		
12		更新固定资产财务系统清单台账	组织编制设备、工具使用维护保养规则和评审		
13			编制月度一、二级保养计划，编制年度大修理计划和评审	计量工具	周检、抽检计划
14				设备实施保养，计量器具送检	
15				出现故障 → 设备、工具维修申请	
16			维修、记录、归档	常规维修	
17			大修理	大修理项目启动	计量器具不合格达到报废条件
18			维修、记录、归档		
19			资产评估、处置		

图2-24(续)

(9)能源管理业务流程(图2-25)

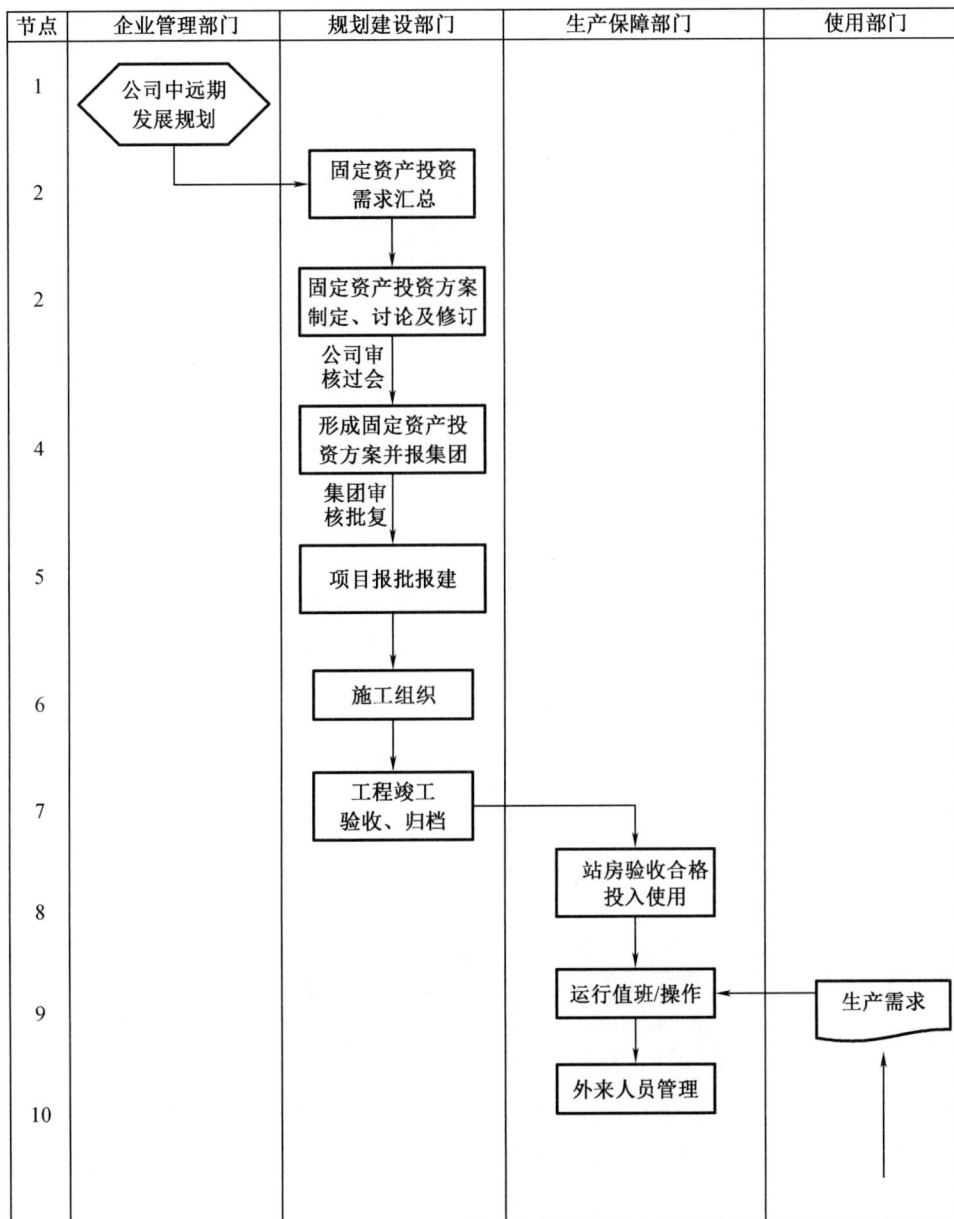

节点	企业管理部门	规划建设部门	生产保障部门	使用部门
1	公司中远期发展规划			
2		固定资产投资需求汇总		
2		固定资产投资方案制定、讨论及修订 公司审核过会		
4		形成固定资产投资方案并报集团 集团审核批复		
5		项目报批报建		
6		施工组织		
7		工程竣工验收、归档		
8			站房验收合格投入使用	
9			运行值班/操作	生产需求
10			外来人员管理	

图 2-25 能源管理业务流程

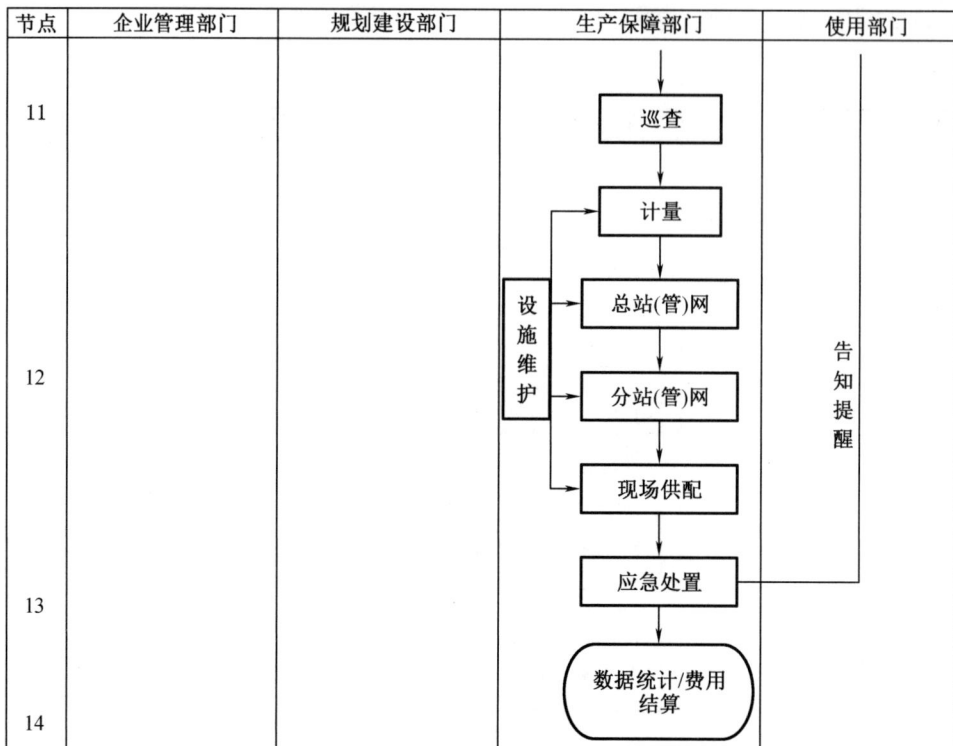

节点	企业管理部门	规划建设部门	生产保障部门	使用部门
11			巡查	
12			设施维护 计量 总站(管)网 分站(管)网 现场供配	告知提醒
13			应急处置	
14			数据统计/费用结算	

图 2-25(续)

（10）运维保障业务流程（图 2-26）

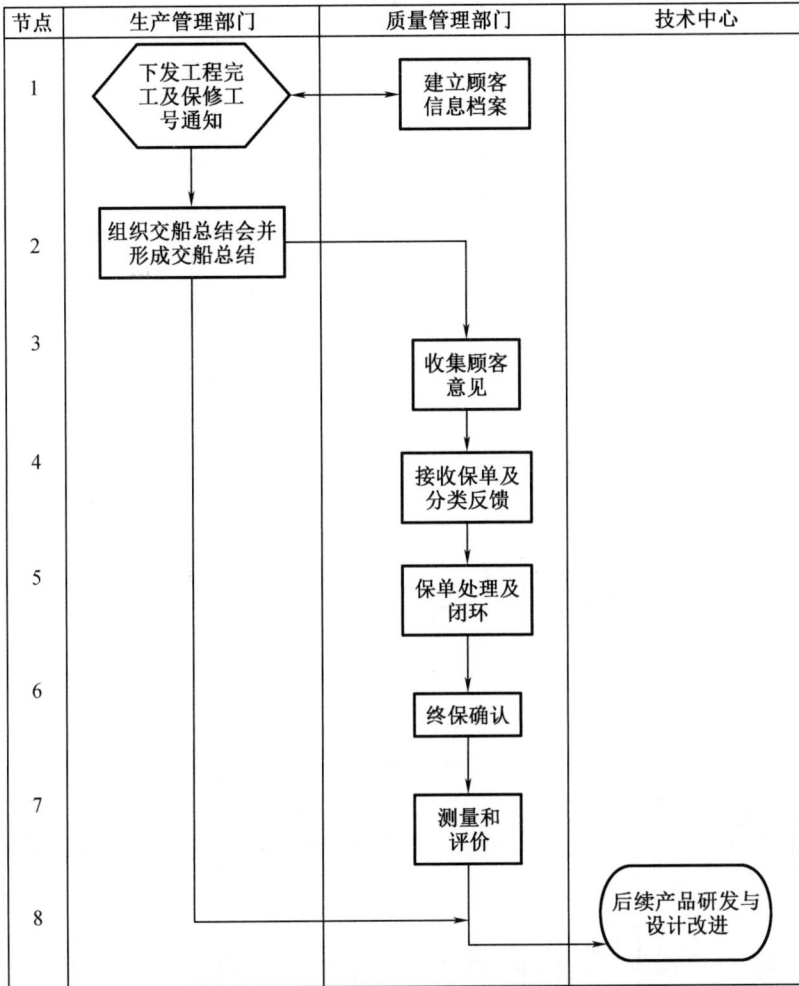

节点	生产管理部门	质量管理部门	技术中心
1	下发工程完工及保修工号通知	建立顾客信息档案	
2	组织交船总结会并形成交船总结		
3		收集顾客意见	
4		接收保单及分类反馈	
5		保单处理及闭环	
6		终保确认	
7		测量和评价	
8			后续产品研发与设计改进

图 2-26 运维保障业务流程

(11)财务管理业务流程(图2-27)

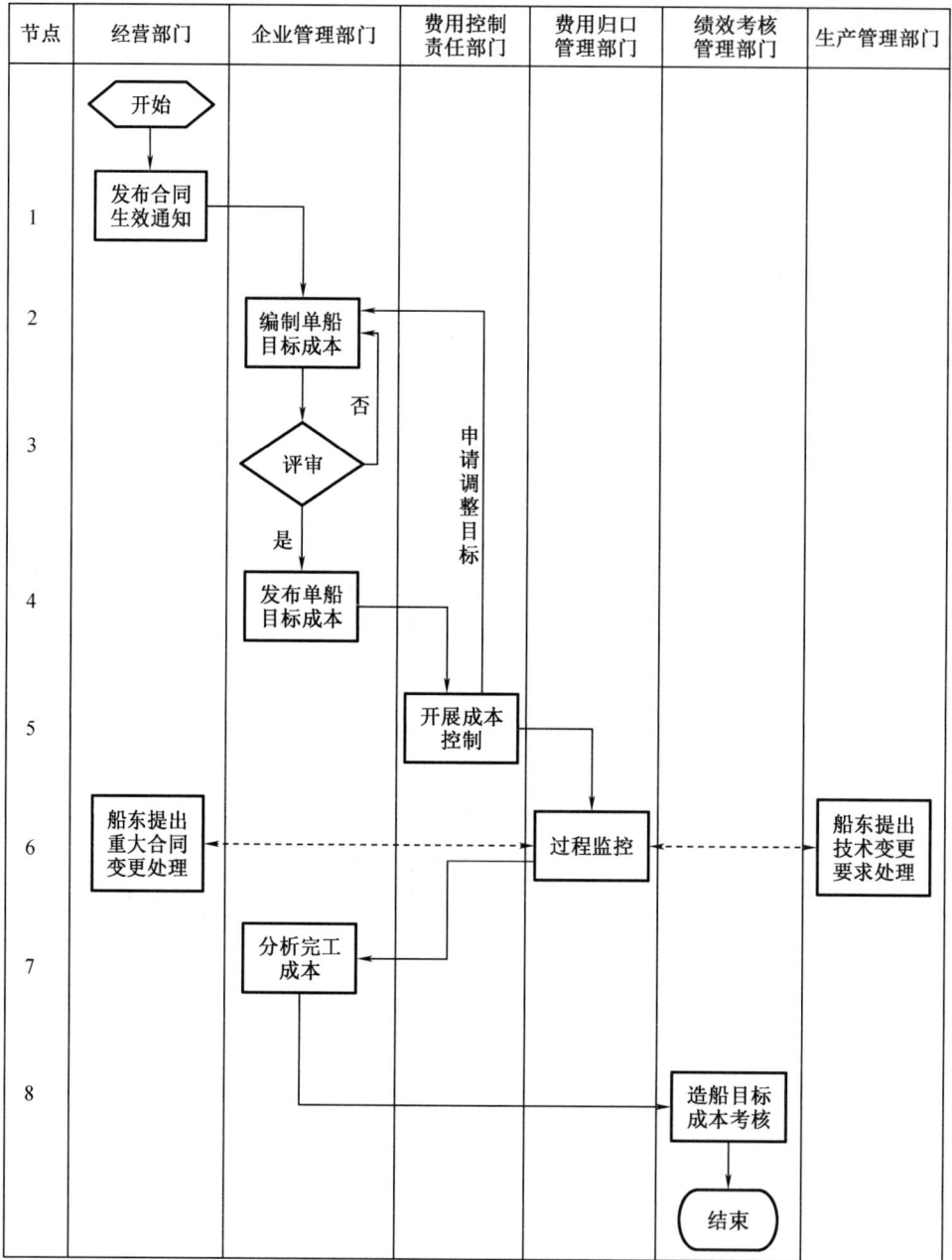

图2-27 财务管理业务流程

2.5　智能船厂数据体系

2.5.1　智能船厂数据架构总体框架

基于智能船厂建设数据应用、管理的需求,构建智能船厂数据架构总体框架。该框架主要由数据治理、数据管理系统、数据资源管理和数据分析应用等内容组成,如图 2-28 所示。

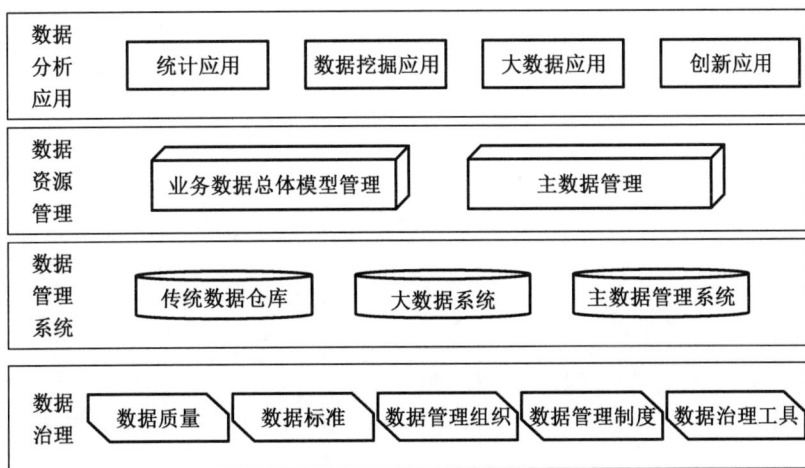

图 2-28　智能船厂数据架构总体框架

2.5.2　智能船厂核心业务分析及信息集成要求

(1)智能船厂核心业务分析

智能船厂围绕设计、建造、物流、品质和成本等核心业务开展精细化管理,实现"物流可控、计划可控、人员可控、质量可控"。为此,需要构建信息化系统以支撑企业管理工作。造船企业核心业务信息系统框架如图 2-29 所示。

(2)智能船厂信息集成要求

船舶建造是一项复杂的系统工程,涉及大量的设计、建造、管理和服务的协同,需要实时地反映信息的变更,并保证信息的一致性。为此,要求实现造船企业核心业务信息系统之间的信息关联及集成。造船企业信息系统模块关联图如图 2-30 所示。

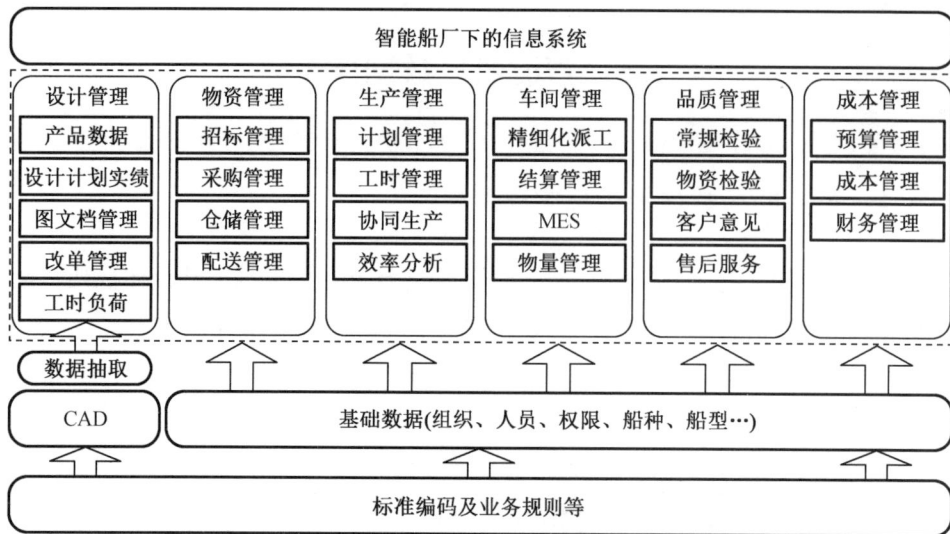

图 2-29　造船企业核心业务信息系统框架图

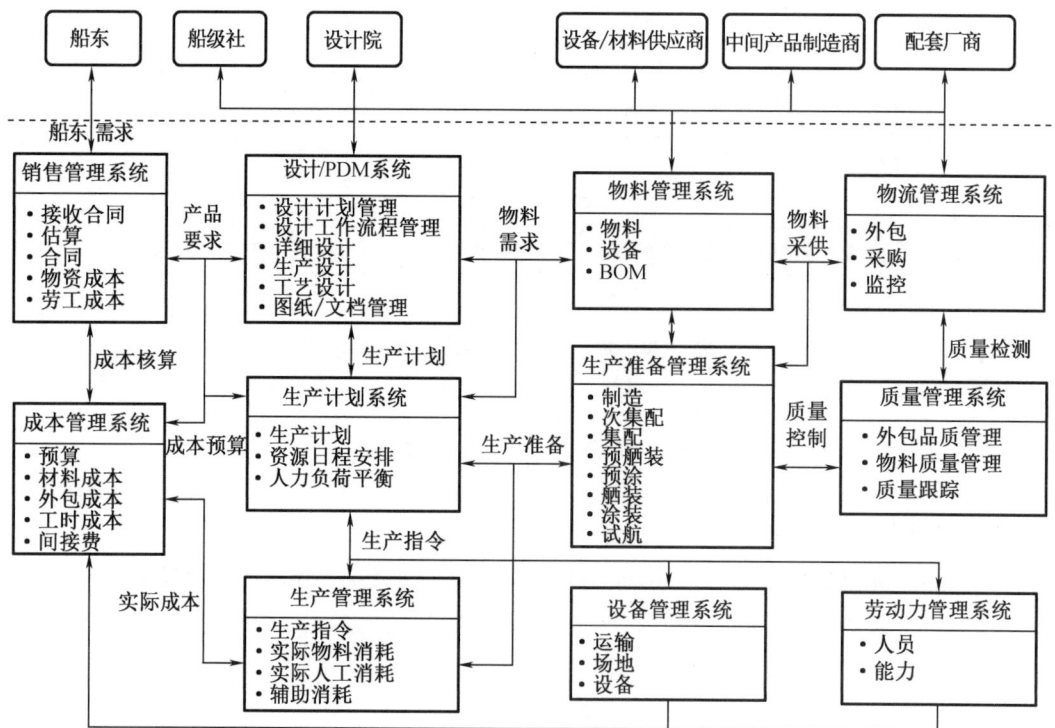

图 2-30　造船企业信息系统模块关联图

2.5.3　智能船厂主题数据库的构建

数据库是信息系统的核心和基础。针对不同的业务,需要面向业务主题建立相应的数据库。智能船厂主题数据库主要包括:设计数据库,生产数据库,物料、物流、仓储等配套管

理数据库,品质管理数据库,成本数据库和人力资源数据库等。

2.5.3.1 设计数据库

设计数据库包括三个部分:设计模型数据库、设计图纸库和工艺及物量数据库。

(1)设计模型数据库

针对三维数字化建模的要求,按照企业壳舾涂一体化设计原则,形成系列船标准模型库。同时根据船东的要求、具体工程号和标准模型库,建立每条船的设计模型库。该模型库由设计标准类、三维模型类、产品信息类、制造资源类、基础工艺类、船体工艺类、舾装工艺类、涂装工艺类组成。模型库构成的各数据间存在相互依赖性,其数据的组成及数据类之间的关系如图2-31所示。

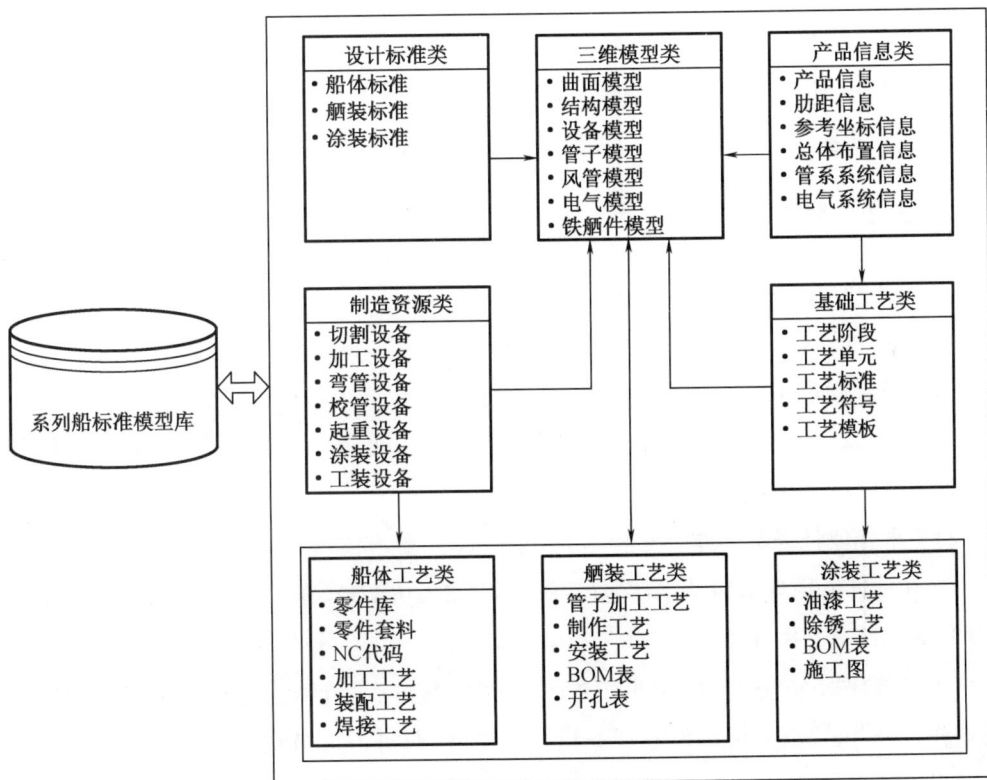

图2-31 设计模型数据库框架

(2)设计图纸库

按照具体工程号和生产工艺要求所进行的生产设计,并根据生产建造区域和建造工艺完成并下发现场的图纸,再通过信息化技术手段对生产设计图纸进行管理所形成的数据库,即设计图纸库。

（3）工艺及物量数据库

生产设计不仅仅是出图，还需要根据生产计划、生产建造及工艺要求、物料采购、物流配送、质量控制等要求，提供给生产管理部、物料配套部、质量保证部和生产现场使用的工艺及物量数据，这些信息通过系统进行管理，从而形成相应的数据库。

设计提供的工艺及物量数据主要由以下几个方面构成。

①图纸库：含工程号船下每份图纸的编码。

②组立树结构库：含组立名、质量、焊缝、焊接工艺数据等。

③切割板图库：含为智能设备提供的切割指令数据，切割板的规格、材质、长度，空程长度，隶属的工程和分段信息。

④物料采购需求数据库：即采购预估数据库，包括钢板、型材、管子、电缆、油漆、主要设备和舾装件等的信息。

⑤物料发放定额托盘数据库：按阶段、分段、区域，根据生产派工计划需要以托盘方式组织发放到现场物料，包括钢板、型材、船体零件、主要设备和舾装件等的信息。

⑥为生产定额工时估算所使用的物量数据：以施工图、切割图、安装图为依据的相关物量。

2.5.3.2　生产数据库

生产数据库包括生产计划数据库、生产作业任务数据库、派工结算数据库、现场智能生产设备作业运行数据库和生产现场视频监控数据库。

（1）生产计划数据库

生产计划数据库包括线表、主计划、先行中日程计划、后行中日程计划、月度计划和周日计划、出图计划、采购计划等数据库。

（2）生产作业任务数据库

生产作业任务数据库包括工作包（WP）、作业指令（WO）、派工结算单（WJ）数据库。

（3）派工结算数据库

派工结算数据库是指依据作业任务（WP/WO/WJ）和生产计划要求，生产现场作业区进行的作业任务分配，并根据作业任务执行结果，作业班组人员结算所产生的管理信息数据库。

（4）现场智能生产设备作业运行数据库

现场智能生产设备作业运行数据库包括智能切割、焊接机器人、智能焊机、智能喷涂机器人、龙门吊、动能源设备等涉及数字化或智能化设备的运行数据库。

（5）生产现场视频监控数据库

生产现场视频监控数据库包括生产作业工位、中间产品物流配送堆场、仓储、船坞码头登船和下船闸口等监控数据所形成的数据库。

2.5.3.3　物料、物流、仓储等配套管理数据库

物料、物流、仓储等配套管理数据库包括采购数据库、仓储数据库和中间产品物流数据库。

（1）采购数据库

为支撑各项物料采购需求，需要建立企业采购数据库。依据采购需求（POR）执行所形成的采购订单、采购合同、物料纳期、采购计划和供应商信息等。这里的物料涵盖主要设备类、材料类（钢材、型材）、舾装类（管舾件、铁舾件、电舾件）、涂料类等。

（2）仓储数据库

对于采购到货并验收通过的物料，需要进行库存管理和申领管理。在此过程中形成的库位、盘库、申领、发放、交接等所产生的信息构成仓储数据库。

（3）中间产品物流数据库

生产建造中间环节产生的不同中间产品（涵盖船体零件、中小组立、分段、管舾件、铁舾件、电舾件等）的仓储、申请、发放和交接管理过程所形成的信息数据。

2.5.3.4　品质管理数据库

品质管理数据库主要是针对造船企业船舶建造中间产品和交付船东产品的品质进行管理而建立的相关数据库。

品质管理数据库主要包括工程检验项目数据库、工程项目质量检验数据库、焊接管理数据库、产品质量问题数据库、设计质量问题数据库、不合格品质量管理数据库、售后服务数据库等。

2.5.3.5　成本数据库

为支撑企业运营管理、成本管控和分析的管理要求，建立预算成本、目标成本和完工成本库管理系统，与之匹配形成的信息数据库，即成本数据库。

2.5.3.6　人力资源数据库

人力资源数据库主要包括企业运营管理和生产制造而搭建的组织结构信息库、人员基本信息库、人事管理库（人员进、内部调动、人员离职等）、薪酬库、培训库等。

2.5.4　智能船厂数据仓库的构建

2.5.4.1　数据仓库的概念

数据仓库是指从业务管理系统数据中提取、清洗并创建的信息数据库，是以企业管理者决策分析为目的而建立的。企业数据仓库的建立主要基于企业积累的大量业务数据，通

过提取信息,获得知识,为企业管理和决策提供面向主题、集成、与时间相关、不可修改的数据集合。这些数据集合一方面推动各类系统业务更深层次地认识和决策实施,另一方面形成关键业务的统一数据源,解决数据一致性的要求。

数据仓库是面向主题的。数据仓库中的数据是按照一定的主题域进行组织的。主题是指用户使用数据仓库进行决策时所关心的重点方面,一个主题通常与多个信息系统相关。主题是与传统业务数据库的面向应用相对应的,是一个抽象概念,是在较高层次上将企业信息系统中的数据综合、归类并进行分析利用的。每一个主题对应一个宏观的分析领域。数据仓库排除对于决策无用的数据,提供特定主题的简明视图。造船企业关心的主题主要有计划完成率、质量合格率、工时消耗、能源消耗等。

数据仓库是集成的。数据仓库的数据来自分散的业务数据库,在对原有数据提取、清理的基础上经过系统加工、汇总和整理得到的,必须消除源数据中的不一致性,以保证数据仓库内的信息是关于整个企业的一致的全局信息。

数据仓库的数据主要供企业决策分析之用,所涉及的数据操作主要是数据查询。一旦某个数据进入数据仓库以后,就会被长期保留。数据仓库中一般有大量的查询操作,但修改和删除操作很少,通常只需要定期加载、刷新。

数据仓库中的数据通常包含历史信息,能够系统地记录企业从过去某一时点(如开始应用数据仓库的时点)到当前的各个阶段的信息。通过这些信息,企业决策者可以对企业的发展历程和未来趋势做出定量分析与预测。

2.5.4.2 数据仓库的建立方法

数据建模是数据仓库可以迭代开发的关键。因需求角度的不同,数据模型会完全不同,但数据模型的合理性会直接影响输出结果和过程。数据模型设计的步骤如图 2-32 所示。

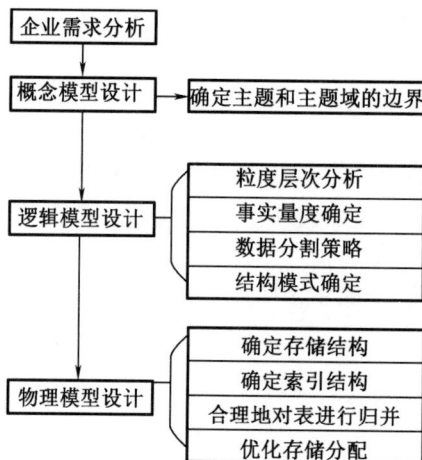

图 2-32 数据模型设计的步骤

编写数据字典是数据流程分析中的一项重要工作。首先要对企业相应的数据流程进行梳理,再进行数据字典的建立。数据字典的作用是对数据流图中的各种成分进行详细说明,作为数据流程的详细补充,和数据流图一起构成完整的系统需求模型。数据字典一般应包括数据项、数据结构、数据流、处理逻辑、数据存储和外部实体的说明。

(1)数据项

数据项又称数据元素,是数据的最小单位。分析数据特性应从静态和动态两个方面着手。在数据字段中仅定义数据的静态特性,具体包括:①数据项的名称、编号、别名和简述;②数据项的长度;③数据项的取值范围。

(2)数据结构

数据结构描述某些数据项之间的关系。一个数据结构可以由若干个数据项组成,也可以由若干个数据结构组成,还可以由若干个数据项和数据结构组成。数据字典中对数据结构的定义包括:数据结构的名称和编号,简述,数据结构的组成。如果是一个简单的数据结构,只要列出它所包含的数据项即可;如果是一个嵌套的数据结构(即数据结构中包含其他数据结构),则需列出它所包含的数据结构的名称,因为这些被包含的数据结构在数据字典的其他部分已有定义。

(3)数据流

数据流由一个或一组固定的数据项组成。定义数据流时,不仅要说明数据流的名称、组成等,还应指明它的来源、去向和数据流量等信息。

(4)处理逻辑

处理逻辑的定义仅对逻辑流程图中最底层的处理逻辑加以说明。

(5)数据存储

数据存储在数据字典中只描述数据的逻辑存储结构,而不涉及其物理组织。

(6)外部实体

外部实体的定义包括外部实体编号、名称、简述及有关数据流的输入和输出。

2.5.4.3　数据仓库的技术体系

数据仓库的技术体系可以分为三个层次:数据获取、数据存储、数据应用。数据获取的过程主要是进行数据预处理,是将数据源的相关数据进行提取、清洗和转换所形成的数据层次;数据存储是根据数据资源分析利用的需要,将数据建模与存储;数据应用包括各种数据分析工具,为企业各类统计分析、决策分析之用。

创建数据仓库大致有10个步骤,这些步骤通常是按顺序执行的,有些步骤可能会同时执行:①建立运营环境文档;②选择数据仓库的实现技术;③设计数据仓库模型;④创建数据准备区;⑤创建数据仓库;⑥从操作系统中抽取数据;⑦清理和转换数据;⑧将数据装入数据仓库;⑨准备显示信息;⑩将数据分发到数据集市。

2.5.4.4 数据仓库的应用

数据仓库需要应用联机分析处理（OLAP）与联机事务处理（OLTP）方法、商务智能（BI）方法和企业绩效管理（CPM）方法，才能为企业各级管理者充分提供管理和决策模式的有效应用。

OLAP 是数据仓库系统的主要应用，支持"旋转""切片"和"钻取"等较为复杂的分析操作，侧重决策支持，并且提供直观易懂的查询结果。OLAP 是使分析人员、管理人员或执行人员能够从多角度对信息进行快速、一致、交互存取，从而获得对数据的更深入了解的一类软件技术。OLAP 的目标是满足决策支持或者满足在多维环境下特定的查询和报表需求。OLAP 是针对特定问题的联机数据访问与分析。它通过多维的方式对数据进行分析、查询和报表。

（1）商务智能

商务智能利用以下技术实现分析能力：

①数据挖掘——发现数据点之间的关系；

②在线分析——对交易数据的在线分析；

③查询与报表——以多种形式进行数据查看和操作；

④信息主动投递——根据一定的安排，通过 web、无线设备或语音设备接收信息。

（2）企业绩效管理

企业绩效管理指企业用一系列的产品、方法、系统来监控和管理企业运作的流程与各种业务指标。从产品功能的角度来讲，企业绩效管理包括管理报表、管理分析、财务报表合并、预算管理、统计预测和战略管理等部分。

2.5.5 智能船厂数据标准体系

船舶建造是一项复杂的系统工程，涉及大量的设计、建造、物流和服务等各项业务的综合、同步的协同管理，产生的数据繁杂且不成体系。数据标准是为了规范各个系统建设时对业务的统一理解，增强业务部门、技术部门对数据的定义与使用的一致性而制定的，是一套各部门可以共同使用和重复使用的规范。数据标准通过一套由管理规范、管控流程、技术工具共同组成的体系可以逐步实现数据标准化。

2.5.5.1 数据标准规范的设计方法、原则和内容

（1）数据标准规范的设计方法

①确定数据标准规范的指引原则；

②确定数据标准规范的调研方法；

③确定数据标准规范的目标和内容,并厘清数据标准内容的逻辑关系;

④确定数据标准规范的论证评估方法。

(2)数据标准规范的设计原则

数据标准规范的设计原则包括:唯一性、稳定性、前瞻性、准确性、可执行性和低风险性。以下分别对各个部分进行具体说明。

①唯一性:保证标准命名、编码、业务解释等内容的唯一性;

②稳定性:维持数据标准的权威性,加强其稳定性;

③前瞻性:数据标准的调研、设计和执行要具备前瞻性,保证它的可持续性发展;

④准确性:业务定义、业务名称、业务口径等要具有准确性;

⑤可执行性:尊重实际情况和将来的发展规律,使标准具有可执行性;

⑥低风险性:充分考虑业务风险和技术实施风险,保证标准的顺利执行。

(3)数据标准规范的内容

数据标准规范由标准确定过程、标准内容归类和标准内容组成。标准内容确定过程如下:

①确定企业级标准框架与分类描述;

②确定标准定义和属性;

③制定企业级分类体系编码;

④制定企业级通用数据字典;

⑤确定数据标准应用场景。

标准内容归类和标准内容如表2-1所示。

表2-1　标准内容归类和标准内容

标准内容归类	标准内容
数据标准定义	业务定义
数据标准分类	所属业务领域、使用场景
数据标准属性	业务使用规则、取值范围类型、允许值、数据类型、数据长度
数据标准编码	数据编码规则
数据标准命名	数据标准名称
数据标准应用	业务数据管控、数据标准管控、可信数据源、数据字典

2.5.5.2　数据标准管理

(1)数据标准管理组织

设立数据标准管理组织是为了能够更好地对企业的数据标准进行管理。数据标准管理组织包括数据治理决策委员会、数据治理办公室和数据责任人及系统责任人。

数据治理决策委员包括企业高层领导在内的战略决策层。数据治理办公室包括数据治理经理、数据标准主管和数据标准管理员在内的执行层。数据责任人主要是数据录入、数据确认和数据修改的业务线责任人。系统责任人主要是系统技术责任人、系统业务责任人、数据架构师和项目经理。

（2）数据标准管理办法

数据标准管理办法由数据管理规范、数据标准制定管理办法、数据标准审核管理办法和数据标准发布管理办法四部分组成。

数据管理规范指明了数据标准管理工作方向与工作思路，以及明确数据标准管理工作参与部门和各部门在数据标准管理工作中承担的角色与职责；数据标准制定管理办法、数据标准审核管理办法和数据标准发布管理办法明确参与数据标准制定的工作部门和明示各部门参与数据标准制定的工作环节及工作细则。

（3）数据标准管控流程

数据标准管控流程由标准申请、标准设计、审核与发布、落地推广和审核评估五个流程组成。数据标准管控流程的责任部门是数据治理办公室、数据主责部门、数据录入部门、数据使用部门和系统开发维护部门。

标准申请是指对所有分析使用者提出的问题和需求进行统一汇总，根据问题的相关性，提请审核。标准申请涵盖了指定职责、明确流程、提出申请和申请审核。主要内容包括：

①制订并执行年度或者中长期的数据标准体系管理的相关计划；

②明确数据标准执行的相关部门和角色，确定相应职责；

③记录数据标准使用过程中的问题；

④各责任人提出数据标准新增、修改、删除的申请；

⑤根据申请的相关性，提请不同级别的决策层审核。

标准设计是指结合企业数据模型及现有的标准体系，对申请内容进行审核，评审通过后按照规范流程对标准体系进行更新，制定相关标准。标准设计涵盖了现状分析、标准范围、业务定义、技术定义和标准初稿。主要内容包括：

①决策层对数据标准体系制定和变更等重大问题进行审核；

②数据管理层进行数据标准规范的调研、数据标准设计、数据标准建设执行等工作；

③制定数据标准的初步文档。

审核与发布是指对数据标准体系进行审核，并按照流程向相关业务部门和开发部门进行标准内容的发布。审核与发布涵盖了审核、批复与发布。主要内容包括：

①数据标准体系制定并论证完毕后，报请领导进行审核；

②审核通过后，按照相关的流程进行发布；

③对于数据标准体系的重大变更问题,报请数据管理决策小组进行审核。

落地推广是指在业务条线和技术条线进行培训、宣讲和使用。落地推广涵盖了培训、解释和实施。主要内容包括:

①按照业务条线和技术条线,对相关人员进行数据标准体系的培训;

②对业务人员和技术人员进行相关业务与技术的宣讲;

③逐步在相关的业务和系统中运维与使用。

审核评估是指对数据标准相关要求进行评估,考察相关的实施结果,对相关情况进行总结,最后形成有效的管控。审核评估涵盖了数据审核、数据标准评估、标准变更和标准废止。主要内容包括:

①评估数据标准体系相关的要求;

②考察数据标准目标的实现结果;

③对没有实现的问题,返回数据标准体系日常管理层或者专项管理层处理;

④定期对数据标准体系管理工作的相关情况进行总结;

⑤将相关的结果返回给数据标准体系的管理层处理。

2.5.5.3 智能船厂数据标准体系框架

在综合参考相关资料的基础上,制定智能船厂数据标准体系框架,如图 2-33 所示。智能船厂数据标准体系主要包括基础标准、数据处理标准、数据安全标准、数据质量标准、设计数据标准、生产数据标准、管理数据标准、供应链数据标准、集成优化数据标准和运维服务数据标准等。

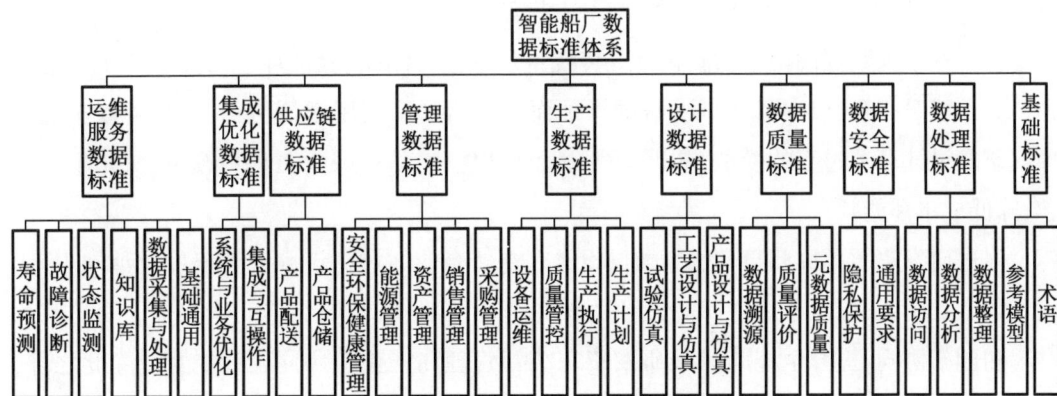

图 2-33 智能船厂数据标准体系框架

2.5.6 智能船厂数据应用体系

智能船厂数据应用贯穿于船舶设计、生产、管理、服务等制造活动各个环节,涵盖船舶全生命周期。智能船厂数据应用体系框架如图 2-34 所示。

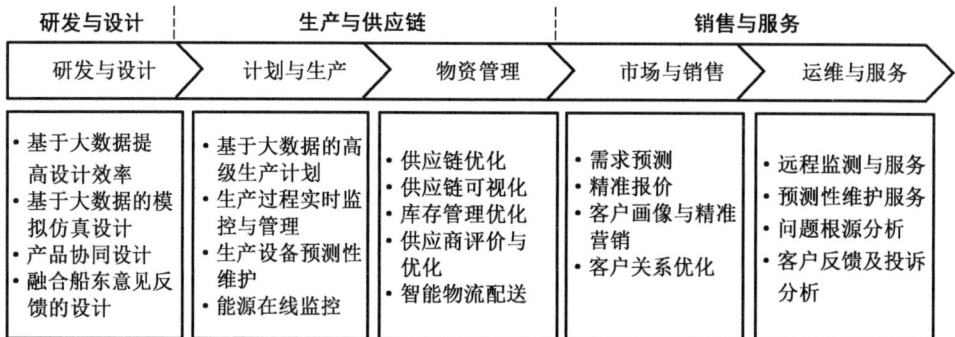

图 2-34 智能船厂数据应用体系框架

2.5.6.1 研发与设计领域

研发设计人员在工作过程中不断积累了大量的数据,包括用户需求数据、研发知识数据、产品结构数据、产品工艺数据、研发协同数据等。在此领域,造船企业可通过充分利用工业大数据实现如下典型应用及创新。

基于大数据提高设计效率。在船舶设计阶段,可以获得更多的基于以往同类船型的设计数据、技术和知识支持,从而提高设计效率。通过对船舶从设计到报废的全生命周期数据的积累,可以不断优化设计标准和知识库、模型库。

实现基于大数据的模拟仿真设计。传统生产企业在测试、验证环节需要生产出实物来评测其性能等指标,成本随测试次数的增加而不断增加。利用虚拟仿真技术,可以实现对原有研发设计环节过程的模拟、分析、评估、验证和优化,从而减少工程更改量,优化生产工艺,降低成本和能耗。

促进研发资源集成共享和创新协同设计。造船企业通过建设和完善研发设计知识库,促进数字化图纸、标准零部件库等设计数据在企业内部,以及供应链上下游企业间的资源共享和创新协同,提升企业跨区域研发资源统筹管理和产业链协同设计能力。除此之外,还可以提升企业管理利用全球研发资源能力,优化重组研发流程,提高研发效率。

2.5.6.2 生产与供应链领域

生产大数据不仅包括产品生产制造过程中采集的产品生产信息、订单信息、设备信息、控制信息、物料信息、人员工作排程,还包括企业内部管理信息流、资金流、产品生产上下游的供应商及客户管理等相关辅助生产管理的信息。生产大数据的采集依托于造船企业已有资源管理、制造执行、工控管理、供应链管理、供应商管理、客户管理、商务管理等信息系统。在此领域,造船企业可通过充分利用工业大数据实现诸多创新应用。

实现智能计划和生产管控。基于对造船企业各类资源的数字化模型的建立,即建立生产过程、物流过程乃至整个造船企业的虚拟仿真系统,为企业各级建造计划、场地和布局、运输路径等提供智能决策支持。同时,基于物联网技术对现场数据进行实时采集和分析,实现对制造过程基于大数据处理的流程优化、质量管理、问题预测、生产调度,并不断积累历史数据,优化各类知识和算法;尤其在精度管理和成型加工工艺方面,通过变形数据的不断积累和统计分析,形成标准化的精度控制体系和工艺方法。

实现生产设备预测性维护,提升生产过程及设备管理水平,优化生产流程,并提高产品质量。现代化工业制造生产线安装有数以千计的小型传感器,可以探测生产设备的工作状态,如温度、压力、热能、振动和噪声等,利用这些数据可实现生产过程实时监控、设备故障诊断与预测、能耗分析、质量事故分析等。此外,还可将生产制造各个环节的数据整合,对生产过程建立虚拟模型,仿真并优化生产流程。

实现网络化协同制造及制造业共享经济。通过"互联网+",进行生产资源在企业内或企业间的整合优化,实现企业内部的纵向协同制造或企业间的横向协同制造。通过"互联网+"共享经济,进行创新资源、生产能力、库存等生产资源之间的共享,实现制造业共享经济。

优化供应链及物料管理。射频识别(RFID)等电子标识技术、物联网技术以及移动互联网技术能帮助造船企业获得完整的产品供应链的大数据,造船企业对这些数据进行分析,因此将带来仓储、配送、销售效率的大幅提升和成本的大幅下降。

2.5.6.3 销售与服务领域

销售与服务领域的数据来源有很多,主要包括:市场发展趋势、市场订单交易信息、报价信息;通过嵌在产品中的传感器采集产品的实时运行状态数据及周边环境数据;通过商务平台获得的产品销售数据、客户数据及相应的产品评价或使用反馈;客户投诉及相应处理记录;产品维修记录。通过对这些数据进行挖掘、分析及预测,可帮助船厂不断创新产品和服务,发展新的商业模式。在此领域,可通过充分利用工业大数据实现如下典型应用及创新。

实现客户画像与精准营销以及客户行为分析,可扩展客源,提升营销成功率及原有客户的满意度及忠诚度。

通过监控、分析远程采集产品的实时运行状态数据,实现远程监控与管理、故障诊断及预测性维护等在线增值服务,可降低维护成本,提高产品利用率。

通过分析客户产品评价或使用反馈、客户投诉,将有用的意见融入产品的设计及产品改进中,对客户投诉进行分类处理,可提升产品质量及售后服务质量,降低投诉率,提高客户满意度及忠诚度。

通过分析产品退货或返修原因,及时采取有效措施,可提升产品质量,降低退货率及返修率。

2.5.7 智能船厂数据治理体系

治理领域是数据治理关注的对象,主要包括数据治理、数据标准、元数据、数据生命周期等。保障机制是治理的措施,包括管控组织、管控流程、管控政策、技术支撑等。对船厂来说,未来的数据治理比较重要的几个方面包括数据质量、数据组织与职责、数据管理制度与流程、数据治理工具等。

数据治理工作是在企业的总体发展战略的指引下,通过组织、制度、流程等管理手段,对数据治理的相关专题进行管理。数据治理工作包括七个专题:数据标准、数据质量、数据清洗、元数据、主数据、数据模型、数据生命周期。这些数据治理的机制和管理专题需通过具体的手段得以落实,而内容需通过数据认责得以有效贯彻。

数据治理工作主要表现在以下几方面。

(1)制定规范

负责制定数据治理的发展路线图、发展目标和规划、管理政策等。

(2)执行规范

负责监督数据治理的管理制度、管理办法、标准规范在各个部门的落实情况。

(3)日常管理

负责数据治理各领域工作的日常管理、问题管理等。

(4)考核监控

负责数据治理的指标考核,以及定期主动发起数据治理的检查工作。

数据治理重点对数据的获取、处理、使用进行监管,监管的职能主要通过发现、监督、控制、沟通、整合五个方面的执行力来保证,构建了以主数据管理、数据质量管理、元数据管理和数据安全管理为核心的数据治理平台框架,如图2-35所示。

数据治理平台是多个工具的组合,各部分功能并非完全独立,需要相互配合。如数据质量管理、数据安全管理、元数据管理和主数据管理结合,可以实现更精细、更灵活的数据管控。

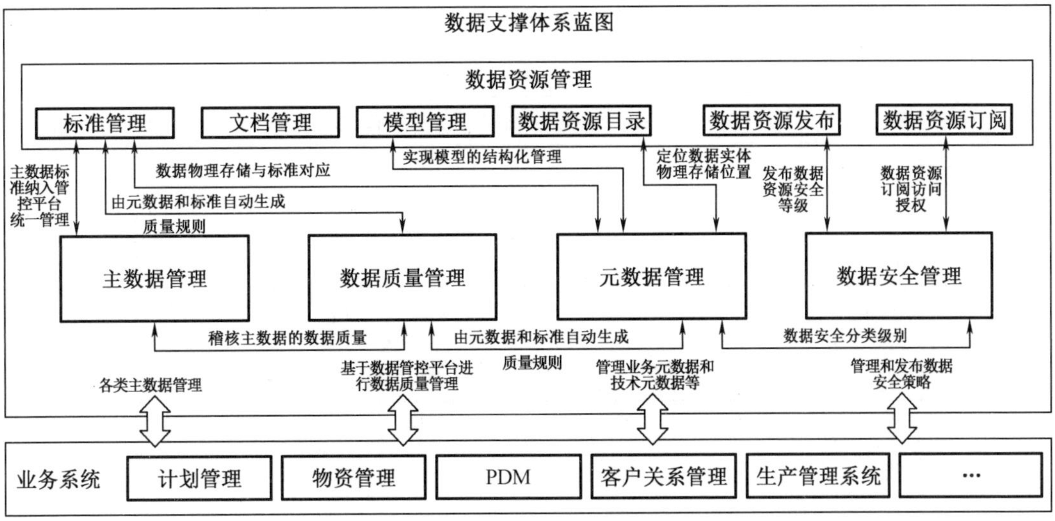

图 2-35　数据治理平台框架

2.5.8　主数据管理解决方案

2.5.8.1　主数据的概念

主数据是具有高商业价值的,可在船企内跨越各个业务、部门和系统,被重复使用的数据,并且存在于多个异构应用系统中。相对于交易数据而言,主数据的属性稳定,准确度更高,具有唯一识别性。

主数据管理可以帮助企业建立集中的主数据管理环境,消除信息孤岛,统一、规范数据编码,加强数据审计,使得企业信息化建设基础更加稳固、可用,为开展各项业务系统联动和数据分析、数据挖掘等做好充分准备,从而消除点对点集成,简化结构,降低维护成本,改进数据治理。

2.5.8.2　主数据识别分析方法

主数据识别可通过相关因素分析表进行,如表 2-2 所示,将需要判断的主数据,重点从数据类型与特征因素两个方面进行对比;对比不能局限于某一业务视图的限制,而应该从全局的角度出发,判断企业视图上的数据对各特征因素的符合程度,进而判断该数据类型是否为主数据。表 2-3 描述了判断工程合约数据类型的过程,虽然所列工程合约数据满足了特征一致性、识别唯一性和长期有效性,但工程合约会随着业务的开展而建立和修订,因此不满足交易稳定性,不能判断该数据类型为主数据。

表 2-2　相关因素分析表

特征	因素一	因素二	因素三
特征一致性	符合	基本符合	不符合
识别唯一性	符合	基本符合	不符合
长期有效性	符合	基本符合	不符合
交易稳定性	符合	基本符合	不符合

表 2-3　主数据类型分析表（示例）

序号	数据名称	特征一致性	识别唯一性	长期有效性	交易稳定性	分析结论(是/否)
1	客户数据	符合	符合	符合	符合	是
2	人员数据	符合	符合	符合	符合	是
3	订单数据	符合	符合	不符合	不符合	否
4	工程合约	符合	符合	符合	不符合	否
5	投资合约	符合	符合	符合	不符合	否

2.5.8.3　主数据的类型与内容

常见的主数据类型与内容如表 2-4 所示，但根据船厂的行业特征和信息化建设的程度，主数据的内容也会发生变化。

表 2-4　常见的主数据类型与内容

类型	主数据内容	非主数据内容
供应商、客户相关数据	基本信息，如供应商编码、名称、地址、开户银行等	供应商投标报价、供应商合同金额、供应商的供货记录、客户购货记录、客户成交数量
物料相关数据	物料分类信息，如类别编码、类别名称；物料的基本信息，如物料编码、名称、规格、型号、计量单位等	按物料类别统计物料收发存数量、物料的历史成交价、物料的库存数量等
财务相关数据	会计科目的基本信息，如科目编码、科目名称等	科目的余额、科目的借贷金额等
设备相关数据	设备分类，如类别编码、类别名称；设备的基本信息，如设备编码、名称、规格、位置等	设备运行维护记录、设备停机记录、设备运行参数等

表 2-4(续)

类型	主数据内容	非主数据内容
组织机构、员工相关数据	组织机构基本信息,如编码、名称、分类等;员工基本信息,如编码、名称、所属单位、部门等	组织机构的费用统计、组织机构资产统计、员工绩效数据、员工薪资等
项目相关数据	项目基本信息,如编号、名称、类型等	项目的费用统计、项目的进度等

保证主数据的完整性,可达到信息集成、交互和共享的目的。船厂主数据可分为通用基础数据、设计基础数据、物料基础数据、生产基础数据、质量基础数据五大类。

(1)通用基础数据

船舶企业通用基础数据是支撑船舶建造各项业务系统应用的标准编码、业务通用数据或应用的常规数据等。通用基础数据内容如表 2-5 所示。

表 2-5　通用基础数据内容

数据类别	数据名称	所属系统			备注
		PLM	ERP	MES	
通用基础数据	人员基础信息	○	●	○	包括人员类别、岗位、职级、性别、政治面貌等基础编码信息
	组织基础信息	○	●	○	包括反映船舶制造企业的组织机构类型、结构、组织级别等信息
	厂商基础信息	○	●	○	包括船舶设计、制造全过程有业务往来的供应商的资质、能力等
	国家基础信息	○	●	○	包括国家编码信息等
	币种基础信息	○	●	○	包括各种币种
	...				

(2)设计基础数据

设计基础数据内容如表 2-6 所示。

表 2-6　设计基础数据内容

数据类别	数据名称	所属系统			备注
		PLM	ERP	MES	
设计基础数据	船体结构	●	○	○	根据生产建造方针,船体结构区域、分段的结构划分基础编码数据

表 2-6(续)

数据类别	数据名称	所属系统			备注
		PLM	ERP	MES	
设计基础数据	图纸编码	●	○	○	结构、涂装、舾装设计的编码规则,及其产生的各船的图纸编码基础数据
	物料编码	●	○	○	设计支撑物料采购需求和物流配送托盘的编码规则,及其依据规则产生各船的采购物流基础数据等
	设计专业编码	●	○	○	设计专业编码基础数据
	船种船型编码	●	○	○	企业建造的船种和船型编码
	……				

（3）物料基础数据

物料编码是 ERP 系统最基础的内容,可按照智能制造的有关规定,建立统一的物料编码标准。物料编码可关联仓储地点、供应商、建造用途等信息。如其他系统需要物料信息,可通过管理员完成审核后由主数据管理系统进行分发。物料基础数据内容如表 2-7 所示。

表 2-7　物料基础数据内容

数据类别	数据名称	所属系统			备注
		PLM	ERP	MES	
物料基础数据	主要物料编码	○	●	○	船舶建造企业材料类编码基础,支撑设计提供材料采购需求
	主要设备编码	○	●	○	企业制定的 A、B、C 类设备编码

（4）生产基础数据

生产基础数据在主要建造阶段产生,用于管理各类生产代码。结合船厂生产工艺以及管理现状制定生产基础数据,可对设备、场地、建造时间等信息进行关联。生产数据同步到主数据管理系统后,其他系统如果需要该主数据,需要从主数据系统中调用。生产基础数据内容如表 2-8 所示。

表 2-8　生产基础数据内容

数据类别	数据名称	所属系统			备注
		PLM	ERP	MES	
生产基础数据	作业日历基础数据	○	●	○	根据生产建造要求,编制企业作业工作日历基础数据
	主副工种基础数据	○	●	○	船舶制造各专业作业工种编码
	作业工时种类编码	○	●	○	作业工时种类编码,分为直接工时和间接工时及其对应的细化工时种类编码
	生产资源编码	○	○	●	涉及生产作业资源的类型及其编码,包括生产作业场地资源编码、设备类型编码、物流配套设备编码等
	生产作业标准节点编码	○	●	○	企业依据计划管理类型制定的各类作业节点标准,如线表节点、先行或后行中日程节点标准编码等
	生产作业阶段基础数据	○	●	○	根据船舶企业特点制定的标准作业阶段的编码,如小组立、分段、搭载阶段及其编码数据等
	...				

(5)质量基础数据

船厂成立主数据管理及运行维护体系,确保企业主数据管理系统平稳运行,形成相关管理体系、管理方案,培养专业运行维护队伍,切实将数据库信息完整贯彻到位。质量基础数据内容如表2-9所示。

表 2-9　质量基础数据内容

数据类别	数据名称	所属系统			备注
		PLM	ERP	MES	
质量基础数据	船级社基础数据	○	●	○	企业对相关所有船级社制定相应的基础数据
	检验项目类型基础数据	○	●	○	船舶检验类型,如探伤、常规检验、专检、外检等类型编码
	检验项目基础数据	○	●	○	建立与生产作业匹配的检验项目编码,依据编码规则建立各船的检验项目基础数据

2.5.8.4 主数据管理

主数据往往也被称为"黄金"数据,数据库顶层设计的实现需要对主数据进行管理。主数据管理在企业信息化战略中处于核心地位,也是企业数据治理最重要的功能模块之一。主数据管理可以确保各个系统间"黄金"数据的一致性、完整性、可控性、正确性,从而提高数据质量,统一实体定义,简化改进流程并提高业务的响应速度。

主数据管理系统可以实现集中化管理,建立统一的主数据中心作为唯一的数据源,实现数据集成分发策略的标准化,在分散的业务信息系统间最大限度地保证主数据的完整性、一致性。主数据管理系统不会创建新的数据,它只是提供了一种方法,使得企业能够对存储在分布系统中的主数据进行统一的集中管理。

主数据管理具体包括:建立主数据标准平台;建立不同主题的编码和标准属性数据库;通过系统实现主数据标准的管理;实现与BI、业务系统的数据集成。

主数据平台构建分为三个阶段:第一阶段是规划设计阶段,完成管控组织体系设计、管控流程体系设计;第二阶段是标准化阶段,建立各类主数据模型、业务标准和主数据标准,建立集中、统一、科学、规范的编码和标准属性库,对现有分散的主数据和信息系统统一应用标准化主数据进行清理;第三阶段是建立企业范围内集中的主数据中心,为决策支持系统提供关键基础数据应用,同时建立定期评估、应用反馈机制,对主数据体系进行持续优化。主数据管理总体框架如图2-36所示。

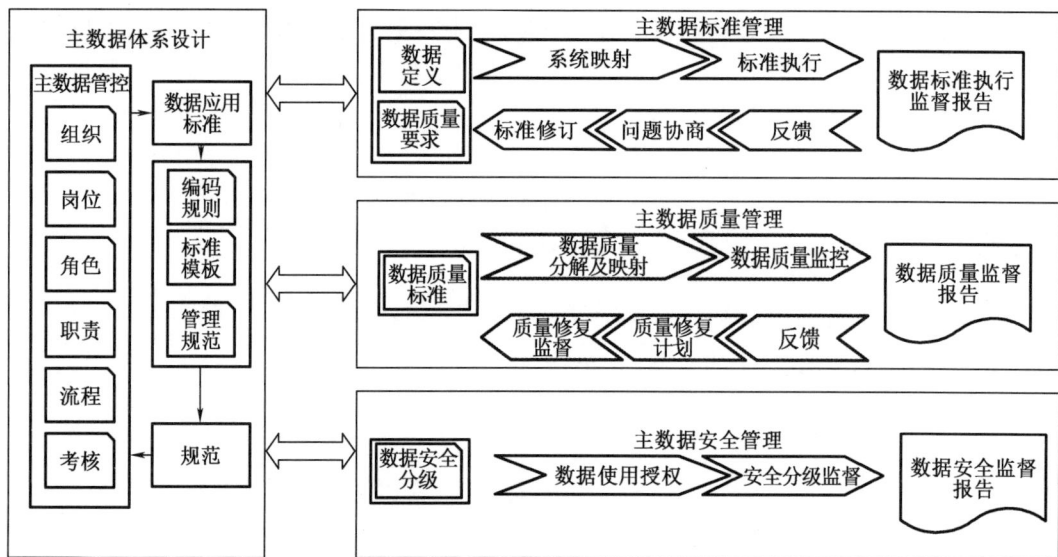

图2-36 主数据管理总体框架

构建主数据管理的路径,首先是在基础代码体系的基础上,构建企业中心数据库,满足各业务子系统的统一应用;其次是开展中间产品包的梳理及建设,并通过中间产品包实现数据的关联;再次是通过设计管理,实现产品数据管理;最后是传递到造船管理系统,开展数据的应用、分析。

构建以 CAD 及 PDM 为产品数据核心、以 ERP 为管理数据核心、以大数据分析为决策数据核心的数据中心,形成基础数据库、全三维样船、产品数据库、工艺数据库、业务数据库、办公数据库和决策数据库。通过涵盖全生命周期的各业务子系统应用,逐步构建企业中心数据库,对数据进行分类,制定数据标准;通过集成平台,采集、监控、管理从船舶研发设计、生产、管理和交付全过程的业务数据。

船厂通过统一信息平台,对设计、管理、分析等中心数据库进行维护,确保所有的基础数据必须在统一的地方维护,各业务子系统统一使用信息平台提供的接口、服务进行数据的应用。

构建满足智能船厂需求的中间产品核心业务数据库。企业以中间产品作为组织造船生产的物流、信息流、资金流的基本载体,按照设计图、生产任务包、物料托盘集成关系原则,开展设计包、采购包和任务包的设计与编制。

建设设计、管理、生产的一体化数据链路。利用统一编码规则,打通设计、管理、生产的数据链路,基于统一的设计数据平台,实现设计数据的集成。

规范数据管理流程,建设数据反馈管理体系。造船企业信息化建设是建立在规范、有效的数据管理基础之上的,而建立符合中国特色的企业信息反馈体系,进行规范的数据收集—数据处理—数据分析是造船企业推行信息化建设不可跨越的基础工作。

(1)采用的工程计划管理软件系统完全是依据物量、工时、能源利用率等生产管理数据编制日程计划、负荷计划和资源配置计划。特别是工时计划管理,是在对工时日报反馈信息进行统计、分析的基础上进行的。实际反馈数据是工程计划管理软件系统内由"实际数据—标准数据—计划数据"组成的数据链中关键的一环。

(2)遵循一定的协议规范,将各类异构设备实现互联互通,实时采集现场生产和各项管理业务信息、监控设备运行状态、接受制造管控和数字化设计提供的工艺数据。

2.6 智能船厂整体管控平台解决方案

2.6.1 智能船厂整体管控平台架构

利用物联网、大数据、5G、人工智能等新一代信息技术,以实现船厂管控平台的数字化、网络化、智能化为目标,研究提出智能船厂的整体管控平台。该管控平台主要包括:边缘层、服务层、平台层、决策层数据源。基于5G、物联网的船舶厂域级全链路基础网络,打造集设备物联网、工控网、办公网、外网、密网为一体的全覆盖的全面在线感知网,建设6个集成平台。在此基础上,围绕企业运营、生产运行、安全生产、能源环境、公共设施等方面打造5个管控中心,形成集中指挥决策中心,进一步将企业信息门户、船厂运营、生产设计、安全等管理信息聚合,提供灵活的决策分析模型与管理手段,实现智能船厂管控可视化、透明化、智能化,如图2-37所示。

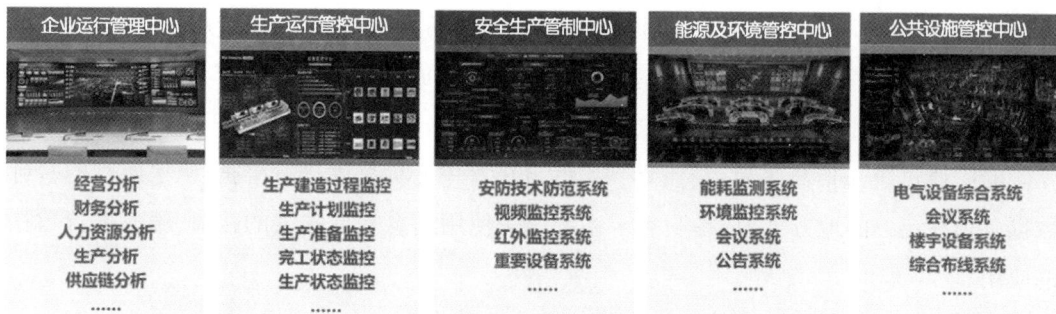

图 2-37　智能船厂整体管控平台架构

2.6.2　智能船厂整体管控平台基础环境构建

构建智能船厂整体管控平台基础环境,为后续整体管控平台构建奠定基础,对平台开发语言、平台运行软硬件环境、平台开发工具等平台开发参数和技术细节进行标准化与规范化,确保平台的内部兼容性和数据连通性。同时,根据需求完成各类功能基础组件和环境的研发工作,保障平台功能的顺利实现。

(1)智能船厂整体管控平台统一开发规范

经过总体架构设计阶段,在对智能船厂整体管控平台的业务分析和功能特性分析结果的基础上,对包括平台开发语言、平台运行软硬件环境、平台开发工具和基础框架、平台开发文档及法律文件、各组件开发责任及法律约束合同等平台开发参数和技术细节进行标准化与规范化管理。

(2)智能船厂整体管控平台基础组件研发

采用任务分解法,从平台功能入手对基础构件进行确认和研究。在对智能船厂整体管控平台业务梳理和需求分析的基础上,逐步建立平台的功能结构,确定平台的各类基础组成构件和任务重点组成构件。

(3)智能船厂整体管控平台信息安全技术

明确平台安全问题所在:操作平台主要从存储器的存取和文件操作两方面进行安全保护,对硬件进行保护的同时,不允许未授权的用户进行文件和目录的改写操作;从平台内部信息的获取、数据库安全和采取必要的加密措施三个方面进行保护等。

2.6.3　智能船厂整体管控平台数据库构建

由于智能船厂整体管控平台需要集成大量的数据,数据库的构建尤为重要。同时应用数据仓库,对各数据进行调用分析,实现船厂的智能化决策。

首先,对数据库群和数据库功能进行需求分析,并进行顶层架构设计,完成数据库顶层设计;其次,以顶层架构设计为基础,面向行业应用的数据库设计规范,包括数据库结构设计规范、数据库轻量化设计规范及数据库完整性设计规范;最后,根据数据构架和数据库规范,进行数据库接口需求分析、数据库接口设计规范、平台内数据库接口功能开发,完成面向服务的数据库接口技术开发。

2.6.4　智能船厂整体管控平台应用开发

根据智能船厂整体管控平台架构设计,结合船厂业务流程及平台开发规范进行各子系统的开发,建立标准规范、信息安全、运维保障、服务管理 4 个保障体系,保证管控平台的顺利建设;建设光纤网络、5G 通信网络、物联网、专网等基础网络;打造物联智控、云服务、大数据服务数据平台;开发 5 个管控中心,充分调研智能船厂管控需求分析,根据开发规范开发包括财务管理、人力资源管理、协同办公、生产管理等的管控子系统;建设智能船厂大数据决策分析平台、集中指挥决策中心、企业信息门户,提供决策支持,建设显示终端、开发手机App,实现可视化、智能化管控。

2.6.5　智能船厂整体管控平台集成与测试

在关键子系统研发完成之后,进行智能船厂整体管控平台的内部集成和与其他异构系统的外部集成,并完成总体集成测试。结合管理需求和实际情况,统一系统数据规范,完成面向多类型用户的分布式系统以及各系统之间的接口关键技术,并最终对智能船厂整体管控平台进行总体集成测试。

结合智能船厂整体管控平台的软硬件规范、数据库及信息接口、子系统等成果,进行全面化开发、整合、联动调试,完成各项功能的集成。针对平台测试过程中存在的问题,依据测试结果对智能船厂整体管控平台进行优化与改进。

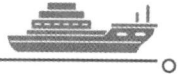

2.7 智能船厂的重点软件、网络及信息化 基础硬件选型策略和解决方案

2.7.1 选型策略

根据智能船厂的总体要求,在设计、生产、物流和服务等领域进行重点软件的选型。同时,在对智能船厂基础网络及信息化基础软硬件的选型中,按照统一规划的基本原则,明确应用系统在规划期内的规模,对整个应用系统的模块、用户、流程进行分析,确定总体需求,从而定义出其硬件平台对应的架构和配置。

基于智能船厂统一规划的基本原则,制定共性的选型策略,主要包括先进性、高可用性、可扩展性、高安全性、高可维护性、高保密性和合适性价比等,如图 2-38 所示。

（1）先进性

先进性应能够代表当代计算机技术的领先水平,能够获得较高额度性能,能够随时适应船舶建造技术发展和产品业务发展变化的需求。

图 2-38　选型策略

（2）高可用性

高可用性要求硬件平台具有单点失效保护,能够实现故障预警、报警,具有良好的故障应急处理能力。如在出现有限个数的服务器、磁盘、存储设备或交换机故障等情况下,系统可以继续运行,不影响业务处理。

（3）可扩展性

可扩展性要求随着应用系统的增加而扩展,具有长远的生命周期和可扩充性,能适应现在和未来的需要,能够增加内部或外部硬件。

（4）高安全性

高安全性能够实现良好的信息安全能力，能够应用灵活的安全策略，如对不同用途的服务器进行安全分区，以实现不同程度的隔离等。

（5）高可维护性

高可维护性是指维护便捷简单，可以减少死机时间，特别是减少进行故障修复、系统扩展和变更时的死机时间，能够提供友好、全面的监控工具。

（6）高保密性

智能船厂特别重视数据保密，所涉及的数据需要严格控制在企业内部，同时对外部攻击泄密的可能性也要采取必要的技术手段进行防范，以保证数据的安全性。

（7）合适性价比

在满足需求并符合上述原则的前提下，良好的性价比是关键。各家硬件各有所长，关键是需要关注满足应用系统需求的技术，而不是一味追求先进技术。只要能解决主要问题，满足需求和原则，有合适的价格，就可以着重考虑。

2.7.2　解决方案

针对智能船厂重点软件、网络及信息化基础硬件采用 FACE 技术进行选型，其中，F 是 Functionary 的缩写，表示对满足企业业务需求的功能模块、运行性能及定制方面的评价；A 是 Assurance 的缩写，表示对提供的产品质量、服务水平方面的评价；C 是 Cost 的缩写，表示对价格、总拥有成本方面的评价；E 是 Environment 的缩写，表示对运行环境、技术发展趋势等方面的评价。基于 FACE 的选型技术方案如图 2-39 所示。

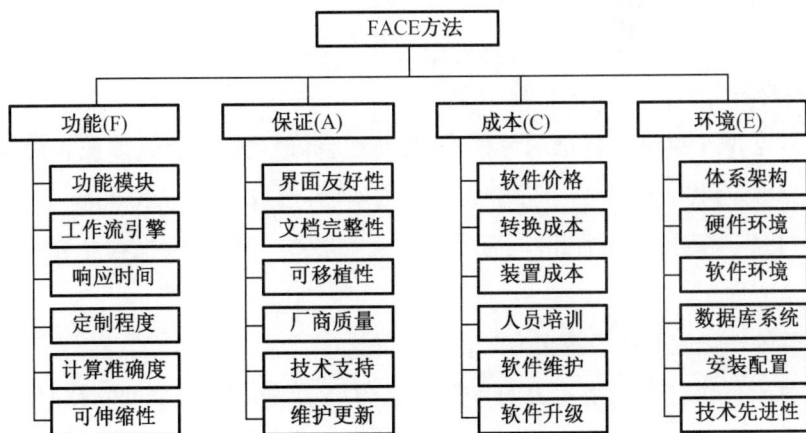

图 2-39　基于 FACE 的选型技术方案

针对智能船厂重点软件、网络及信息化基础硬件采用五步法进行选型，选型步骤如图

2-40 所示。

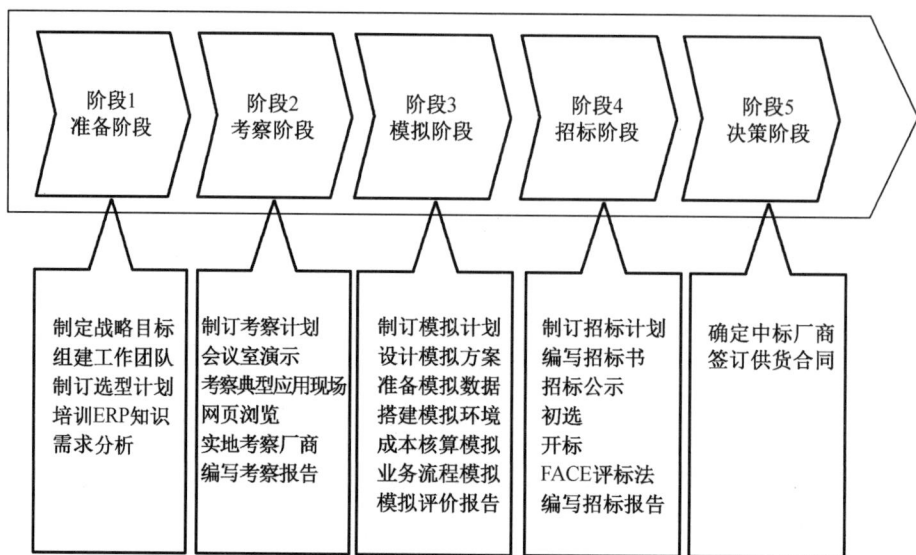

图 2-40　选型步骤

（1）准备阶段

制定战略目标,组织一支精干、高效的软件、网络及信息化基础硬件选型小组, 对于正确选择软件、网络及信息化基础硬件是非常重要的。选型小组中应有企业决策层的成员,并包括设计、生产、管理、服务等业务部门和 IT 部门的相关人员。选型小组制订选型计划,组织 ERP 基本原则培训,对企业上马 ERP 项目进行可行性分析。通过分析,提交可行性分析报告,估计预期效益并做出投资/效益分析,为造船企业领导决策提供依据。因此,对于船厂的软硬件的选型应该坚持以技术和可开发性为主导、业务为辅助的评价原则来指导实施。

（2）考察阶段

考察阶段选型小组制订详细的考察计划,并在会议室进行演示,以便查漏补缺完善考察计划。根据考察计划,选型小组考察典型应用现场,形成初步需求分析。通过网页浏览筛选供应商,初步确定供应商后,对厂商开展实地考察,并形成考察报告。考察的内容主要包括以下几个方面。

①考察软硬件供应商的经济实力

通过对软硬件供应商经济实力的考察,确定供应商是不是一个可以长期合作的对象,对于智能船厂建设至关重要。通常供应商不熟悉船厂的具体业务场景,但具备一定的经济实力。

②考察软硬件供应商的技术支持力量

软硬件供应商应该不但能够提供性能良好的软硬件,还需要有坚实的技术支持力量,结合各个船厂不同的发展阶段,充分与船厂内部人员进行技术对接,并为专家提供帮助。

③考察软硬件供应商的用户

智能船厂软硬件的规划建设直接决定了其未来一段时间的发展,且需要做出重大调整。选择软硬件供应商,除了考虑其经济基础和技术支持力量之外,还要注意选择在智能船厂建设领域内有成功用户先例的产品,充分了解供应商的专业能力。

(3)模拟阶段

模拟阶段是企业根据实际应用场景,对供应商所提供的软件进行数据模拟。这一阶段将直接检测软件的效率、稳定性及适用性。选型小组首先制订模拟计划,设计模拟方案,准备模拟数据,其中模拟方案应设计软件在极限情况下的运行情况以考察软件的稳定性。然后在硬件基础上搭建模拟环境,按照模拟计划对数据进行模拟。数据模拟结束后,对软件进行成本核算和业务流程模拟,并形成整体模拟评价报告。

(4)招标阶段

在招标阶段,智能船厂软硬件选型小组制订招标计划,编写对应的招标书及技术要求。内部讨论通过后进行招标公示。经过初选、开标阶段后采用 FACE 评标法对软硬件进行系统评估,并编写招标报告。

(5)决策阶段

在决策阶段,造船企业与确定中标的厂商签订供货合同,达成合作协议,同时明确各个阶段的工作重点以及交付物料,便于实现过程管控。

2.8　本　章　小　结

本章基于对企业发展目标与业务规划的理解,借鉴世界船舶制造行业的先进作业典范,结合新一代信息技术发展趋势,提出了造船企业建设智能船厂的战略愿景及目标,阐述了智能船厂建设的实施路径与总体规划,给出了智能船厂的架构设计、数据体系、整体管控平台解决方案及信息化基础硬件选型策略等,起到了引领和指导以智能车间为基础的智能船厂建设的作用。

第3章 船舶智能制造车间通用模型

3.1 概　　述

本章通过剖析船舶智能制造车间的结构和特点,在借鉴和参考通用数字化车间参考模型的基础上,结合船舶制造自身的特点,构建智能车间的目标图像、数据流通机制与数据标准,建设船舶智能制造试验验证平台,开展关键技术攻关和验证,形成面向船舶行业的智能车间通用模型。

3.2　船舶智能制造车间整体架构

3.2.1　船舶制造特点分析

船舶行业的产品个体差异较大,在船舶不同工作环境和用途下,对产品尺寸、工作性能、承载能力的要求不尽相同,属于典型的项目型制造产品,其制造车间在产品本身、设计工艺、计划调度、物流、生产过程等方面均具有项目型制造带来的固有特点。对比其他类型的制造企业,船舶分段制造车间具备以下特点。

(1)船舶制造由订单驱动生产,高度定制化,种类多样,重复性低

船舶产品个性化定制要求高,以某船厂为例,其可接单的船型包括超大型液化气船、集装箱船、散货船、科考船、测量船等。不同类别的船型结构不同,相同类别的船型结构也随订单的不同而不同。对于不同订单,船舶产品的结构设计、参数选取、加工材料和验收标准等有不同的个性化要求。

(2)船舶产品的结构层次复杂,船体建造需要分层级、分阶段进行

现代造船方法中船体通常为分段制造,分为零件加工与配套、小组立、中组立、大组立和分段总组与船体合龙六个阶段,分别在船体零部件车间、船体分段车间以及船坞中进行。船舶智能制造车间制造产品结构复杂,零件数量众多,涉及工艺要素众多。

（3）产品设计难以重复,工艺规划过程复杂多变

船舶产品设计针对订单进行,设计知识可继承程度低,但是设计过程与工艺路线复杂,使得产品开发设计、工艺规划过程繁杂,产品设计占据大量时间。

（4）船舶智能制造车间面积广阔,生产现场环境复杂,不确定因素众多,导致计划调度过程不确定性高

船舶智能制造车间的生产设备产能有限,工装、物料、工人、设备均存在约束,生产资源的合理调度对制造效率的提高十分重要。但是船舶智能制造车间订单难以预测,紧急查单、临时变更订单的情况频繁发生,生产过程中设备故障、物料缺乏等情况时有发生,使得车间实际执行过程与计划偏差较大。

（5）物流配送过程耗时耗力

船舶智能制造车间对零件物料、工装、量具等缺乏有效的配送和管理机制,传统车间的生产准备工作都是由工人进行,包括车间物料、工装、检具的领用和图纸准备等,耗费大量时间,也使得产品生产周期延长。船舶智能制造车间中需要运输的零部件种类多、数量大,来源和去向多,物流路线复杂,需要的运输设备也不尽相同,物流自动化程度低,存在大量运输和等待的时间。

（6）加工过程信息不透明,信息传递效率低下,错误率高,对在制品难以管控

目前,船舶智能制造车间信息传递还是以纸质文件为主,信息不能及时传递到作业现场的各个工位,作业信息共享手段匮乏,工艺数据关联度差,无法有效指导生产作业。对生产制造过程缺乏有效监测手段,难以收集生产信息,无法对生产过程进行有效控制与管理。

（7）工艺数据关联度差

船舶智能制造车间生产作业任务涉及的人员、场地、零部件等工艺要素未与作业任务建立关联关系,无法有效地指导作业;上述工艺要素没有与实际生产过程中的物理要素建立关联关系,进而导致船体零部件作业未按工艺和计划执行,随意性较大,经常发生零部件配送错误或不及时现象,导致生产等待及资源利用率降低。

3.2.2　船舶智能制造车间智能化需求分析

根据传统船舶智能制造车间的制造特点,船舶智能制造车间面对的是定制化高、更加柔性复杂的现代生产方式,其对车间智能化的需求也越来越急迫,主要包括以下几个方面。

（1）工艺信息结构化管理需求

船舶产品本身结构复杂,制造过程中涉及"人、机、料、法、环、测"等多方面的工艺信息,量大而繁杂,大量的物理制造资源和信息资源信息需要借助计算机进行收集、共享与管理。

（2）工艺规划需求

船舶产品多是面向订单设计,在工艺规划阶段,针对订单要求,借助结构化工艺管理系统,对物料、生产设备、工艺流程等信息制定相应的计划工单,并下达至相应的执行工位,提高效率与准确性。

（3）物流监控需求

船舶智能制造车间生产准备时间较长,主要为生产物料的准备时间,因此物流效率成为影响生产效率的主要原因之一。为提高物流效率,实现快速的生产准备和工序流转,需要实现物料配送的自动识别、监控与追踪。同时,需要采用拉动式的物料配送方式,充分利用物流资源,规划物流路线,针对生产工单,实现合理的准时化配送。

（4）生产过程监控需求

首先,需要保证生产过程的精确和稳定,对海量现场数据进行全面实时的收集,通过部署嵌入式智能系统、传感器获取数据,结合大数据与经验进行计算,对现场生产效率、合格率以及设备能耗等进行性能分析,及时获取生产异常状况并处理,使得管理优化更有针对性。其次,需要对在制品进行管理,实时获取其数量和位置信息,及时掌握生产现场情况以及生产进度。

（5）对智能制造标准的需求

智能制造在推进船舶车间建设的过程中,需要行业性的智能制造标准规范,在智能工厂的各个环节如设计、生产、物流和管理等方面都亟须标准的支撑。

3.2.3　船舶智能制造车间整体架构

智能制造车间是运用精益生产、精益物流、可视化管理、标准化管理、绿色制造、智能制造等先进的生产管控理论和方法设计建造的智能化车间,具有精细化管控能力,智能化、柔性化、敏捷化的产品制造能力。智能车间作为智能制造的核心单元,涉及物联网技术、信息技术、自动化技术、机械制造、物流管理等多个技术领域。因此,统一的整体架构是描绘智能车间的基础条件。

船舶智能制造车间重点涵盖产品生产制造过程,其整体架构如图3-1所示,分为基础层和执行层,在智能车间之外,还有企业的管理层。智能车间内部各功能模块、基础设施之间,以及外部信息系统,均通过车间总线进行系统集成。

智能车间整体架构仅包含最基础的功能模块,可根据实际情况增加其他模块,如能效管控系统。能效管控系统能够采集设备、工艺过程及系统的能效数据,通过分析对比能效基准线,及时发现异常并进行预警;同时对设备、工艺过程及系统做出能效评估,根据评估结果,实施能效优化策略,提高能源使用效率。

　　智能车间的基础层包括了智能车间生产制造所必需的各种基础设施,其中信息基础设施是承载智能车间业务运行和信息集成的基础;智能制造设备承担执行生产、检验、物料运送等任务;智能辅助设备是信息交互的终端。智能车间的执行层包括车间生产计划与调度、生产物流管理、工艺执行与管理、生产过程质量管理、车间设备管理、生产安全管理六大功能模块,对生产过程中的各类业务、活动或相关资产进行管理,实现车间制造过程的数字化、精益化及智能化。

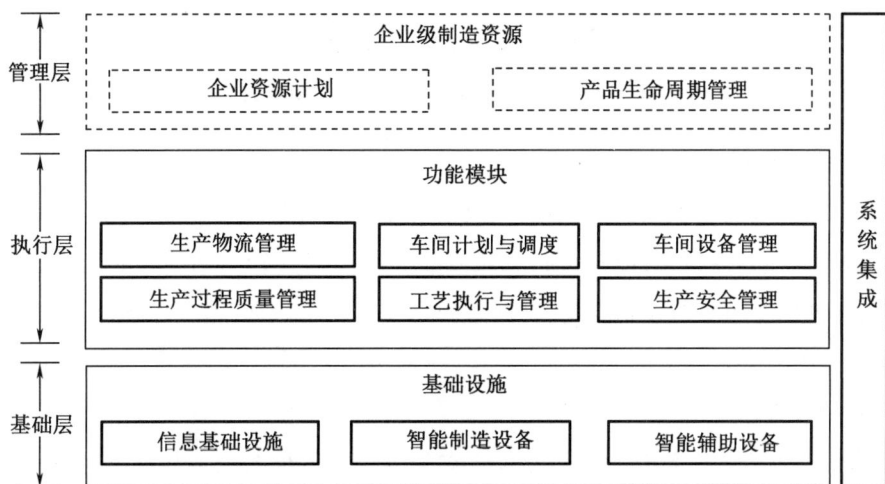

图 3-1　船舶智能制造车间整体架构

3.2.3.1　基础设施层

(1)信息基础设施

船舶智能制造车间信息基础设施功能模型如图 3-2 所示。

①数据传输要求

应保证智能车间内人员与设备之间、设备与设备之间能够有效通信。可采用有线和/或无线的传输方式,保证智能车间内语音、数据、图像、视频、控制等信息无缝传输。使用公共通信网络传输时应采取一定的信息安全管理措施。部署相应网络冗余设备,保证智能车间内通信不受突发事件影响。

②数据存储要求

应根据智能车间需求合理分配存储资源,且存储能力应满足智能车间的运行需求。存储数据时,应当对数据的来源、时间、类别等要素有所记录,支持智能车间内人员或设备进行调用,并可自动备份车间系统运行所需的重要信息。

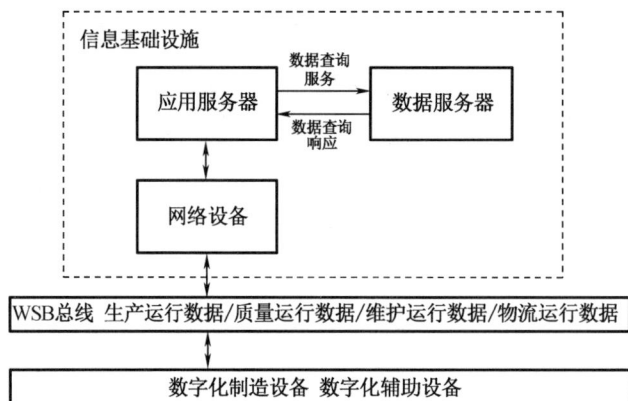

图 3-2　船舶智能制造车间信息基础设施功能模型

③数据安全要求

支持流量统计、安全审计、状态检测及数据包过滤等功能,并可对多种工业通信协议深度检测及病毒入侵行为检测;能够进行人员及设备的身份鉴别与访问控制,具备数据加密保护措施;车间网络可进行逻辑隔离,确保车间网络及设备数据安全,保证车间安全生产及可靠运行。

④时钟同步要求

应在使用网络通信、本地计算和分布式对象等技术实现的测量和控制系统中,使用精确时间协议或其他机制保证时钟精确同步的要求。

(2)智能制造设备

为满足某一特定的车间工艺过程,在具体工艺定义输入的基础上,通过数字化制造设备自身功能,以及同其他辅助设备协同来执行车间具体的生产工艺。通过车间网络向执行层反馈作业执行的状态和用户自定义的数据采集属性值。

交互的数据主要包括生产运行数据、质量运行数据、维护运行数据和物流运行数据,其功能模型如图 3-3 所示。

数字化加工设备(包括加工设备、物流设备、质量检测设备和维护设备)应构建在工业通信网络基础之上,实现与其他数字化设备及上层运作系统进行数据交互的功能。数字化制造设备的功能包括:现场设备与邻近设备联网实现协调动作、信息交换与互锁;现场设备与辅助设备联网实现协调动作、信息交换与互锁;工厂信息网络与上位机管理信息系统实现联网与数据交互。

在智能车间中,数字化制造设备不再作为独立设备运行,而是作为车间的一个组成部分与其他设备共同协作运行,接受车间管理系统的统一调度管理。频繁及大量的数据交换使得数字化制造设备必须具备完善的功能和接口。实现数字化功能主要从以下两个方面着手。

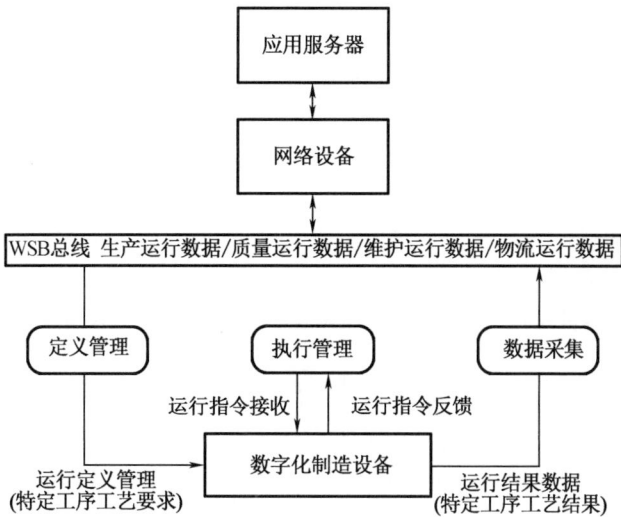

图 3-3　船舶智能制造车间设备功能模型

①数据要求

数字化加工设备需要具备为工厂管理系统提供用于统计、分析、监控等所需的基础数据。这些数据根据其用途主要分为：

加工信息：用于描述加工装备在进行某一生产过程中的相关信息，如工件名称、工艺参数、加工时间、工件计数等。

设备状态信息：用于描述加工装备的运行状态、工作状态、组件状态等相关信息，如开机状态、设备总运行时间、操作模式等。

故障报警信息：用于描述加工装备异常时产生的故障和报警的相关信息，如报警代码、报警内容、持续时间、频次等。

能耗数据信息：用于描述加工装备在运行过程中消耗的能源相关信息，如电压、电流、功率等。

装备感知功能：根据传感器等上传的信息自动完成自诊断及调整，即自适应和自诊断功能。

其他信息：用于描述各种加工装备特有的数据信息。

②功能特性

数字化加工装备需要具备相应的接口，以接收工厂管理系统的操作指令，并能够按照指令执行相应的功能，在执行结束后，将执行的结果反馈给工厂管理系统。数字化加工装备的功能主要包括：

文件访问：支持工厂管理系统对加工装备的文件类数据（读写、修改、删除、复制、移动等）进行操作，例如将 NC 程序下载至数字化加工装备，或者从检测设备中将测量结果文件上传至服务器等。

诊断和调试:支持远程对数字化加工装备进行故障诊断及操作调试,以便于快速维修。

操作权限:数字化加工装备应具备权限管理功能,可以区分操作人员、维护人员、编程人员等操作权限,避免由于误操作对设备或生产造成损失。

数据缓存:支持数字化加工装备保存一定时间的历史数据,以确保意外离线时仍然能够保持数据的连续性和完整性。

操作追溯:支持记录数字化加工装备的操作历史,便于装备发生故障时进行追溯。

时钟同步:确保设备与整个工厂网络内其他设备保持同一时钟,以免发生记录混乱。

归档:支持工厂管理系统定期对加工装备中的重要数据,如调试数据、加工程序、配置信息等进行归档保存并管理,以便在数字化加工装备更换、维修后,可以快速恢复生产。

其他功能:用于实现各种加工装备特有的操作功能。

(3)数字化辅助设备

数字化辅助设备主要包括移动终端和工作站。移动终端包括但不限于 PDA、平板电脑、车载电脑等移动设备。工作站包括但不限于落地式、悬挂式、嵌入式等形式的信息终端和拉绳式、按钮式等形式的求助终端。

对数字化辅助设备的基本要求如下:应具备良好的现场网络布置环境条件;应按数字化工艺流程合理布局;应具有权限管理功能,能进行作业人员身份验证管理;应具备生产数据录入功能;应可查询、下载作业所需的生产指导文件;应具有呼叫请求、求助信息提示、响应确认等信息交互功能。

3.2.3.2 功能模块

(1)车间生产计划与调度

①关键要素

智能车间的车间计划排产与调度模块的主要功能为:支持精益生产,多品种小批量生产,能实现均衡化(混流)生产,按订单设计生产,能实现优化排产;支持插单和生产计划变更,以灵活应对市场变化。

②功能模型

车间生产计划与调度功能模型如图 3-4 所示。其中,虚框中为生产计划与调度的功能,包括详细排产、生产调度和生产跟踪。其主要业务流程如下。

a. 智能车间从企业生产部门获取车间生产计划(或通过接口自动接收 ERP 系统的生产订单),根据生产工艺形成工序作业计划,根据生产计划要求和车间可用资源进行排产、派工。

b.将作业计划下发到现场,通过工艺执行管理模块指导生产人员或控制设备按计划和工艺进行加工。

c.生产执行过程中,实时获取生产相关数据、跟踪生产进度,并根据现场执行情况的反馈实时进行调度。

d.根据生产进度偏差对未执行的计划重新优化排产,并将生产进度和绩效相关信息反馈到企业生产部门或 ERP 系统,完成车间生产计划与调度的闭环管理。

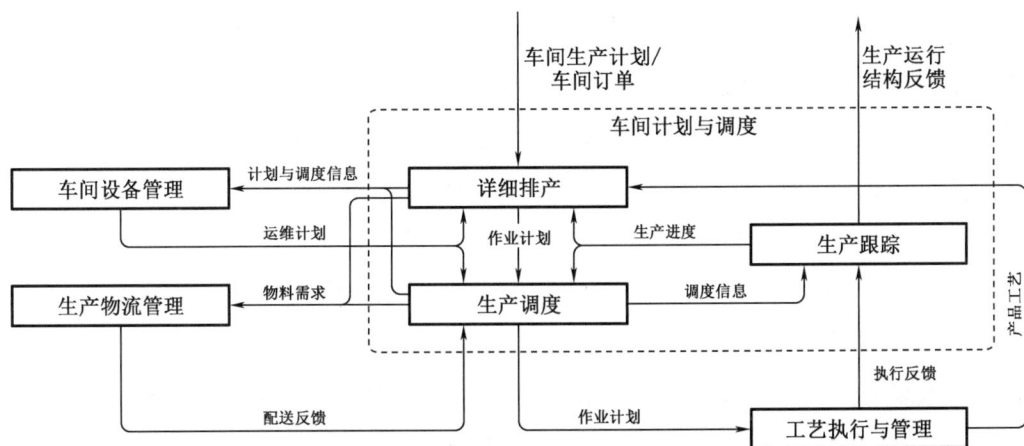

图 3-4　车间生产计划与调度功能模型

③功能要求

a.详细排产

详细排产是为满足车间生产计划要求,根据产品工艺路线和可用资源,制订工序作业计划。排产时,会考虑当前计划完成情况、车间设备等资源可用性,并使资源得到最佳利用。

详细排产应根据产品生产工艺制订工序计划,考虑车间设备管理、生产物流管理中设备、人员、物料等资源的可用性而进行计划排产,形成作业计划并发送给生产调度;若已有计划未按时完成,会对详细排产产生一定影响,需纳入范围重新规划以满足车间生产计划的要求。另外,排产生成的作业计划也会影响生产设备、人员、物料等生产要素的管理,比如,与设备维护保养计划相互影响。

对于多品种小批量生产模式,智能车间的详细排产应基于精益生产理论,实现均衡化(混流)生产,包括:生产总量的均衡(将连续两个时间段之间的总生产量的波动控制到最低,减少生产量波动造成的设备、人员、库存及其他生产要素的高配置浪费)、产品品种数量的均衡(在生产期之间,合理安排不同产品的投产顺序和数量,消除不同品种产品流动的波动,减小对前工序和库存的影响)。对于柔性生产线,应能实现均衡化(混流)生产。

多品种小批量的均衡化车间计划,需与其他车间生产要素的管理相配合,最终应能达到如下效果:能够快速地适应每月中每天的市场需求的变化,为准时化的实施提供强有力的支撑;成品库存数量保持较低水平,并且可以及时满足客户的需求;可以使工序间的在制品数量降到最低,并可以进一步消除,实现"零库存"。

b. 生产调度

生产调度是为满足作业计划要求,分派设备或人员进行生产,并对生产过程出现的异常情况进行管理。

智能车间的生产调度应能实时获取生产进度、各生产要素运行状态,以及生产现场各种异常信息,具备快速反应能力,可及时处理详细排产中无法预知的各种情况,保证生产作业有序、按计划完成。获取生产现场状况的方式包括设备实时数据,通过数字化工位、可视化管理系统获取的各种生产过程信息。

生产调度处理的异常情况主要包括:市场需求波动引起的紧急订单,下达到车间成为紧急插单,影响已安排的其他正常生产计划,需采取相应措施满足计划要求;生产计划已安排或投产后,发生客户临时变更订单要求,需采取相应措施满足计划要求;生产过程中进行质量检验发现不合格情况,导致返工返修需进行生产调度;设备故障、人员等发生异常情况,采取相应措施保证生产继续进行;若异常情况导致无法通过调度满足计划要求,则需通过详细排产重新进行优化排产。

c. 生产跟踪

生产跟踪是为企业资源计划做生产响应准备的一系列活动,包括:总结和汇报关于产品生产中人员和设备的实际使用、物料消耗、物料生产,以及其他如成本和效益分析需要的有关生产数据信息。生产跟踪还向详细生产排产,以及更高层的企业生产计划提供反馈信息,以使各层生产计划能根据当前情况进行更新。

智能车间的生产跟踪应能自动获取生产相关数据,统计产品生产中各种资源消耗,并反馈给相关功能/系统/部门。生产相关数据的获取来源,包括从数字化接口(数字化设备或工位)直接采集到的,或者经过其他功能模块加工过的信息。

(2)工艺执行与管理

①关键要素

工艺网络化执行:通过工艺的数字化与车间系统的网络化,实现作业文件、作业程序的自动下发和标准工艺精准执行;通过生产和质检数据、现场求助信息采集,反馈工艺执行实时状态和现场求助信息,实现产品生产工艺的可追溯与现场求助的快速响应。

工艺数字化管理:以工艺信息数字化为基础,借助一体化网络与车间作业工位终端实现无纸化的工艺信息管理;以可视化工作流技术,实现制造流程再造、工序流转和调度的数字化管控以及工艺纪律管理。

②功能模型

工艺执行与管理的功能模型如图 3-5 所示。其中,虚框中为工艺执行与管理的功能,主要包括工艺网络化执行与工艺数字化管理两部分。工艺网络化执行由车间子计划/物料清单生成、派工单生成、作业文件下发等构成;工艺数字化管理由工艺权限管理、工艺变更管理、可视化工艺流程管理等构成。工艺网络化执行功能贯穿于计划、质量、物流、设备等全生产过程;工艺数字化管理功能可以在 PDM、ERP、MES 等相关系统中实现,工艺文件以计算机系统可识别的数据结构呈现。

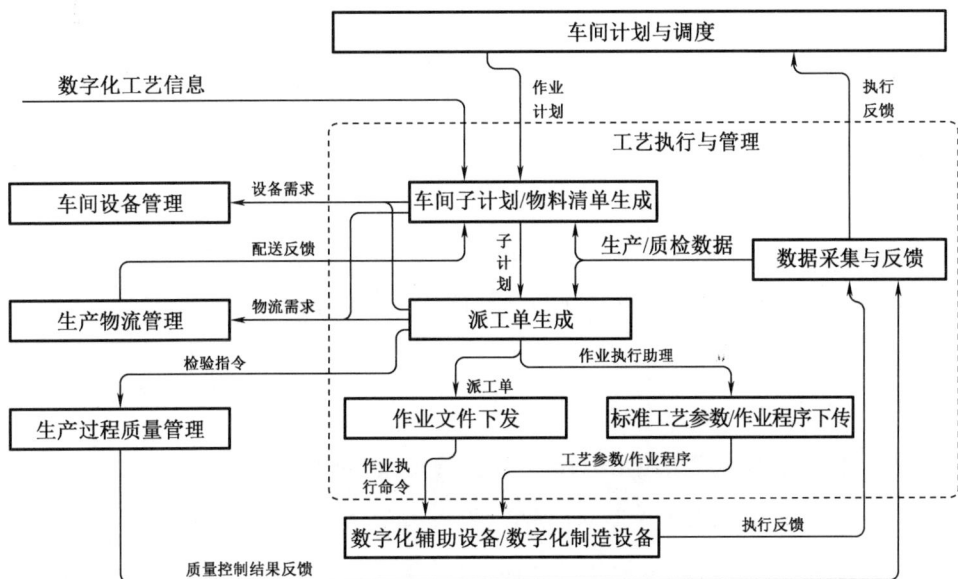

图 3-5 工艺执行与管理的功能模型

③功能要求

a. 工艺网络化执行

(a)车间子计划/物料清单生成

根据产品 BOM 与车间计划,自动分解生成车间子计划和物料清单,实现生产计划细分、物料提前备料、工序流转自动采集、工位物料智能化配送等。

(b)派工单生成

将车间子计划根据生产工艺过程分解为各工序的派工单。各工序根据产品 BOM、生产工艺过程、日派工单实现生产前物料备料,车间根据产品 BOM、生产工艺过程、标准工时等实现各派工单智能化调度。

（c）作业文件下发

将各种工艺卡、工艺图纸、作业指导书等作业文件自动下发到各作业工位终端，现场作业人员可通过工艺编码或生产计划号、工单号实时查询标准工艺参数，标准质检、作业指导等工艺信息。

（d）标准工艺参数/作业程序下传

通过以太网或总线方式将标准工艺参数自动下发到对应机台，防止人为因素导致现场机台工艺参数设置错误。

作业程序可以自动下传到现场数字化装备，实现自动加工、装配等作业。

（e）数据采集与反馈

实时记录和上传生产现场出现的工艺技术问题和处理方法；

实时采集生产过程中的工艺参数，向质量控制系统提供生产、质检数据，实现生产过程质量预警，并通过与生产现场可视化管理系统等进行集成，实现预警信息及时发布；

求助终端实时采集生产求助信息，向生产现场可视化管理系统提供现场求助信息，以便现场作业工位获得快速响应；

及时将作业指令状态信息与作业工位状态信息向系统反馈。

b. 工艺数字化管理

（a）工艺权限管理

工艺执行权限主要实现组织结构管理、人员管理、访问规则管理等。一般情况下，组织结构由 Group（组别）、Role（角色）、User（用户）和 Person（人员）构成。通过访问规则的定义，实现对用户操作权限的控制，即控制用户、角色、工作组对数据仓库或具体文档的操作权限。

根据岗位职责要求进行相应权限分配，对应授权人员可进行相关工艺的上传、下载、查询、修改等。

（b）工艺变更管理

工艺变更管理主要实现工艺变更、工艺优化数据版本管理等。工艺变更应符合标准变更工作流程以及控制、跟踪机制，结合产品数据的状态管理，可以在规范管理更改过程、保证更改的可追溯性的同时，提供准确、及时的更改传递机制，保证更改结果的正确性和一致性。

（c）可视化工艺流程管理

通过可视化工艺流程实现工序间流转管理，并对工艺流程中各工序点进行属性设置，快速实现智能车间生产流程再造，以及智能车间生产工艺流程快速切换。

（d）作业文件管理

作业文件管理主要对生产流程工艺、工艺卡、工艺图纸、质检工艺标准卡、标准工艺参数卡等进行管理。

（e）作业程序管理

作业程序管理主要对工艺编码或生产计划号、工单号与数字化装备关联进行管理。

（f）工艺优化管理

工艺优化是指对采集的机台工艺参数的实际值或质检数据，进行统计、分析、预警，以实现工艺优化。

（g）生产求助管理

作业人员针对工位发生的各种问题发出求助呼叫信息，上传生产现场可视化管理系统，可触发声光报警、显示终端、广播等系统，提示相关人员注意，以便及时处理问题。

（3）生产过程质量管理

①关键要素

数据可采集：能够自动在线采集质量控制所需的关键数据。

过程可监测：基于实时采集数据，提供质量判异和过程判稳等在线质量检测与预警方法。

结果可追溯：提供完备的、数字化的产品质量档案，根据产品唯一标记，能够以文字、图片和视频等富媒体方式，反向追溯产品质量所涉及的相关数据。

②功能模型

生产过程质量管理各功能之间及与外部功能子系统之间的数据关系描述，如图3-6所示。

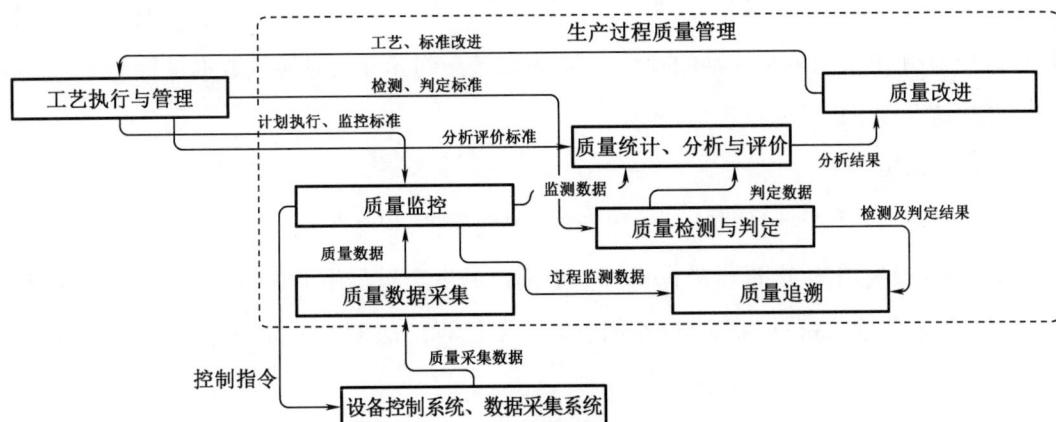

图3-6　生产过程质量管理功能模型

③质量数据采集

对于在线实时采集的质量数据,通常采用实时数据库和关系数据库联合存储的方式。实时数据库用于存储完整的原始数据,关系数据库同步实时数据库数据,对数据进行预处理后再存储。

数据的预处理主要包括两方面内容。一是降低采集频率。关系数据库的数据采集频率通常没有实时数据库的数据采集频率高,只需满足统计要求即可,以降低数据存储压力、提高检索效率。二是去噪与填充。主要针对原始采集数据中非正常的干扰噪声数据进行剔除,并对关键的采集缺失数据进行填充。

④质量监控

a. 指标监控

基于实时数据库的指标监控。主要用于独立质量指标的原始数据监控,具有采集频率高、实时性强的特点,通过设定指标参数的报警界限,对超出界限的数据及时报警。通常由生产组态软件开发实现,以趋势图为主要展现形式。

基于关系数据库的指标监控。主要用于综合质量指标的统计型监控,可以融合多种监控标准和统计算法对指标进行综合运算,并定时刷新,使监控更宏观,更有针对性。通常由制造执行系统或独立质量系统开发实现,以预控图、仪表盘等为主要展现形式。

基于视觉的质量监控。利用工业相机、摄像头等视觉检测设备,对产品的外观质量、包装质量及加工过程质量进行实时监控;利用图像处理与分析算法,对产品质量做出实时检测与判定。

b. 质量监控预报警

基于实时采集海量质量数据所呈现出的总体趋势,利用以预防为主的质量预测和控制方法对潜在质量问题发出警告,以避免质量问题的发生。以采用统计过程控制(SPC)工具进行监控为例,其具有八种标准的判异准则,可以基于判异准则对质量数据进行监测,对发现的异常情况应予以及时报警与处理。

c. 质量追溯

以产品标识(生产批号或唯一编码)作为追溯条件,以条形码、二维码、电子标签为载体,基于产品质量档案,通过产品标识可以追溯产品生产过程中的所有关键信息。如用料批次、供应商、作业人员、作业地点(车间、产线、工位等)、加工工艺、加工设备信息、作业时间、质量检测及判定、不良处理过程等。

d. 质量改进

针对生产过程中发现的质量缺陷,支持PDCA质量改进模型的闭环运行与管理,固化质量改进流程,提供质量异常原因分析工具,并不断积累形成完备的质量改进经验库。

（4）生产物流管理

①关键要素

统一编码:所有物料、刀具、量具、车辆、容器/托盘等应统一编码,应能自动感知和识别物流关键数据,并通过通信网络进行传输、保存和利用。

精益物流:物流方案应使物流批量与工艺指令相匹配,合理安排转序时间间隔,用准确的物料流量来满足工艺执行岗位操作需要。

库存管理:实时跟踪物料所在的位置、数量和状态,并实现库存移动的自动化。

防错措施:用文字、语言、标识和必要的物理装置来警示、限制或隔离人的行动及其功能作用,防止人对材料、物体和设备实施错误或不当地触摸、尝试、操纵、移动或变更。

②功能模型

生产物流管理功能模型如图3-7所示。

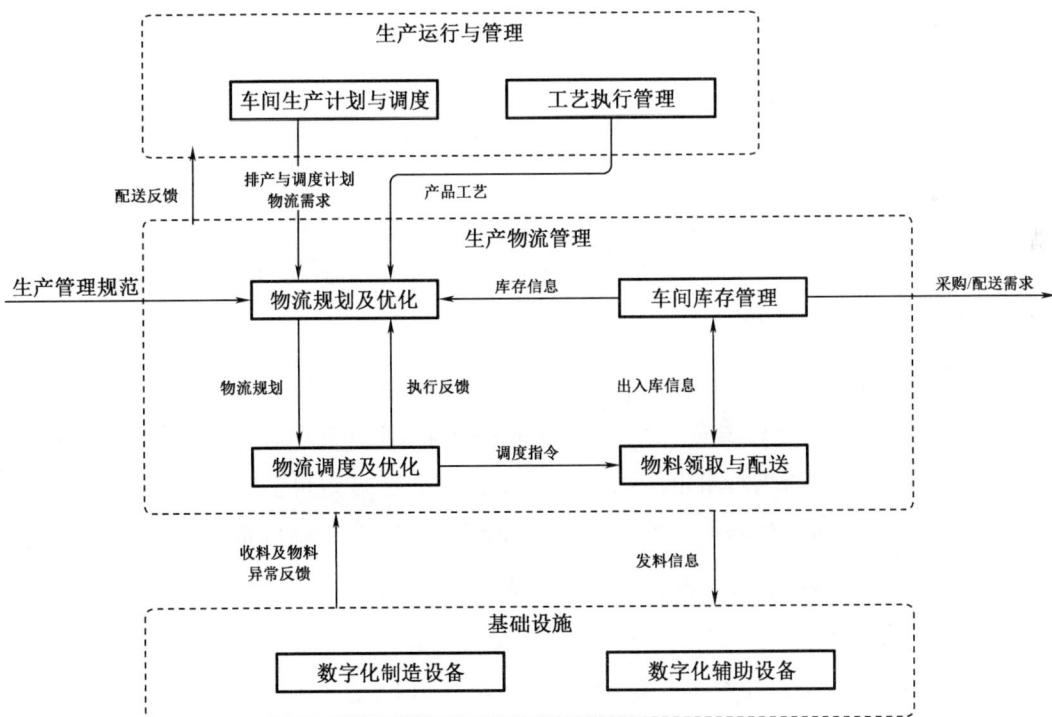

图3-7　生产物流管理功能模型

③功能要求

a.物流规划及优化

（a）物流规划

物流规划依据车间生产计划与调度指令制定，并应遵守下列约束条件。

时间：基于物流过程总时间要求的物流规划时间条件，以及制造执行计划中的批次、路线、同区位要求，规划出合理的物流时间范围和与物流作业细节相关的各阶段时间。

装载：基于车间环境与实施条件和工艺执行计划要求，编制各次物流运转所应装载的物料及在制品。

规划作业应输出相应的信息文件，内容包括物流运行的物件数量、批次组合、物流路线、物料需求时间和送达时间等基本信息。

（b）物流优化

在物流系统运行中，应实时获取物流运行过程信息并采用相应的物流优化决策支持软件进行分析，给出持续或调整当前物流规划方案的相应内容。物流优化决策支持软件应具有的功能包括：获取排产计划和调度输出的物流指令信息；获取物料当前位置、物料种类及数量的实时信息；可显示智能车间物流路线图；可快捷调整物流规划内容的人际交互界面等。

b. 物流调度及优化

（a）物流调度

物流调度包括：事前调度，预先防范较大批次生产任务受物流影响，将物流计划内容适当提前；事中调度，基于生产进度要求的时间管理原则，尽可能将物流时间与多个工位的作业进度保持同步；事后调度，在发生外来扰动（如插单、换单等）时，快速启动物流响应预案，以减少外来扰动对生产进度的影响，满足市场需求。

（b）调度优化

调度优化包括：充分利用物联感知技术，获取物流调度作业执行过程中的现场实时数据，以验证当前调度是否满足给定的约束和评价指标；预先制定可多时间段分散实施的物流作业方案，以应对外来扰动所引发的制造执行指令变更；基于制造执行现场调度指令做出当前最佳物流调度决策，灵活调整现行物流程序。

c. 物料领取与配送

物料领取与配送是指在车间运输与库存系统的基础上，为了配合车间物流调度而进行的实物形态的运输、存储等活动，包括在仓库内外的运输活动（调库、移库等），如图 3-8 所示。

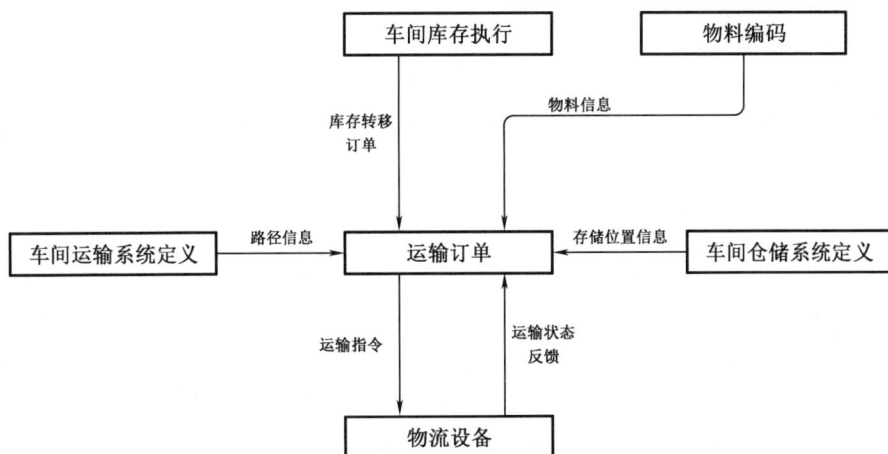

图 3-8 物料领取与配送接口示意图

在具体物流调度的需求下,车间物料请求(包括具体的物料、数量以及配送地点等)通过设备、现场执行层或者制造执行系统提交给车间物流管理系统。借助于自动化物流设备和车间物流布局,车间物流管理系统产生相应的物流配送作业并将指令发送给对应的车间物流设备,并指导该设备完成物流作业任务,反馈给车间物流管理系统。

d. 车间库存管理

智能车间的库存管理应是基于不同库存活动基础上的对车间物料形态、数量、状态等属性变化的记录、追溯与分析的一系列活动。借助于信息化手段与自动化技术,实现车间库存管理更加精确和透明。

库存数据采集是指对于库存运营和物料操作信息的汇集和报告的一系列活动。

库存追溯是建立在库存历史数据基础上的,以满足第三方系统和企业内的查询、验证等活动。车间库存与企业资源计划应交互库存变动、状态等信息。在企业资源计划中建立库存管理体系;在企业层对库存管理进行企业级别库位定义、库存移动规则定义等(包括库位间不同库存类型和状态,以及库位与库位之间)。库存移动信息一般包括:从仓库到产线的原材料准备;生产订单状态更新,包括生产订单的执行、更改和取消等;车间发生的非符合性成本,比如由于人为、设备和技术原因导致的原材料报废和不良品报废等;其他库存转移。

(5)车间设备管理

①关键要素

数据可采集:能够自动在线采集反映设备状态所需的关键数据。

状态可监测:基于实时采集的设备状态数据,提供设备故障监测和预警方法。

维修可指导:针对典型故障,提供维修维护的专家知识库,能够基于采集的设备状态进行自诊断;对于维修过程,提供图文、视频等标准作业指导,确保设备安全稳定运行。

②功能模型

车间设备管理的主要功能包括设备状态采集、基于事件的设备状态异常预警、预测性维修维护和设备指标分析等。各功能之间及与外部功能子系统之间的数据关系描述如图3-9所示。

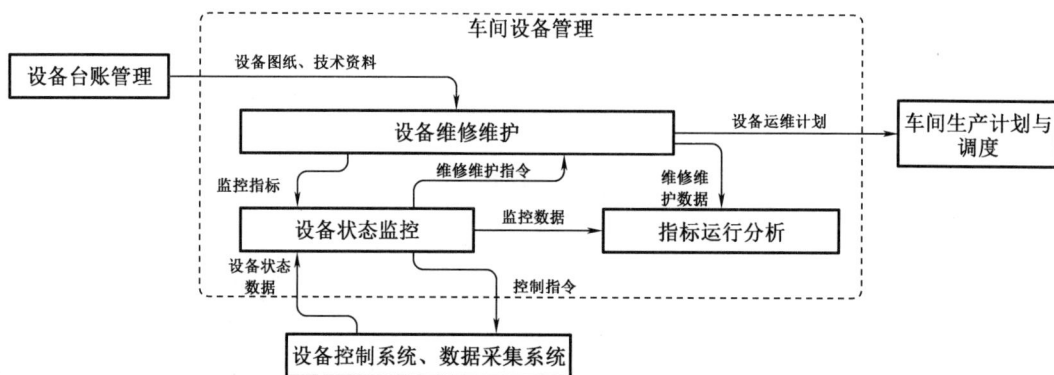

图3-9　车间设备管理功能模型

a. 设备状态监控

（a）设备运行数据采集

通常由设备控制与数据采集系统实现。对于不同类型的设备,数据采集方式不同,如对于具有以太网等标准通信接口的设备,可以直接按相应接口协议采集;对于没有通信接口的设备,可以通过增加专用采集终端进行采集。

数据采集信息一般应包括设备状态信息、设备状态起始时间信息、设备运行及空闲时间、设备故障信息、设备报警信息、设备加工及运行参数信息、设备加工品数量、设备加工合格品及不合格品数量。

（b）设备状态可视化

设备状态信息应采用图形化展示方式。

对于结构复杂的关键设备,应按照设备图纸构建数字化仿真模型,结合采集数据准确模拟设备的实时运行状态,按照设备结构实现部件级的分解查询。

（c）基于事件的设备状态异常预警

依据设备运行标准和要求,对指标参数的监控结果进行分析和判定,对有异常变化趋势的情况进行预警,对发生异常或故障的情况进行报警。

预警和报警信息应按照异常等级与类型,并采用多种形式相结合的通知方式,如现场监控屏幕显示、报警灯声光报警、系统级消息通知、短信通知等,及时通知到相应的监控人员。

b. 设备维修维护

（a）概述

应建立以设备维修维护计划制定、工单分配、下发、执行、反馈为流程的标准化维修维护体系，以计划工单为主要管理形式，利用智能移动终端（如手持 PDA、平板电脑）完成维修维护的执行和反馈。

（b）周期性维修维护

根据设备类型制定相应的周期性维修维护计划，基于配置信息自动生成维修维护工单，通知和下发给相应岗位人员，通过执行工单的反馈信息跟踪执行状态。

（c）预测性维修维护

基于对设备运行数据，特别是设备运行日志文件数据的分析，对设备的运行状态进行有效评估，进而动态、及时地发现设备运行存在的潜在异常情况，并生成具有针对性的维修维护方案。

针对设备关键零部件，能够结合其理论使用寿命和实际运行参数状态，对零部件的更换时间做出及时提醒，对超期使用的零部件做出报警。

（d）设备故障管理

故障分类管理：依据管理要求，可以对故障类型按不同角度进行配置，形成类型编码与名称的对应存储关系。如按故障发生的部位可划分为机械故障和电气故障；按故障来源可划分为人为故障和非人为故障等。

故障树管理：依据车间设备实际情况，建立设备、故障类型、故障部位、故障名称的故障树存储结构，形成可配置的故障信息维护体系。

故障分析与经验库：利用可视化分析工具，对故障现象进行原因分析，为分析人员提供故障诊断方案。基于日常故障处理经验，建立并维护故障案例库和处理经验库，为故障处理人员提供故障解决方案。

c. 设备运行分析

基于设备实时状态采集和维护维修过程中搜集的过程数据，自动统计分析与设备相关的指标，主要包括设备完好率、设备利用率、设备故障率、停机（或停产）时间、停机（或停产）次数、设备平均故障间隔时间等。

（6）生产安全管理

①关键要素

基于实时采集的安全状态数据，提供安全监测和风险预警。主要包括以下两个方面。

实现安全数字化管控。危险信息、风险信息、保护措施信息、安全相关过程/设备/人员信息、管理规程信息、分析辅助信息、知识类信息等,都应以计算机可识别的形式进行采集、存储、调用、处理和展示。

提高安全管理可视化。通过安全监测和分析管理系统,实现关键危险源的全方位监测、安全状态监测和追踪、风险级别实时监测和预警、安全完整性实时监测和预警、应急响应决策等,提高安全管理可视化水平。

②功能模型

生产安全管理功能模型如图3-10所示。

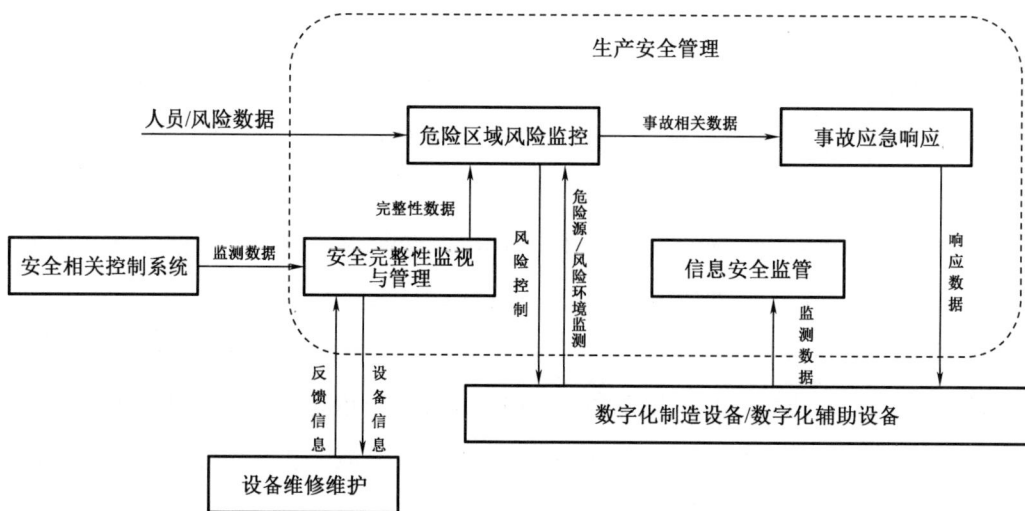

图3-10 生产安全管理功能模型

③功能要求

a. 危险区域风险监控

(a)危险源监控

危险源根据类型不同分为机械危险、电气危险、热危险、噪声危险、辐射危险、材料和物质危险等。对于不同的应用场景,对危险源的危险特征要素应进行实时有效监控,如机械伤害作用范围、旋转零件平衡状态、噪声指标、粉尘浓度等,要与预设的标准值进行比对,实现超限报警、反馈调节等功能;基于历史数据或关联数据,实现危险源综合监控和展示;利用工业相机、摄像头等视觉检测设备,对机械伤害作用区域、潜在的火灾区域、潜在的坠落或卡阻区域等,进行实时监控,对险情及时判定,以避免危险事件发生和减少事故带来的恶劣影响。

(b)人的行为和状态监控

人员伤害事件与人员在危险中的暴露程度有关。应对人员的身份、位置、行为等信息进行定义,通过人员身份识别、位置追踪、行为判定等方式,对人员的行动路线进行指引和监视,并对人员的活动(空间、时间、行为等)进行限制和监视,从而实现如下功能:人员活动信息甄别,对将要进入的危险区域进行风险状态评估、安全状态准备等;进入危险区域的预警、异常行为报警、异常状态报警等。报警方式包括声光报警、语音提醒等;必要时,可通过穿戴装备等对人员的生理特征信息进行实时监视,并进行异常报警。

(c)风险监视和预警

实时采集危险状态下风险参数信息,并采用设定好的风险评价模型算法,对数据进行分析处理和判定,实现危险区域风险的实时动态判定与显示。对于风险升级或超出可接受风险的情况要进行:风险预警,自动分析显示风险升级或超限原因,提示风险减小或规避措施;或与生产系统信息交互,对于风险升高的情况,通过自动甄别风险因素变化(如排产变化使得本来在安全区域的人员处在危险区域),控制或保持风险环境在可接受水平。

b. 安全完整性监视与管理

当保护和(或)风险减小措施由一个控制系统的安全功能来实现时,应符合功能安全相关标准的规定,并由安全完整性等级指标来衡量。针对执行安全功能的控制系统(包括智能检测仪表和执行机构),安全完整性监视与管理系统应关注并采集系统功能设置、操作模式、响应时间、设备状态、诊断及反馈、故障频率及响应等信息;提供在实际运行条件下安全完整性的可视化,监视随时间变化的安全完整性等级;与风险监视与预警单元信息交互,及时观察风险环境变化,评估风险状况,随时更新实际运行条件下的风险等级,实现风险可视化管理;对于安全完整性降低的部件,发出预警或报警,并与设备维护管理单元信息交互,提出对部件的维修维护请求。

c. 信息安全监管

信息安全监管系统应对企业的各组成部件及资产进行有效管理,同时对用户访问资产进行有效控制,对所有访问行为进行统一日志管理,对企业提供的安全服务进行统一监控和管理,对各种事件的响应机制进行统一管理,从而将信息安全资产、事件、服务、响应都融合到该监管系统中。其主要功能包括资产管理、账号管理、统一日志管理、安全服务管理、响应设置、访问控制等。

d. 事故应急响应

事故应急响应系统应提供安全事故的应急预案。在系统内增加嵌入元素,指导操作员走出困境。在危险形势下,缺乏训练、惊慌失措的操作员做出的错误决定往往导致事情向不好的方向发展。

e. 信息安全要求

（a）物理安全

物理安全包括环境安全和设备安全。具体要求包括：环境安全应满足《电子信息系统机房设计规范》（GB 50174—2008）中 A 级机房要求，合理设计机房配电、冷却、安防、防雷、消防等场地设施，同时应按容错系统配置。在电子信息系统运行期间，场地设施不应因操作失误、设备故障、外电源中断、维护和检修而导致电子信息系统运行中断；设备安全包括计算机、显示器、磁盘阵列等硬件设备，应满足防静电、防漏电、防过热、电压电流电磁抗干扰、防冲击碰撞爆裂等安全要求。

（b）网络安全

网络安全具体要求包括：应设置专网边界，可采用传统的安全设备实现智能车间专网与运营商网络的隔离；边界接入安全应满足边界可控，数据交换可控，对接入用户可管理，对终端、网络、应用和数据具备安全保护措施。

入侵检测具体要求包括：应提供对网络病毒的防范措施，安装防病毒软件；对攻击行为的检测、记录和报警，包括端口扫描、强力攻击、木马后门攻击、拒绝服务攻击、缓冲区溢出攻击、IP 碎片攻击和网络蠕虫攻击等。

冗余性具体要求包括：应采用冗余技术设计网络拓扑结构，避免存在网络单点故障；应提供主要网络设备、通信线路和数据处理设备的硬件冗余。

（c）数据安全

数据安全具体要求包括：通过加密技术、安全认证体系等技术手段，确保数据在产生、访问、传输、处理、存储到销毁各环节中的安全性、保密性和完整性；采用的安全认证体系可包括统一身份认证体系、用户接入认证体系、前端设备接入认证体系、内网外网网络边界防护体系、数据安全认证体系等；数据库应具有保护数据安全的能力，存储到数据库的数据应设置数据存储期限，并提供数据容灾、本地备份恢复、移动数据加密管理功能；系统对外开放的数据接口与内部业务数据应进行数据分离。

（d）系统安全

访问控制具体要求包括：应按敏感信息、一般信息，或一般业务、重要业务和关键业务分别定义不同的访问控制策略；应建立对不同用户身份的鉴别机制，能够限制用户对数据信息的访问权限，避免信息数据被非法盗用，可以提供用户访问记录，但访问应可溯；应建立用户密码验证体系，以及重置用户密码或找回密码验证体系，阻止非法用户登录；应在不同等级的网络边界部署访问控制设备，如防火墙等。

安全审计具体要求包括：应提供独立的安全审计服务器和安全审计系统，审计系统应提供日志审计、数据库审计、审计分析、安全事件预警等功能,且用户不能中断审计进程,不能删除、修改或覆盖审计记录。

3.3　船舶智能制造车间数据流通机制与数据标准

3.3.1　船舶智能制造车间数据流通机制

船舶智能制造车间执行层中车间生产计划与调度、生产物流管理、工艺执行与管理、生产过程质量管理、车间设备管理、生产安全管理等功能模块之间的主要数据流,如图3-11所示。船舶智能制造车间与外部的企业资源管理、产品设计、服务与支持等环节通过基于车间网络的数据接口互联,形成有机整体。

3.3.2　船舶智能制造车间数据标准

船舶智能制造车间数据标准,结合船舶智能制造车间/工场生产流程和建造工艺,以及制造执行共性架构,按照《数字化车间　通用技术要求》(GB/T 37393—2019)及工业互联网"网络与连接""标识解析""边缘计算"等标准规范,制定数字化车间/工场设备层、控制层、执行层及软件应用层的数据标准、通信协议标准。

船舶智能制造车间信息模型包括船舶制造过程中涉及人员和设备单元信息、环境信息、各专业(船体、轮机、电气、管系、舾装)工艺类型信息和工艺设计信息等;产品、工艺与执行过程中各种复杂数据的统一规范化模版,可实现制造过程中数据的规范表达。

(1)工业组网与现场设备集成标准

根据船舶制造的各项作业过程特点,围绕数字化车间/工场工业组网和现场集成技术,针对船舶工业网络模型架构、工业互联网组网方法及地址解析方法、交换机技术、现场总线、系统集成、船舶建造要素和资源的相互识别与实时交互、生产场地的改造建设、系统平台、应用软件等重点领域集中管控。

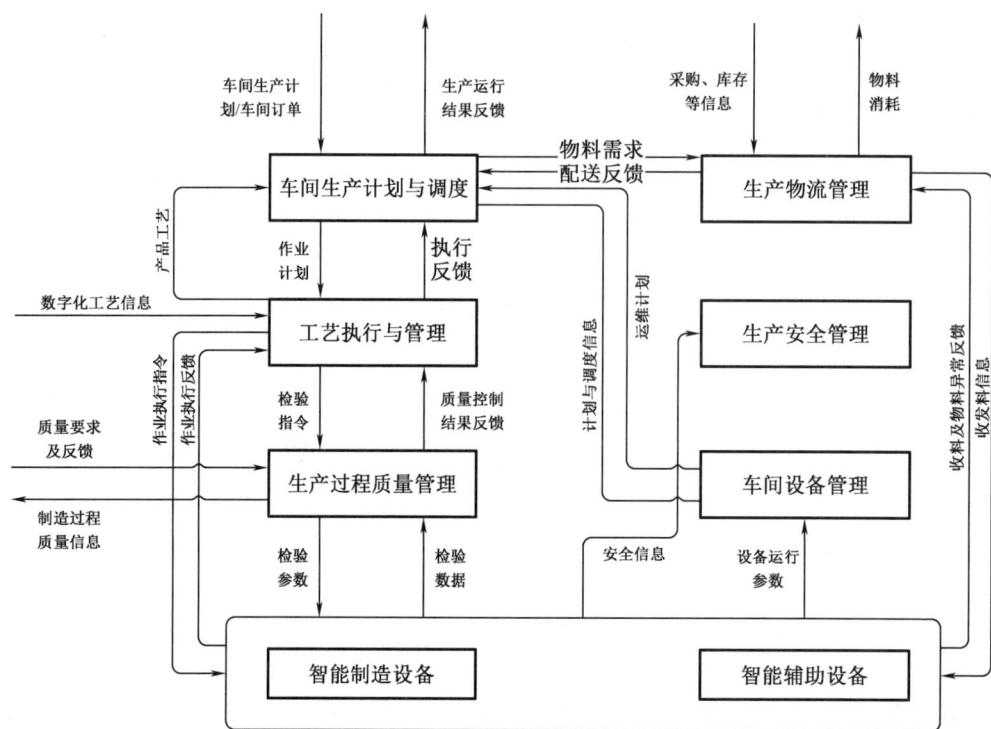

图 3-11　船舶智能制造车间数据流通机制

（2）生产制造数据传输与处理标准

结合数字化车间/工场的工作模式和特点,围绕大数据在智能船厂的应用,从大数据传输与处理的角度,针对大数据存储技术、传输控制、传输协议及调度算法、数据处理的时效性技术、异构多数据源处理技术、智能处理以及大数据可视化分析等数据集中管控。

（3）生产制造数据传输与处理可视化监测与管理标准

结合船舶建造过程监控需求的特点,将企业生产运行监控、安全生产监控、能源监控、生产设备监控、道路监控、生产区域监控、综合楼监控等内容,围绕船舶建造可视化监测与管理,在船舶建造信息可视化实现、监控管理功能、系统体系结构、通用性、传感器与通信集成模块、信息管理、信息综合预警、厂房规范化建设领域集中管控。

（4）车间物流标准

围绕自动识别技术、数据挖掘技术、智能处理技术、电子标签等关键技术,对自动引导装备、立体仓库等智能物流装备的数据集中管控。

（5）生产数据采集与管理标准

根据船舶中间产品的信息特点及数字化车间/工场的需求,围绕数字化车间/工场的产品数据采集与管理,通过对数据通信协议、过程数据流、数据采集方式和网络构架、系统软硬件进行集中管控。

3.3.3　通信协议标准

结合船舶智能制造系统的组成和主要技术特点,围绕系统的数据接口和通信协议关键技术,在数据编码、算法、信息安全、接口的硬件平台、协议形式化描述技术、协议验证技术、协议分析技术和协议一致性测试技术等重点方向开展建设。

具有国际标准化的设备体系和统一的接口类型,支持异厂家设备的互联互通;网络可快速支持产线扩容和改造、柔性生产、企业的信息安全自主治理的要求;将工业现场设备繁多的通信协议映射为统一的协议类型进行传输。

3.4　船舶智能制造试验验证平台总体规划

为验证船舶智能车间通用模型及关键技术,建设了船舶智能制造试验验证平台,验证平台总占地面积约 4 500 m²。试验区主要包括型材智能切割试验区(55 m ×7.6 m)、小组立智能焊接试验区(30 m ×14.5 m)、中组立智能焊接试验区(28 m ×16 m)、智能单元预留发展区(肋骨冷弯、激光焊接、智能弯板)、上料区域(宽度为 3 m)及 3 条安全通道(宽度为 2 m)。平台展示中心占地面积约 400 m²,主要包括中心机房、语音视频监控集控台、展板展示墙、智能船厂微缩模型展示区域、触控一体机操作区等。船舶智能制造试验验证平台综合布置如图 3-12 所示。

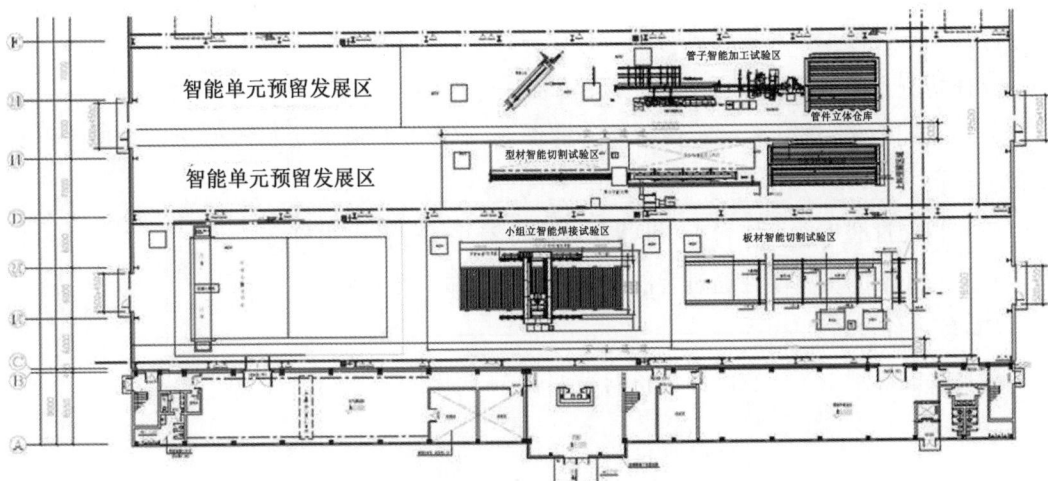

图 3-12　船舶智能制造试验验证平台综合布置图

3.4.1　板材智能切割生产线设计方案

（1）目标图像

以船舶建造板材为生产对象，研究突破板材划线打标技术、旋转坡口切割工艺技术、板材零件智能分拣技术、板材零件智能打磨技术等技术，搭建包括划线打标工位、旋转坡口切割工位、板材零件智能分拣工位、板材零件智能打磨工位等板材智能切割生产线，如图3-13所示。

图3-13　板材智能切割生产线目标图像

（2）工作过程

①原料板材吊运至划线打标工位输送平台；

②在划线打标工位对板材进行划线打标后，板材通过输送平台输送至切割工位；

③在切割工位对板材进行切割（含旋转坡口）作业；

④切割完毕后，进行板材零件智能分拣作业，将需要打磨的板材零件运送至智能打磨工位工作台；

⑤在智能打磨工位工作台上，机器人对板材零件进行自由边打磨；

⑥打磨完毕的板材零件通过智能分拣装置将其放入零件托盘。

（3）软硬件设备列表

板材智能切割生产线软硬件设备列表如表3-1所示。

表 3-1 板材智能切割生产线软硬件设备列表

序号	名称	描述	类型
1	划线打标工位	门架	硬件开发
		输送平台	
		小车	
		升降体	
		回转机构	
		轨道等	硬件采购
		打印装置	
		数控系统	软件开发
2	切割工位	门架	硬件开发
		输送平台	
		轨道等	硬件采购
		等离子电源	
		除尘系统	
		三维旋转切割装置	
		CNC 控制器	
		数控系统	软件开发
3	智能分拣工位	门架	硬件开发
		输送平台	
		升降臂	
		智能抓取装置	
		轨道等	硬件采购
		控制系统硬件	
		控制系统软件	软件开发
4	智能打磨工位	门架	硬件开发
		打磨工作台	
		打磨机器人	硬件采购
		轨道等	
		机器人控制系统软件	软件开发
5	中央集控系统	控制网络	硬件采购
		控制计算机、显示器等	
		中央控制系统软件	软件开发

3.4.2 型材智能切割生产线设计方案

（1）目标图像

以船舶建造中诸如球扁钢、角钢等主要船用型材为生产对象，开展包括型材生产数据输入、离线编程、喷码划线、等离子切割、生产数据输出等的工艺试验研究。研制一种能适用于常用船用型材切割的型材智能切割生产线（以下简称生产线），如图 3-14 所示。

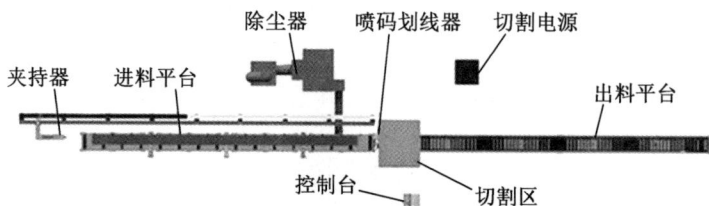

图 3-14　型材智能切割生产线目标图像

（2）工作过程

①根据型材生产设计数据，导入相关技术文件，并进行数据处理；

②根据型材加工以及母材库等数据进行离线套料和编程；

③将加工程序导入生产线；

④根据生产加工文件核对并调用相关加工程序，做好相关生产准备；

⑤启动加工程序，生产线执行加工程序，实现型材的上料、进料、喷码划线/切割、出料及下料等相关工序，完成相关型材的加工。

（3）软硬件设备列表

型材智能切割生产线软硬件设备列表如表 3-2 所示。

表 3-2　型材智能切割生产线软硬件设备列表

序号	名称	描述	类型
1	切割软件系统	数据处理、套料编程、主控系统、数据库等	软件开发
2	机械系统	夹持器、纵移装置、进料平台、喷码划线器、切割房、检测装置、出料平台等	硬件开发、外协加工
3	电气系统	PLC、触摸屏、电控柜、电器元器件、电缆等	硬件采购
4	机器人系统	机器人本体、控制柜、示教器等	
5	切割硬件设备	等离子电源、割炬、气管、电缆、消耗件等	

3.4.3　小组立智能焊接生产线设计方案

（1）目标图像

以船舶典型小组立中间产品为生产对象,研究突破船舶设计软件几何模型与焊接参数导出、焊接机器人离线编程、门架及双机器人协同控制、多系统集成控制等技术,建立焊接工艺数据库和机器人焊接动作库,搭建适用于船舶小组立智能焊接生产线,如图 3-15 所示。

图 3-15　小组立智能焊接生产线目标图像

（2）工作流程

①根据小组立工件的生产设计模型,导出几何模型和焊接信息;

②根据机器人离线编程的技术和工件的焊接信息,离线编程得到小组立工件的机器人焊接程序,并把该程序导入到机器人焊接生产线;

③人工组焊小组立工件,并将组焊完成的小组立工件放到桁架机器人焊接系统的工作范围内;

④根据工件的形状、图号等信息,选择并核对对应的机器人焊接程序;

⑤启动机器人焊接程序,机器人工作站执行程序,完成对应的小组立工件的焊接。

（3）软硬件设备列表

小组立智能焊接生产线软硬件设备列表如表 3-3 所示。

表3-3　小组立智能焊接生产线软硬件设备列表

序号	名称	描述	类型
1	Tribon 数据提取软件	提取 Tribon 中工件几何模型	软件开发
		提取焊缝外形尺寸信息	
		提取工件及焊缝坐标信息并转换	
		提取焊接工艺参数信息	
2	焊接工艺数据库	焊接工艺数据库框架建立	软件开发
		焊接工艺参数信息数据库与离线编程软件接口模块	
		机器人焊接数据与离线编程软件接口模块	
		焊接工艺数据库扩充	
3	离线编程软件	接收工件几何模型和焊缝外形尺寸信息,匹配焊接工艺数据库中的焊缝信息	软件开发
		机器人焊接动作模拟仿真	
		双机械臂协同工作	
3	离线编程软件	起始点定位系统、焊缝跟踪软件包、防碰撞系统	软件开发
		焊接系统的焊接数据传输	
		焊接动作库框架建立	
		焊接动作库扩充	
4	门架系统	3 自由度桁架、轨道	硬件采购
		报警装置	
		外部轴控制系统	
5	机器人系统	SR10C 机器人本体	硬件采购
		控制柜	
		示教器	
		变压器	
		动力电缆	
		控制电缆	
6	定位/识别系统	作业对象类型识别	硬件采购
		焊缝始末点定位	

表 3-3(续)

序号	名称	描述	类型
7	焊接系统	焊接电源	硬件采购
		送丝机	
		焊接电缆束(工件地线、保护气管、送丝机通信)	
		焊枪、夹枪器	
		保护气增压装置	
		防碰撞传感器、转接法兰	
		桶装辅助送丝系统	
		冷却水箱、加长进出水管	
		清枪站	
		线缆平衡器装置	
8	总控系统	PLC	硬件采购
		触摸屏	
		低压电器元器件	
		电控柜	
		动力电缆	
		控制电缆	
		机器人安全连锁装置	
		工作站控制软件	

3.4.4　中组立智能焊接生产线设计方案

(1)目标图像

针对船厂中组立结构智能化焊接需求,以船体平面敞口分段中组立结构为对象,结合船厂实际工况条件,开展中组立智能焊接生产线船舶智能制造试验验证平台的设计开发,如图 3-16 所示。中组立智能焊接生产线突破图形信息软件处理、离线编程、双机器人分工决策等关键技术,建立特种模型库和焊接工艺数据库,形成面向船厂智能车间的中组立结构焊接生产装备系统,对智能化技术和功能进行验证。

图 3-16　中组立智能焊接生产线

（2）工作过程

①工件身份及位置识别

当工件经辊道输送至工位指定位置时,可触发限位装置使辊道输送停止。门架结构初始停靠在机器人焊接工位的进料一侧。此时工件正好处于安装在机器人门架上的全局相机的视野内,视觉识别系统处理相机获取的工件照片,完成对工件的身份识别,同时获取工件在工作区域内的大致位置,定位识别精度为 2 cm。

②门架定位

门架定位包括初始位置定位和焊接过程位置定位等。

③机器人寻位、焊接

机器人系统与工件位置视觉识别系统通信,自动修正寻位和焊接轨迹。按照离线生成或人工修改确认的焊接顺序,进行纵骨格子单元中的焊缝寻位。

每条焊缝焊接前,应用线激光寻位方式获取焊缝两端的精确位置。平角焊接时,应用在焊枪前端安装的线激光扫描传感器进行焊缝跟踪。立角焊接时,因为立焊缝底部空间狭小,需要控制机器人旋转枪头,先完成整条立焊缝的激光扫描,再执行焊接作业。

④清枪剪丝

每执行完一个纵骨格子的焊缝焊接作业,就应该进行一次清枪剪丝喷油。

重复上述②和③过程直至完成所有焊缝,辊道输送装置就会将工件移出。

（3）软硬件设备列表

中组立智能焊接生产线软硬件设备列表如表 3-4 所示。

表 3-4 中组立智能焊接生产线软硬件设备列表

序号	名称	数量/台(套)	备注
1	门架系统	1	定制
2	弧焊机器人系统	2	采购
3	弧焊机器人	2	采购
	焊接电源控制柜	2	
	示教器	2	
	焊接系统	2	
	焊接电源	2	
	水冷焊枪	2	
	送丝装置	2	
	自动清枪剪丝装置	2	
4	视觉识别系统软硬件	2	定制
5	数据信息处理软件	1	定制
6	离线编程软件	1	定制
7	焊接数据库系统	1	定制
8	总控系统	1	定制
	工控机	1	采购
	PLC 控制柜	1	定制

3.4.5 管子智能加工生产线设计方案

(1)目标图像

以船舶管件为生产对象,实现船舶原料管智能储存、管法兰智能装配焊接等技术,搭建管子智能加工生产线,如图 3-17 所示。

(2)工作过程

①原料管送入立体库;

②立体库接收加工信息后将原料管输送到切割工位;

③定长切割线根据加工信息,自动加工出适合的管子产品;

④部分管子被输送到管法兰智能装配焊接工位;

⑤启动机器人装配焊接程序、工作站执行程序,完成管法兰工件的装配焊接。

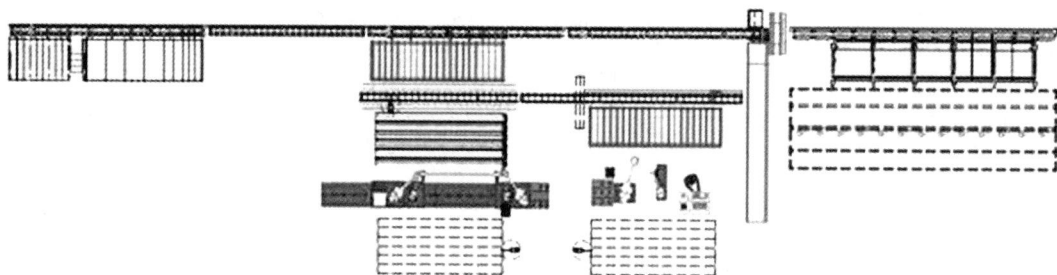

图 3-17　管子智能加工生产线目标图像

（3）软硬件设备列表

管子智能加工生产线软硬件设备列表如表 3-5 所示。

表 3-5　管子智能加工生产线软硬件设备列表

序号	名称	描述	类型
1	立体库	储存原料管	硬件
2	定长线上料架	管子上料	硬件
3	定长线初级传送带	管子传送	硬件
4	坡口切管机	管子切割	硬件
5	定长线次级传送带	管子传送	硬件
6	定长线短管下料架	管子收集	硬件
7	定长线弯管下料架	管子收集	硬件
8	定长线余料管下料架	管子收集	硬件
9	激光打磨装置	管子打磨	硬件
10	单坡口切割传送带	管子传送	硬件
11	切割带锯	管子切割	硬件
12	直管法兰装配焊接机	管子装配焊接	硬件
13	短管法兰装配焊接机	管子装配焊接	硬件
14	激光打码机	管子法兰打码	硬件
15	生产线控制系统及相关程序	立体库控制系统及软件	软件
		管子切割控制系统及软件	
		管法兰焊接控制系统及软件	

3.5　船舶智能制造试验验证平台架构方案

3.5.1　网络架构方案

3.5.1.1　网络拓扑架构

通过对典型船体分段车间的具体业务流程及加工工艺流程的分析,结合智能制造生产线各类主要设备的布置,基于工业物联网的设计要求,构建船舶智能制造试验验证平台网络拓扑图,如图 3-18 所示。

3.5.1.2　主要硬件设备及功能

根据船舶智能制造试验验证平台综合布置及平台功能需求,梳理了平台展示中心的主要硬件设备及配套设置,如表 3-6 所示。

表 3-6　主要硬件设备及配套设置

序号	设备名称	数量	作用
1	中心机房	1 间	监控智能制造生产线工况的场所
2	服务器	3 套	包括应用程序服务器、存储服务器、数据库服务器
3	服务器机柜	1 个	放置服务器、显示器等设备
4	交换机	5 台	实现服务器、操作工位计算机、监控摄像头及其他网络的有线连接
5	视频编码/解码器	1 台	对数字视频进行压缩或者解压缩
6	网络机柜	1 个	存储网络连接设备
7	储物柜	3 个	储存机房和各类网络易耗品等
8	语音视频监控集控台	1 套	实时显示加工车间的运行画面
9	视频切换控制器	1 台	对系统传输的图像信号进行切换、重复、加工和复制
10	电视墙	9 个	实时观看车间运行状态视频,可多窗口和单窗口观看
11	LED 中控屏	1 个	实时显示整条生产线的物流状态及各工位的工作状态
12	LED 控制器	1 个	控制 LED 屏
13	触控一体机	3 台	运行 MES 系统对生产车间的远程管控
14	接洽室	1 间	接洽参观人员
15	投影仪	1 个	接洽室投影用
16	投影幕布	1 个	接洽室投影用

表 3-6（续）

序号	设备名称	数量	作用
17	会议桌	1 台	接洽室用
18	椅子	12 把	接洽室用
19	插座	若干	连接电源
20	双绞线	若干	网络信号传输
21	光纤	若干	用于视频语音信号传输
22	计算机	4 台	控制生产线运行
23	计算机配件	4 套	辅助计算机操作
24	空调	3 台	可实现室内温度控制,并具有换气和除湿等功能,可以保证监控室内环境的质量和舒适度
25	监控摄像头	8 个	各工位上方安装高清监控摄像头,可通过网络实时传输工位图像信息至监控工位,监控录像可自动备份至服务器
26	声光报警器	10 个	当遇到异常时,通过监控平台发出声光报警提醒
27	PLC	8 个	控制各种类型的机械设备或生产过程
28	工控机	5 台	对生产过程及机电设备、工艺装备进行检测与控制
29	车间管理看板	5 个	展示生产线在安全、质量、交付、效率、人员等方面的业绩进展和问题
30	集线器	3 个	将接收的信号再生整形放大,以扩大网络的传输距离,同时集中所连接的节点
31	UPS	1 套	确保服务器在突然断电后能正常运行至少 1 h

为了实时监测车间的工作状态,引进视频监控系统及声光报警系统。视频文件服务用于视频存储、检索、回放、截取等,包括通过网络浏览对资源节点中的通道进行远程监控,回放存储在录像设备和流媒体中的录像数据。

流媒体服务显示访问该流媒体的客户端、报警服务器的连接信息,视频压缩设备(即视频源)、录像信息以及上级或下级流媒体节点连接信息等。

声光报警系统能够用预设的各种报警事件,关联到相应的通道。当出现现场画面异常、视频丢失、设备异常等状况时触发图像、声音报警信号,并将防区报警与预先设定的报警预案传送到具有权限的处理端,方便用户对报警事件进行有效的分析和及时处理。

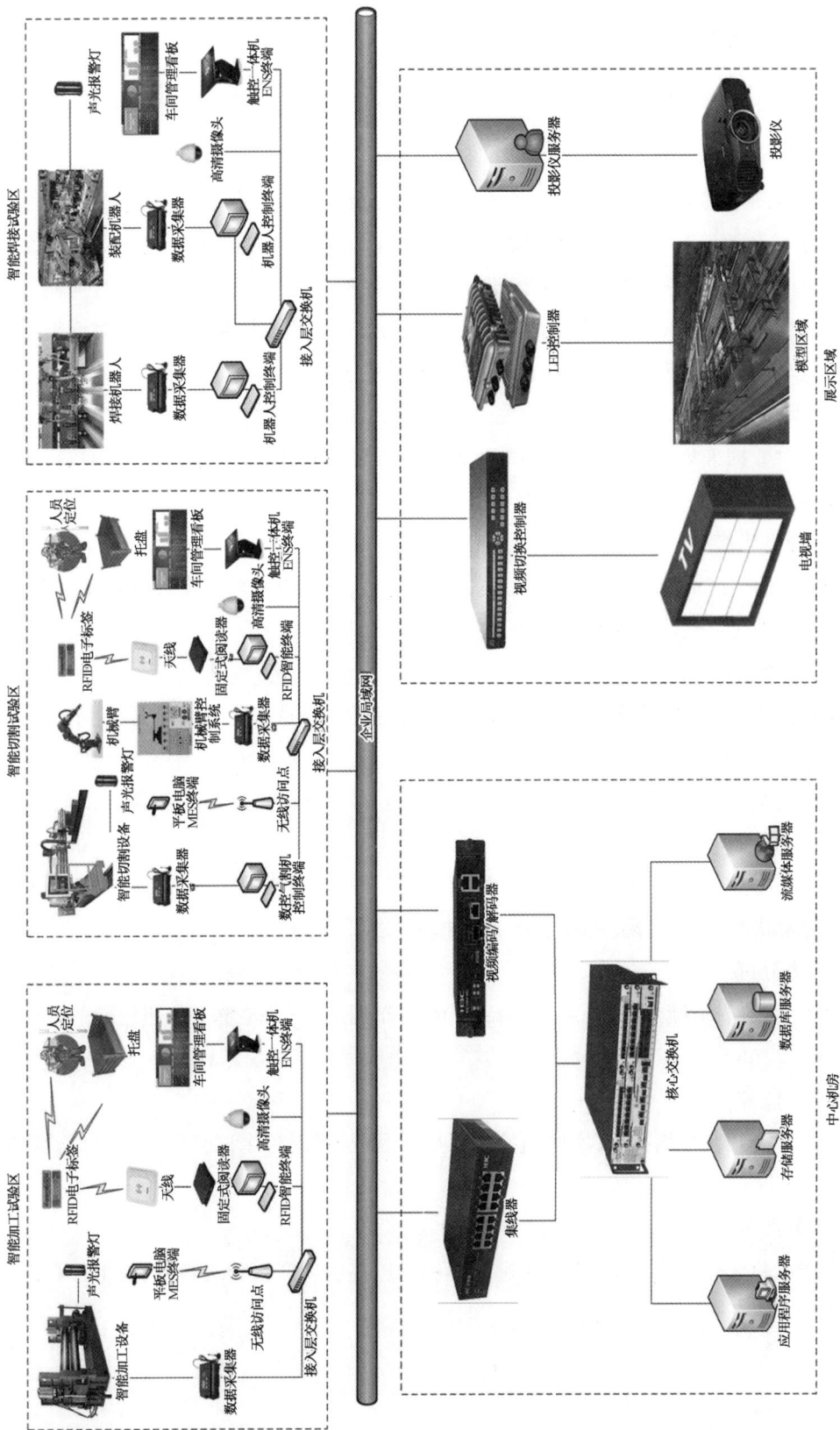

图3-18 船舶智能制造试验验证平台网络拓扑图

3.5.2 软件架构方案

3.5.2.1 系统需求分析

船舶智能制造试验验证平台是为了模拟船舶制造过程,验证制造过程数据采集、智能仓储、计划排产、物流、精度和质量等智能管控关键技术,推进船舶智能制造车间管控系统的应用。根据平台建设目标和硬件规划,验证平台应用的软件系统应包括船舶智能制造车间管控系统、安全生产监控管理系统(人员定位、视频监控、声光报警)等,能够对模拟的船舶智能制造车间的实时信息进行准确控制,通过软件系统的建设,实现以下功能。

(1)透明化生产

通过实时数据采集,及时了解车间的生产情况以及质量状况,将生产计划的执行及时反馈给决策层,打开生产过程中的"黑箱"。

(2)敏捷性生产

掌控所有的生产资源,包括设备、人员、物料信息等,能快速应对生产现场紧急状况,对生产作业计划进行调整并合理调度,保证生产顺利进行。

(3)生产可追溯

建立完整的生产数据档案,形成全面的正反向追溯体系,界定责任、减少返工损失。

(4)生产质量改善

实时采集生产过程中的质量数据,关注事中控制、事后分析,进而持续改善产品质量。

(5)及时预警

自定义各项生产指标,实时监控指标执行情况,以邮件、看板等多种方式实时主动知会生产中的异常状况,提前发现、及时处理、减少损失。

(6)绩效分析

对生产绩效、人员绩效、设备绩效进行分析,为车间、工厂乃至整个集团绩效的改善提供依据。

(7)实时监控

通过语音视频监控集控台,实时监控厂区生产状况,可对单个试验区或多个试验区同时进行监视。

(8)场外展示

在生产试验区外的接洽室,能够通过投影查看以往的生产视频资料、当前生产状态以及船舶智能管控系统终端的操作。

3.5.2.2 船舶智能制造车间管控系统

船舶智能制造车间管控系统从船舶车间基础数据管理、计划排产、智能仓储、车间物流、设备管理、人员定位、质量管理、人员权限生产计划、过程协同、资源(设备、人力、场地)管控、质量管控、决策支持、车间信息、设备的互联互通等方面着手,将系统划分为基础数据管理、计划排产、智能仓储、车间物流、设备管理、人员定位、质量管理、设备运行显示、数据模拟、车间看板管理、系统可视化和人员权限等功能,如表3-7所示。

表3-7 船舶智能制造车间管控系统功能划分表

序号	功能	说明
1	基础数据管理	用于维护产品结构、工作包、派工单、工艺标准、焊缝数据等信息
2	计划排产	用于分解分段需求计划和平衡车间工位计划
3	智能仓储	用于管理维护钢材、零件、组立等仓库
4	车间物流	用于分析面向车间均衡生产的物流数据、物流优化的调度,实现实时动态物流配送跟踪
5	设备管理	用于采集设备运行信息,记录施工对象、工艺、时间、能耗、产品几何信息等
6	人员定位	用于定位船舶智能制造试验验证平台人员信息
7	质量管理	用于管理和分析中间产品精度和质量信息
8	设备运行显示	用于显示设备是否运行
9	数据模拟	用于系统数据初始化和数据的模拟输出
10	车间看板管理	用于展示车间信息,并对信息进行查询、设置、管理、上传等操作
11	系统可视化	图形化显示车间设备、生产、物料等信息
12	人员权限	用于分配用户操作以上模块的权限

(1)基础数据管理

基础数据用于维护产品结构、工作包、派工单、工艺标准、焊缝数据、中间产品几何信息、图纸文档和分段需求计划等信息,将集成船厂自身的 PDM 系统、ERP 系统等,在系统内部形成船厂分段车间大数据库,为生产提供有力保障。

(2)计划排产

计划排产用于分解分段需求计划和平衡车间工位计划,以分段完工需求时间为导向,依据分段建造 DAP 和工作包派工单划分,由分段完工需求计划直接生成工位计划,经工位计划负荷平衡调整后,生成并验证小日程计划和中日程计划,实时查看分段车间生产运营负荷。

（3）智能仓储

智能仓储用于管理维护船舶分段钢材、零件、组立等仓库，以车间工位计划为依据，对钢材仓库、零件仓库、组立仓库进行统一管理和跟踪。

（4）车间物流

车间物流管理通过构建车间电子地图，分析面向车间均衡生产的物流数据、物流优化的调度，实现实时动态物流配送跟踪。对托盘和 AGV 小车标识，通过在车间电子地图上的智能跟踪，实现车间内物流的优化调度，推动车间智能物流系统的四个智能机理，即信息的智能获取技术、智能传递技术、智能处理技术、智能运用技术的落实。

（5）设备管理

设备管理用于设备状态跟踪与信息采集，记录施工对象、工艺、时间、能耗、产品几何信息、设备启动停止信息等。生产设备以工位为单位进行划分，单独执行计划工作包所传达的任务，采集记录施工对象、工艺、时间、能耗、产品几何信息等；运输设备处于生产工位与工位、工位与仓库之间，采集记录运输对象、工位信息、仓库位置信息、运输时间、运输能耗。

（6）人员定位

船体车间人员定位安全管理是以无线定位技术为核心，通过对网络通信、电子地图、环境监测、数据存储等技术的综合应用，搭建一套物联网集成平台，用以实现船舶建造周期内人员实时定位、人员安全管控以及环境状态监控，从而确保船体分段制造车间生产作业的安全开展，提升船厂船舶建造安全管理水平。

船体车间人员定位安全管理由通信基站、定位基站、定位信标、定位标签（胸卡、手环、安全帽等形式）、定位服务器、管理平台、监控大屏等组成。人员佩戴的定位标签灵敏感知定位信标发送的无线信号，通过无线方式将基础定位数据发给至定位基站；由基站将数据汇总后传送至定位引擎，通过核心定位算法解算出定位标签的精确位置，显示于管理平台的数字地图上；管理人员可以通过监控大屏实时查看和查询人员信息。同时，系统可集成视频监控与环境监测接口，实现建造区域内环境状态实时监控，为安全管理人员提供决策依据。

（7）质量管理

质量管理用于管理和分析中间产品精度和质量信息，通过对中间产品质量的抽查，实时比较记录智能检测装备的测量数据与标准数据，并对不达标产品进行设备自查分析，查找生产设备和检测设备异常原因。对达标产品进行人工抽查，若出现不合格现象，直接对生产设备和检测设备进行检查分析。

针对船舶分段制造工艺过程复杂、自动化程度低、精度难以保证等问题，构建面向板材切割、型材加工、中小组立装焊、管子加工装配等典型制造工序的测试技术体系及现场专用精度管理模块，在制造现场进行应用，为分段制造过程计算余量、偏差量及补偿量等关键工艺反馈测量数据提供技术支持。

（8）设备运行显示

设备运行显示可以显示设备的启动、停止信息，使设备运行状态与 LED 中控屏显示相对应。

（9）数据模拟

系统初始运行时，提供初始的产品结构、工作包、派工单、工艺标准、焊缝数据、中间产品几何信息、图纸文档和分段需求计划等信息，集成 PDM 系统、ERP 系统等，在系统内部形成船舶智能制造车间管控大数据库。同时能够模拟生产数据、物流、精度、质量等信息，为船舶智能制造车间管控系统应用提供数据支持。

（10）车间看板管理

车间看板管理用于实时显示单个或多个试验区生产线的质量信息、设备信息、进度信息、精度信息等，能够进行看板信息的查询、设置和管理，将生产数据保存在本机和向服务器传送，具备数据自动采集、过程实时反馈、状态可视化显示等功能。

（11）系统可视化

系统可视化以图形化的方式进行显示，可及时掌握车间中的生产状况、设备状况、物料状况等信息。

（12）人员权限

人员权限用于分配用户操作上述模块的权限，将主要控制其目视化管理和终止生产等功能权限。

3.6 船舶智能制造试验验证平台验证内容

3.6.1 板材智能切割生产线验证内容

（1）验证内容

①板材零件智能抓取技术

通过研发板材零件智能分拣工位，开展电磁吸盘吸力分级控制技术。在机器人分拣过程中，由于板材厚度及尺寸不同，需要开发柔性抓取机构，以实现对不同厚度板材的快速抓取，同时减小对电磁吸盘抓取过程中的冲击力，以提高其使用寿命。由于板材厚度和形状的不同，造成其重量变化范围大，有必要对电磁吸盘进行选择和吸力分级控制，实现不同形状、不同重量板材的快速、精确抓取。

②板材零件智能打磨技术

由于板材在切割、打坡口后，需要对切割好的板材零件进行双面打磨，所以需要开发板材零件打磨平台，与打磨机器人配套使用，研发智能打磨单元。根据打磨位置的不同及打磨工艺的需要,可以变换待打磨板材零件的姿态,使机器人顺利完成打磨工作。

(2)关键技术

①板材异形零件抓取技术

板材在切割过程中会存在L形或其他形状的异形零件,这类异形零件的重心坐标通常不在板材上,如何实现对这类异形零件的快速、平稳抓取,对分拣机器人的自动控制是一个挑战。通过划线打标工位与切割工位、智能分拣工位间的网络连接,保证生产数据在各工位间互联互通;通过数据分析,计算出异形零件的重心,控制机器人快速准确地对异形零件进行抓取。

②板材零件打磨协同控制技术

为确保板材零件切割后的打磨质量,需要实现板材打磨平台与打磨机器人之间的协同控制。根据不同板材零件的形状、打磨位置,需要进行相应的打磨路径规划;同时根据打磨工艺的需要,变换待打磨板材零件的姿态,使机器人完成打磨作业。

3.6.2 型材智能切割生产线验证内容

(1)验证内容

①型材切割工艺

针对船舶建造中诸如球扁钢、角钢等主要船用型材,开展机器人型材切割工艺技术研究,建立适用的船用型材切割工艺数据库,对不同类型和规格的主要船用型材进行切割工艺的试验及验证。

②型材切割离线编程

根据船用型材的加工特点和要求,开展型材切割的自动套料和离线编程技术研究。生成能满足型材智能切割生产线所需的切割程序代码,并进行算法优化,在一定的材料面积上尽可能多地形成有用材料,以提高材料的利用率,减少废料。

(2)关键技术

①型材切割工艺技术

在实际船舶建造中,会应用和涉及各种类型与规格的诸如球扁钢、角钢等主要船用型材,型材切割的形式种类包括端部切割、流水孔切割、贯穿孔切割等等。在型材智能切割生产线中,相关的切割工艺极为复杂,对型材的加工质量、生产效率等又至关重要,是整个生产线的关键技术。

②型材切割离线编程技术

根据船体设计的型材加工数据和要求、母材库等信息和数据,针对不同类型和规格的型材进行自动排列套料和离线编程,并优化算法,以最大限度的材料利用率,供生产线执行并完成对型材的智能切割生产。型材切割离线编程技术需要融合和处理包括型材的类型、规格、加工数据、母材库存等诸多复杂的数据和信息,并生成能满足型材智能切割生产线所需的切割程序代码,是整个生产线的关键技术。

3.6.3　小组立智能焊接生产线验证内容

(1)验证内容

①小组立智能焊接生产线控制系统集成技术

开展小组立智能焊接生产线中机器人本体控制系统、视觉识别系统、离线编程系统与上位机控制系统之间数据传输和信息集成等技术验证,并开发设计相应的控制程序和界面,进行小组立焊接生产线各控制系统集成控制试验验证。

②焊接工艺专家库构建技术

考虑小组立机器人智能焊接和后期船厂推广的需要,开展焊接工艺专家库构建研究。通过进行大量的工艺试验,积累焊接工艺数据,形成焊接工艺专家库,并在小组立智能焊接生产线进行验证,进而不断取得完善和优化。

(2)关键技术

①焊缝视觉识别技术

在小组立智能焊接生产线的焊接工位,应用焊缝视觉识别技术。视觉识别系统由安装在门架上的可移动的照相机、照明设备以及一个图像处理计算机组成。其功能是确定精确的焊缝起点坐标并把相应的坐标数据传送给离线程序,供机器人寻找起焊点,作为离线编程系统坐标偏移的输入。

②机器人离线编程技术

离线编程系统将从船厂提供设计模型数据中抽取工件的尺寸、焊脚高度等数据,生成焊缝长度、位置信息,记录在焊接工艺程序中。依据船厂的焊接工艺规范,建立焊接工艺数据库,将数据库中的电压、电流等焊接规程信息进行匹配,离线完成机器人自身坐标系下的焊接工艺程序,并在接收视觉识别系统的采集的工件坐标信息后生成新程序,控制机器人焊接作业。

3.6.4　中组立智能焊接生产线验证内容

(1)验证内容

验证中组立结构焊接生产装备系统智能化技术和功能,包括根据图形信息自动生成焊接路径、模拟仿真、焊接工艺自动参数调用等,形成面向船厂智能车间的中组立结构焊接生产装备系统。

（2）关键技术

①图形信息软件处理技术

对船企常用软件生成的图形进行处理，提取出生成焊接路径、焊接工艺等所需的可供机器人识别的有效信息，以便进行下一步的离线编程程序。

②离线编程技术

根据从图形信息软件处理系统中提取出的信息，机器人进行中组立结构焊接路径的规划及程序的生成。

③机器人焊接工艺

由于中组立结构空间狭小、焊缝形式多样，且包括圆弧、包角等复杂位置焊接，加之受机器人机械特点等限制，很多位置焊缝质量无法得到保证，所以需对中组立结构焊接机器人焊接工艺进行研究。

3.6.5 管子智能加工生产线验证内容

（1）验证内容

①管子立体库的物料智能存储技术

通过研发制造管子立体库，开展管子立体库工作站中管子智能识别系统、管子智能传送系统、原料管数据信息与上位机控制系统之间数据传输和信息集成等技术验证，并开发设计相应的集成控制技术，完成管子立体库的物料智能存储。

②管法兰机器人智能装配与智能焊接技术

通过研发制造管法兰机器人智能装配与焊接生产线，开展管法兰机器人智能装配、管法兰机器人智能焊接、法兰与管子的智能视觉识别等技术验证，并开发设计相应的集成控制技术，完成管法兰机器人智能装配与智能焊接。

（2）关键技术

①管法兰视觉识别技术

在管法兰智能装配焊接流水线上，待加工管子被传送至焊接工位后，安装在机器人夹持手臂上的智能照相机，通过拍照，能够识别法兰和管子的位置（包括尺寸、中心点、螺栓孔等），最后经过图像处理计算机的运算，机器人能够精确地选择并夹持相应的法兰，并安装在管子两端进行焊接。

②管法兰智能焊接技术

在管法兰智能装配焊接流水线上，管法兰定位装配完成后，由于管子的椭圆度造成管法兰的一圈间隙不均匀，因此四台机器人在焊接管法兰内外圈时，必须智能化地实时调节焊接工艺参数，最终焊接出质量合格的产品。

3.6.6　船舶分段智能车间制造执行管控系统验证内容

(1)船舶智能制造车间管控系统/计划排产模块中的基于空间约束的车间计划多层级自适应调整建模和优化技术

船舶智能制造车间管控系统包含计划排产、智能仓储、设备管理、质量管理等诸多模块,它是与船舶智能制造试验验证平台配套的两大核心软件系统之一。船舶智能制造车间管控系统/计划排产模块是用于解决基于空间约束的车间计划自适应调整技术问题,基于异常对计划中后续作业影响的分析,从时间和空间两方面着手,进行基于空间约束的车间计划调整等问题。计划排产包含船体分段制造阶段的所有生产线及单元的计划,可在型材智能切割试验区、板材智能切割试验区、小组立智能焊接试验区、中组立智能焊接试验区变更计划的影响因子,如物料未到货、场地限制、人员调整、设备故障等对计划排产模块进行测试,以验证管控系统中计划排产模块中的自适应调整建模与优化技术功能。

(2)车间内物料配送信息采集与融合技术

物料配送信息采集与融合技术是实现各生产线之间中间产品流动的基础。传统物流信息传输和共享程度较低,不能及时掌握车间作业流水线上物料需求信息的变动,而在工位上进行预配送会造成多余物料无序摆放和堆积。基于条形码、二维码、RFID等物联网技术的信息采集,可实现实时性的物流信息传递,以及基于拉动式多品种小批量物料配送模式。在小组立试验区与中组立试验区对不同生产区加工成型的中间产品流转进行流转调度与信息传递,通过整合信息系统、人机接口设备(如触控屏)、数控机床、机器人、PDA、传感器、条码扫描器等各种软硬件,使基于物联网技术的MES成为综合智能化系统,实时采集和监控生产物流全过程信息,验证配送信息采集与融合技术。

3.6.7　互联互通的船舶智能制造车间基础平台开发验证内容

(1)船舶制造产品、工艺、执行过程数据匹配模型验证

通过对现有数据匹配关系方法的分析对比,确定制造过程数据的匹配结点,构建船舶制造过程数据的产品设计信息、工艺设计信息、执行过程信息和质量要求信息的逻辑关系关联模型,在管控系统中体现为产品设计信息数据库、工艺设计信息数据库、执行过程信息数据库和质量要求信息数据库。在船舶智能制造试验验证平台的各条线上,通过智能管控系统验证船舶制造产品、工艺、执行过程数据匹配模型能否满足实际需要。

(2)中间产品与制造系统的现场数据协同技术

机器人焊接系统自适应控制技术方案、自动化焊接制造的在线编程是两个主要的技术方案,可将这两个方案在小组立智能焊接试验区、中组立智能焊接试验区进行分别试验,实现船体车间智能化解决方案的生产实际应用。

3.7 本 章 小 结

本章以智能车间信息集成与数据流通机制为目标,分析了典型离散制造业智能车间国内外现状,构建了智能车间整体架构与关键技术,给出了面向船舶行业的智能车间通用模型与数据流通机制,并针对船舶智能制造车间关键共性技术,确定了船舶智能制造试验验证平台建设目标,制定了船舶智能制造试验验证平台总体规划,给出了板材切割、型材切割、小组立、中组立、管子加工等智能生产线设计方案,搭建船舶智能制造试验验证平台网络架构。结合车间制造执行管控系统、互联互通平台,对设计方案相关内容进行验证,为进一步提出船舶智能制造车间解决方案奠定技术基础。

第4章 船体分段智能车间解决方案

4.1 概　　述

本章基于我国骨干造船企业车间智能化建设起步晚，数字化、智能化水平不高，缺乏总体设计与系统解决方案等现状，在分析船体分段车间的国内外研究现状的基础上，提出船体分段智能车间总体架构与数据流通机制，形成船体分段智能车间布局设计，明确船体分段智能车间管控系统功能模块及其要求，指出船体分段智能车间实施路径，有效地指导我国造船企业船体智能车间改造升级、规划设计和验收交付。

4.2　船体分段智能车间总体架构与数据流通机制

4.2.1　总体架构

船体分段智能车间总体架构包括基础设施层、设备层、控制层、执行层、决策层5个层面，如图4-1所示。

（1）基础设施层

基础设施层由数据中心综合布线、机房工程、网络系统、安防监控等组成。

（2）设备层

设备层主要包括钢材切割流水线、型材切割流水线、零件加工成型设备、小组立焊接流水线、平面分段流水线、曲面分段建造流水线、运输设备和其他设备等。车间加工设备应实现加工数据，工艺信息和管理信息网络化传递、数字化控制、智能化加工。

（3）控制层

控制层主要由设备联网、数据采集与监控（SCADA）系统、生产单元/线控制系统组成。实现设备监控以及加工和检测数据的采集，可通过SCADA系统将生产现场信息上传到MES的服务器，达到生产信息实时感知、分析、处理的动态管理。

（4）执行层

执行层是船体分段智能车间总体架构的核心层，主要包括车间生产计划执行、工艺管理、质量控制、生产物流、车间设备管理等功能模块。通过 MES,从上层系统接收船体分段的生产任务,经过分解处理后,向下层系统发出生产指令及工艺技术文件,实现船体分段车间生产计划、工艺文件、设备等制造资源的智能化管理。

(5)决策层

决策层包括数据中心、决策分析平台、生产仿真中心、移动终端应用等模块。数据中心主要应用大数据分析技术进行数据挖掘、预测性分析,具备数据仓储的功能;决策分析平台利用数据中心分析预测的结论形成可视化的领导驾驶舱;生产仿真中心基于三维虚拟车间建模与仿真,利用数据中心的数据,实现智能车间虚拟呈现与漫游以及智能车间多视图展示;移动终端应用可将设备状态、能耗状态、计划派工、生产绩效、生产异常等信息显示在手机或者平台上,并给出决策指令,实现船体分段建造车间的自决策。

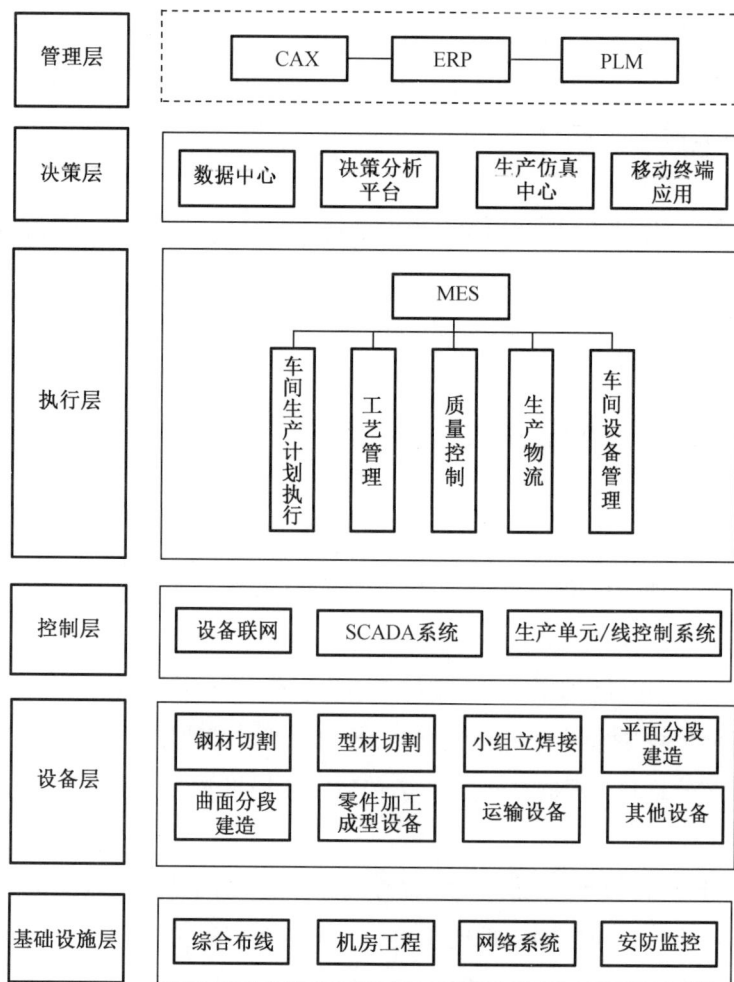

图 4-1 船体分段智能车间总体架构

4.2.2 数据流通机制

船体分段智能车间内部信息系统和各功能模块、基础设施之间以及外部信息之间的主要数据流通机制如图4-2所示,形成一个封闭的数据流通。

(1)系统从企业资源承接并分配到车间的生产订单,在车间生产计划与调度模块依据工艺路线将其分解为工序作业计划,排产后下发到现场。

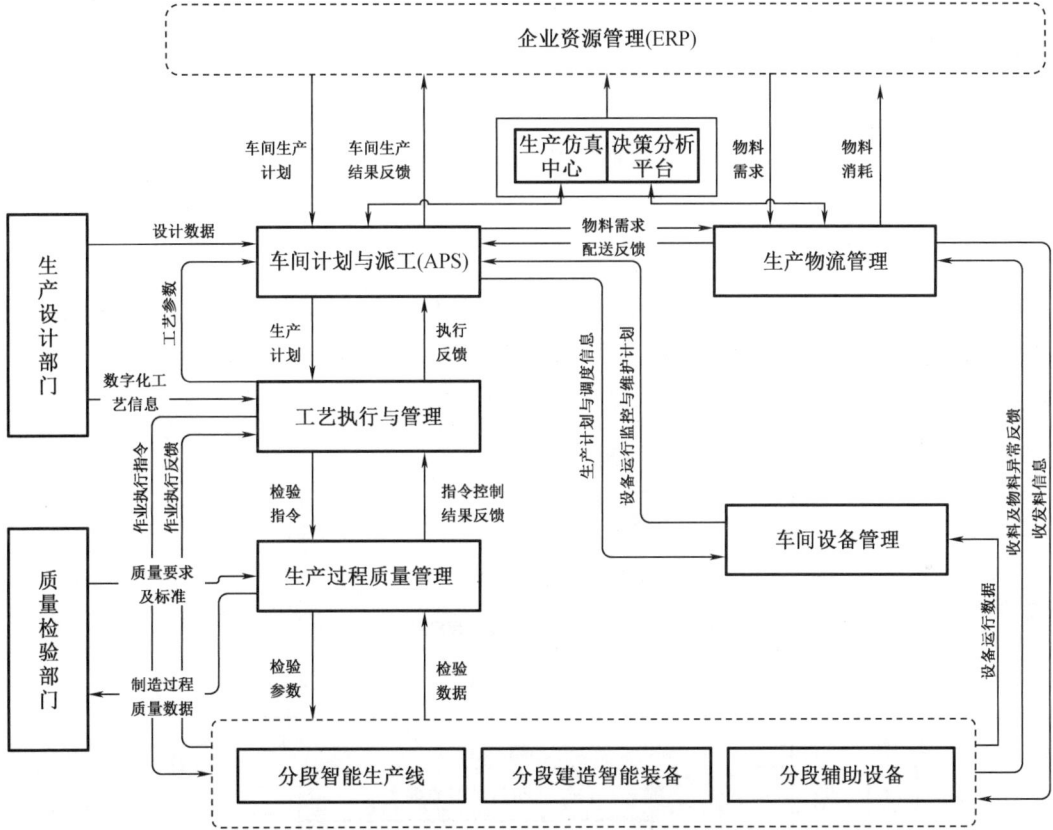

图4-2 船体分段智能车间数据流通机制

(2)工艺执行与管理模块指导现场作业人员或者设备按照数字化工艺要求进行生产,并采集执行反馈给车间生产计划与调度。若生产过程中出现异常情况,不能按计划完成,须迅速协调各方资源,通过系统进行调度以满足订单需求。

(3)工艺执行过程中若需进行检验控制,由生产过程质量管理模块将检验要求发送给检验员或者检验设备执行检验,并将采集检验结果提交给公司质量部门,进行质量监控和追溯。

(4)生产现场需要的物料,根据详细计划排产与调度结果,并将相应物料需求发送给生产物流管理模块,由仓库及时出库并配送到指定位置;生产完成后将成品入库,实现生产物料的管理、追踪及防错。

(5)将生产过程的工艺执行、质量控制等结果反馈到车间生产计划与调度,进行实时监控及生产调度,形成完工报告并反馈到更高一层企业资源计划。

(6)车间中大量的设备运维,通过车间设备管理模块统一维护,提醒和指导设备人员定期保养,记录维修保养结果。设备维修保养计划与工序作业需相互协调,以保证生产正常进行。

(7)车间生产反馈数据和物料消耗数据同时传递到车间决策层中的数据中心和决策分析平台,通过数据梳理、数据挖掘,得到车间运行的优化方案,逐步提高船体分段建造效率,降低物料及能源的成本。

4.2.3　信息交互

4.2.3.1　通信网络

为执行船体分段智能车间基础设施层的工作任务处理,实现车间 MES、控制系统与现场设备之间的信息传输,可采用 OPC UA(客户端/服务器)的通信系统架构,如图 4-3 所示的通信方式。

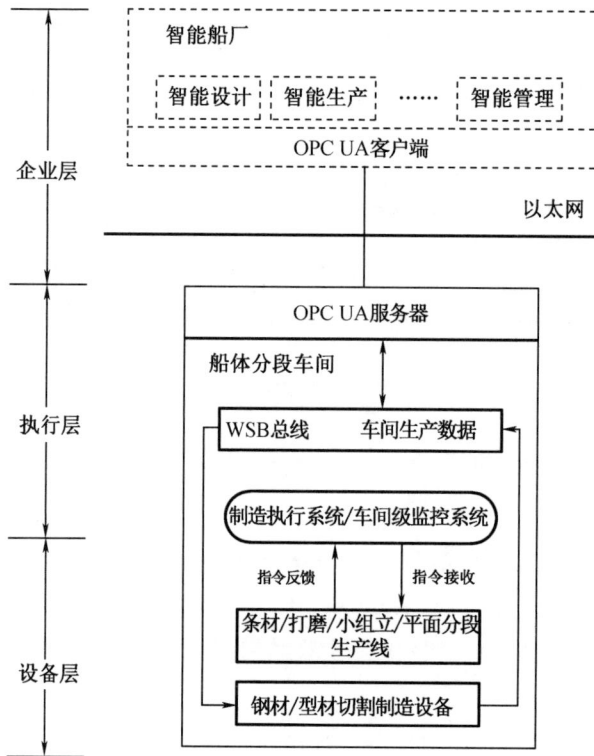

图 4-3　船体分段智能车间数据传输

4.2.3.2　数据采集与存储

船体分段智能车间应在企业数据字典定义的数据采集内容基础上,结合数据实时性要求,利用合理的网络通信方式与数据存储方式进行数据的采集与存储,并与企业及数据中心进行对接。包括:

(1)应对车间所需数据进行采集、存储和管理,并支持异构数据之间的格式转换,实现数据互通。

(2)宜采用实时数据库与历史数据库相结合的存储方式。

(3)应具备信息安全策略,并支持更新和升级,如访问与权限管理、入侵防范、数据容灾备份与恢复等。

4.2.3.3　数据字典

船体分段智能车间应建立数据字典,具体要求如下。

(1)包括车间需要交互的全部信息,如设备状态信息、生产过程信息、物流与仓储信息、检验与质量信息、生产计划调度信息等。

(2)描述各类数据基本信息,如数据名称、来源、语义、结构以及数据类型等。

(3)对船体分段智能车间进行细化、定制化,定制专门用来描述船体分段智能车间的数据字典。

(4)船体分段智能车间系统主要实现船舶设计系统中加工信息提取、加工工艺数据库构建、加工指令生成与执行、加工过程监控信息记录与分析、生产计划安排、报表生成等功能。

4.3　船体分段智能车间布局设计

4.3.1　船体分段建造中间产品工艺路线

根据船体分段的结构特点,应用成组技术原理,以中间产品为导向,按区域组织生产,建立船体分段制造工艺流程,如图4-4所示。针对制造过程中的关键环节,构建中间产品制造流水线,并辅以自动化、数字化测量设备或工装等,实现保质高效生产。

船舶分段建造工艺流程		
涂装	船体	舾装

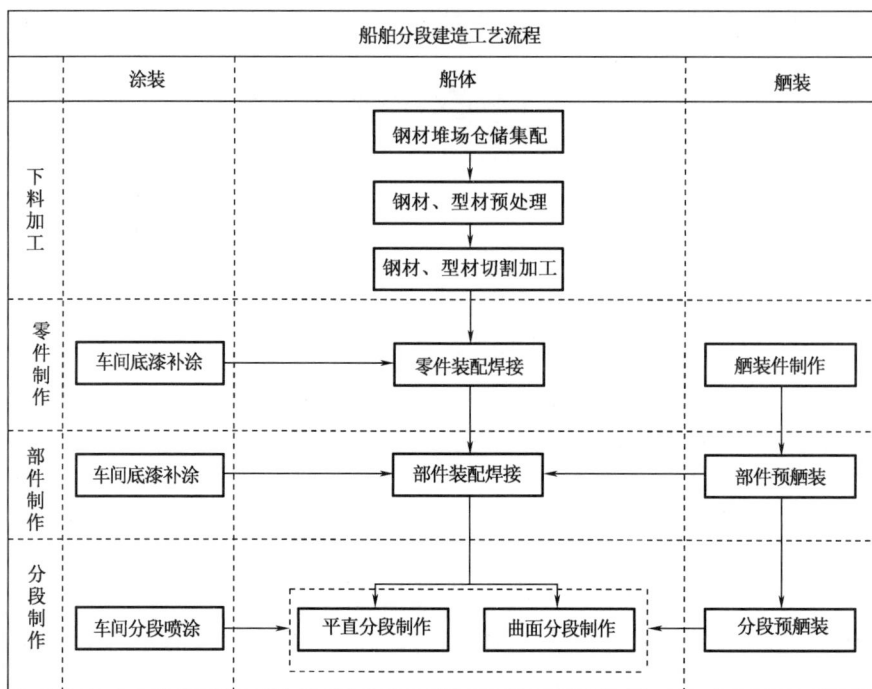

图 4-4　船体分段建造工艺流程

4.3.2　钢材/型材切割生产线数字化升级改造方案

4.3.2.1　钢材切割生产线数字化升级改造

（1）升级改造目标

通过对钢材智能切割生产线的智能化改造,拟实现联网数控切割机的实时运行状态信息采集、现场作业状况监控、设备故障报警及分析、切割任务远程下发、二维码生成与打印、工时物量统计分析、报表打印与输出功能。

（2）升级改造方案

针对钢材切割生产线,拟采用网口通信方式将需要联网管控的设备和工业级以太网交换机连接,并通过工业级以太网交换机和中控室服务器连接,采用硬件 DNC 接口的方式实时获取设备的状态信息。通过钢材智能管控系统软件模块将设备实时状态信息、工时物量信息传递给服务器,并以看板形式对设备和人员进行管控。

对于钢材切割生产线智能管控系统,通过系统输出钢板零件的加工程序的中间文件,再通过相应的软件接口,如设计软件数据转化接口,生成适用于小池酸素切割机的 G 代码文档。

钢材切割生产线智能管控系统提供设计数据转换接口,可以将从系统中提取的数控加工中间文件转化为数控切割机的 G 代码文件,并远程传送给每台数控切割机。

(3)生产线软件系统功能

钢材切割生产线软件系统应具备以下功能。

①远程监控设备状态

中控室计算机可以同时监控所有联网数控切割设备的实时状态,可以电子看板的形式随时查看所有设备的开机状态、运行状态、故障状态等信息。

②实时获知加工信息

实时获知每台设备的工件生产数量,可采集到当前坐标信息及设备操作信息等。如编辑状态、自动运行状态、试运行状态、在线加工状态等。

③准确分析设备故障

软件系统具备实时显示故障设备信息,具有故障分析及故障预测能力。其功能包括历史故障查询、故障时间分布、故障概率分布、全部设备故障对照等,从而全面提升设备故障分析与预测能力。

④快速定位生产瓶颈

通过对所联网设备的实时监控与数据采集,可快速、及时地发现设备停机等问题;通过真实的海量数据分析功能,可快速定位生产瓶颈,并找出最合理的应对措施,从而最大限度地提升设备的有效利用率。

⑤为 MES 提供准确及时的生产信息

通过准确、及时、客观、自动的数据采集系统,可为 MES 提供准确、及时的生产完工信息,以及所有设备可用状态等,可以为科学合理制订生产计划打下坚实的基础。

⑥扫码功能

具有扫码功能,通过读取零件二维码信息,可以将零件数据上传给 MES。

⑦设计数据转换接口

提供设计数据转换接口,可以将从设计软件系统中输出的数控切割中间文件转化为适合小池酸素切割机的 G 代码文件。

⑧提供丰富的报告和图形统计分析功能

可提供多种统计报告模板,可方便、整齐地显示所需要的各种数据,如物量统计、设备运行时间统计、生产效率统计、报表输出、作业量统计和数据分析。

4.3.2.2　型材切割生产线数字化升级改造

(1)升级改造目标

通过对型材智能切割生产线的智能化改造,拟实现联网设备的实时运行状态信息采集、现场作业状况监控、设备故障报警及分析、工时物量统计分析、二维码生成与打印、报表打印与输出功能、型材数据在线提取功能。

（2）升级改造方案

针对型材切割生产线，拟采用网口通信方式将需要联网管控的设备和工业级以太网交换机连接，并通过工业级以太网交换机和中控室服务器连接，采用硬件 DNC 接口的方式实时获取设备的状态信息；通过型材切割生产线智能管控系统软件模块将设备实时状态信息、工时物量信息传递给服务器，并以看板形式对设备和人员进行管控。

对于型材切割生产线智能管控系统，通过对系统的接口开发，在线抽取型材切割生产线数据。

型材切割生产线智能管控系统提供与 MES 系统的数据抽取接口，可以在线实时获取需要切割型材的几何信息，并远程传送给型材生产线的切割单元。

（3）生产线软件系统功能

型材切割生产线软件系统应具备以下功能。

①远程监控设备状态

中控室计算机可以同时监控所有联网数控切割设备的实时状态，可以电子看板的形式随时查看所有设备的开机状态、运行状态、故障状态等信息。

②实时获知加工信息

实时获知每台设备的运行状态，如切割单元、划线机的实时工作状态。

③准确分析设备故障

软件系统具备实时显示故障设备信息，具有故障分析及故障预测能力。其功能包括历史故障查询、故障时间分布、故障概率分布、全部设备故障对照等，从而全面提升设备故障分析与预测能力。

④快速定位生产瓶颈

通过对所联网设备的实时监控与数据采集，可快速、及时地发现设备停机等问题；通过真实的海量数据分析功能，可快速定位生产瓶颈，并找出最合理的应对措施，从而最大限度地提升设备的有效利用率。

⑤为 MES 提供准确及时的生产信息

通过准确、及时、客观、自动的数据采集系统，可为 MES 提供准确、及时的生产完工信息，以及所有设备可用状态等，可以为科学合理制订生产计划打下坚实的基础。

⑥扫码功能

具有扫码功能，通过读取零件二维码信息，可以将型材信息上传给 MES。

⑦设计数据转换接口

提供数据抽取接口，可以在线抽取如肋骨、纵骨等型材类零件的几何信息和工艺信息，以指导切割机械手臂、划线设备的现场作业。

⑧提供丰富的报告和图形统计分析功能

可提供多种统计报告模板,可方便、整齐地显示所需要的各种数据,如物量统计、设备运行时间统计、生产效率统计、报表输出、作业量统计和数据分析。

4.3.3　小组立智能焊接流水线实施方案

(1)生产线工位布置

根据生产对象、生产纲领、生产场地,规划设计船舶小组立智能焊接流水线。该流水线主要由机械传送装置、一个3自由度门架、两个6自由度焊接机器人,以及相关焊接设备等组成。部件智能焊接流水线典型布置如图4-5所示(示例中规划设计60 000 mm×7 300 mm流水线,供参考)。

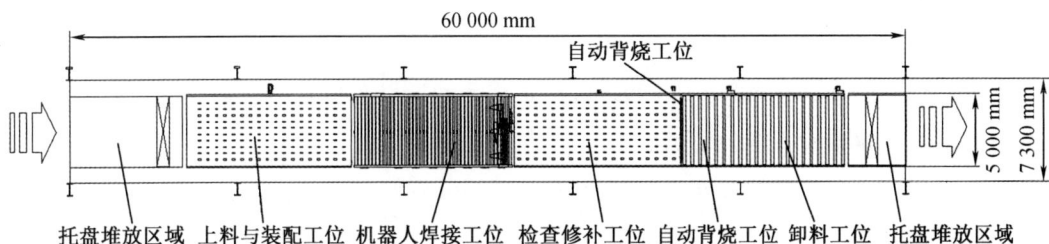

图4-5　小组立智能焊接流水线布置

①上料装配工位

上料与装配工位的功能包括小组立托盘堆放、小组立工件组对、点焊及输送等作业,配置输送辊道、点焊设备及起重设备等。

其作业流程:

a.操作工利用起吊设备将小组立工件运送到装配平台上;

b.操作工根据装配平台定位孔指示,将基板、筋板和肘板进行组对和人工点焊;

c.装配完成后,操作工通过扫码方式录入工件工程代码,扫码完成后启动上料与装配工位辊道,装配平台下的输送轮升起,将工件输送至机器人焊接工位。

②机器人焊接工位

机器人焊接工位功能完成船体小组立机器人焊接,保证焊接的质量和效率,配置输送辊道、焊接机器人系统及相关设备及除尘装置等。

其作业流程:

a.装配完成后的小组立工件进入焊接工位,通过摄像头确定小组立工件编号;

b.手动移动机器人门架从初始位置移动至另一端,过程中使用扫描设备对焊接工位内

的工件进行初步扫描,确定焊缝的大体位置;

c. 选择并确认焊接工艺参数,机器人自动进行寻位扫描,防止碰撞或干涉;

d. 两台机械臂从焊缝两侧分别开始实施焊接作业;

e. 实施焊枪清理;

f. 机器人向生产线控制站发送焊接完成的状态指令,启动辊道将工件运出焊接工位;

g. 下一批装配完成的小组立工件进入焊接工位并重复以上流程。

③检查修补工位

检查修补工位功能对焊接完成的小组立工件进行焊渣清理、焊缝检验以及修补打磨等作业,配置焊机、气动砂轮及其他修补设备。

④自动背烧工位

自动背烧工位功能实现小组立消除应力和矫正的功能,配置输送辊道、自动背烧装置、光电开关等。

其作业流程:

a. 控制系统将由装配工位基准筋板位置信息传送至背烧工位,自动调节基准枪头位置;

b. 检查修补完成的小组立工件通过辊道运送至光电开关位置,筋板或肘板前端触发光电开关,背烧装置开始工作(点火);

c. 背烧完成后,筋板末端离开光电开关时,背烧装置停止工作(熄火)。

⑤卸料工位

卸料工位功能将加工完成小组立卸在托盘上,配置输送辊道、起重设备及托盘等。

(2)控制系统要求

①监控室中控台提供工件设计数据输入输出界面,导入待生产工件的三维模型或设计数据,自动进行离线工艺程序编写及优化。

②监控室中控台于各工位自动生产设备之间通过生产线内部局域网络进行数据交互,可以在中控台将加工工艺通过网络下发到各生产工位。

③集控系统获取车间 MES 下发的生产任务信息、赋码信息和产品三维数据模型或数据,按照机器人焊接工位的工艺路径、工艺参数的要求,通过离线编程软件的交互接口,实现划线和焊接的工艺设计。

④ 过程数据采集与反馈,如提供焊接长度、开关机时间、设备维修保养信息等制造关键数据接口,提供接口文档。

⑤监控室中控屏实时显示整条流水线的物流状态信息,以及各个工位的工作状态。

4.3.4　平面分段流水线实施方案

（1）生产线工位布置

平面分段流水线主要由拼板工位、FCB工位、划线修补工位、纵骨装配工位、纵骨焊接工位、缓冲及横移工位、肋板安装工位、肋板焊接工位、预舾装工位、运出工位组成。考虑到生产线肋板装配、焊接作业均衡，一般采用"一条半"的模式，以平面分段流水线生产车间一跨为例，其生产线布置如图4-6所示。

分段顶升运出、补漆工位	预舾装工位	肋板焊接工位	肋板焊接工位	肋板安装工位	肋板安装工位	缓冲及横移工位	通用地坪	通用地坪	通用地坪	通用地坪	通用地坪
绿色通道											
分段顶升运出、补漆工位	预舾装工位	肋板焊接工位	肋板焊接工位	肋板安装工位	肋板安装工位	缓冲及横移工位	纵骨焊接工位	纵骨装配工位	划线修补、缓冲	FCB工位	拼版定位焊

图4-6　平面分段流水线工位布置

①拼板工位

拼版工位功能：实现钢板拼接作业。配置传输装置、圆通滚轮及圆盘滚轮、顶升装置、焊接电源及起重设备等。

②FCB工位

FCB工位功能：利用单面焊接装置，实现单面焊接双面成型。配置FCB焊接装置、圆通滚轮及圆盘滚轮、磁铁固定设备等。

③划线修补工位

划线修补工位功能：对拼板完成后，完成划线，同时对焊接反面进行检查修补。配置输送装置、划线设备、焊机、碳刨电源及工夹具等。

④纵骨装配工位

纵骨装配工位功能：利用纵骨定位装置，将托盘内纵骨依次放入划线位置，并在上面加压进行定位焊接。配置输送装置、纵骨定位装置、定位焊设备、焊机及工夹具等。

⑤纵骨焊接工位

纵骨焊接工位功能：利用多电极，实现多纵骨焊接作业。配置输送装置、纵骨焊接装置等。

⑥缓冲及横移工位

缓冲及横移工位功能：利用横向移出装置，将焊接纵骨完成的工件分流至肋板安装工位，保证作业均衡。配置输送装置、横向移出、液压台车及液压起重装置等。

⑦肋板安装工位

肋板安装工位功能：利用电动绞车，拉入装配肋板纵桁，并进行定位焊。一般布置两个肋板安装工位。配置电动绞车、焊机、胎架及工夹具等。

⑧肋板焊接工位

肋板焊接工位功能：对装配完成的肋板纵桁进行焊接作业。一般布置两个肋板焊接工位。配置电动绞车、焊机、胎架及工夹具等。

在肋板焊接工位可采用机器人代替手工进行焊接作业。目前较为常见的两种焊接机器人应用方式，如图4-7和图4-8所示。

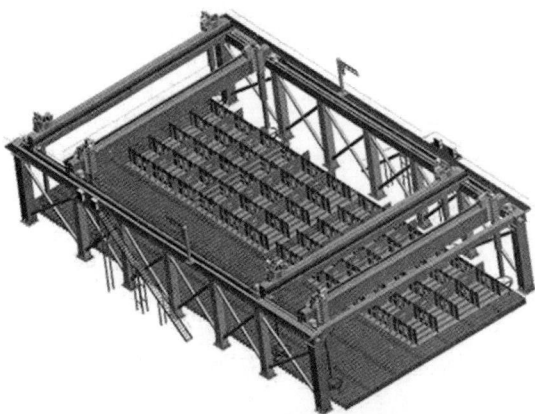

图4-7　门架式焊接装置

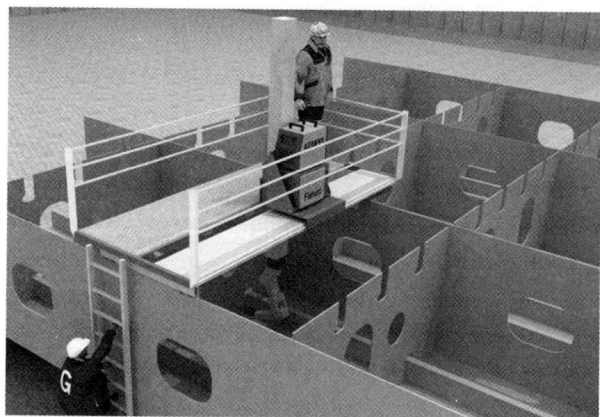

图4-8　轨道式焊接装置

⑨预舾装工位

预舾装工位为预留工位。

⑩运出工位

运出工位功能：将加工完成的船体分段运输至合龙车间，进行搭载合龙，形成小节段。

（2）关键硬件设备要求

由于目前大部分企业已经配置分段生产线，在此基础上，可配置肋板自动焊接设备，根据需求选择适合的形式，提升船体分段的建造质量和效率。同时，应配置过程数据采集装配，掌握生产线的动态数据，利用平板进行展示，提升管理精细化程度。

（3）软件系统要求

①针对肋板焊接工位，可采集焊接件数、开关机时间、设备维修保养信息等制造关键数据接口，提供接口文档；

②对平面分段流水线加工过程，加工自动或人工采集设备，进行全过程数据采集；

③可通过平板实时显示整条生产线的物流状态信息，以及各个工位的工作状态。

4.3.5 曲面分段智能化焊接实施方案

（1）曲面分段智能化焊接解决方案

以船舶曲面分段智能化焊接需求为指引，围绕拼板焊接、纵骨焊接、肋板焊接等关键工艺环节，提出曲面分段智能化焊接解决方案，开展适用于曲面分段的大间隙拼板、大曲率拼板、曲面分段纵骨等智能焊接工艺研究，突破三维曲线焊缝识别、路径规划、焊接自适应控制等关键技术，打破国外关键核心技术封锁，开发曲面分段智能化焊接装备，支撑国内骨干造船企业进行示范应用。

（2）曲面拼板大间隙埋弧智能焊接装备方案

针对曲面分段大间隙拼板智能埋弧、智能焊接对象的特征，结合曲面智能埋弧焊接工艺的结果，开展船舶智能制造试验验证平台的关键技术突破、控制系统的开发、验证平台的集成与调试等工作。为保证大间隙拼板智能化焊接质量，根据实时焊缝曲率，对焊枪角度进行自适应调整；运用线激光跟踪技术，实现大间隙拼板变间隙坡口的自适应跟踪，匹配最优焊接工艺参数。最终开发出适用于拼板大间隙埋弧智能焊接的装备，并在船厂进行平台应用示范，为曲面拼板大间隙埋弧焊接技术在行业内推广提供技术指引。

曲面拼板大间隙埋弧智能焊接装备主要由无导轨行走机构、埋弧焊机头总成、焊枪及调整滑台、焊接电源、焊缝视觉识别系统、工控机控制系统、电气及运动控制系统等构成。由无导轨行走机构、埋弧焊机头总成、焊枪及整滑台组成的焊接小车及目标焊件如图4-9所示。

图 4-9　曲面拼板大间隙埋弧智能焊接装备示意图

（3）大曲率拼板智能多丝气体保护焊接装备方案

针对大曲率拼板多丝气体保护智能焊接对象的特征,结合曲面智能气体保护焊接工艺的结果和试验平台的关键技术,开展控制系统开发、平台集成与调试等工作。为保证大曲率拼板智能化焊接质量,根据实时焊缝曲率,对焊枪角度进行自适应调整,并匹配最优焊接工艺参数。最终开发出适用于大曲率拼板智能多丝气体保护焊接试验的装备,并在船厂进行平台应用示范,为大曲率拼板智能多丝气体保护焊接技术在行业内推广提供技术指引。

大曲率拼板多丝气体保护智能焊接装备主要由钢制门架结构、焊接机器人、焊接系统等硬件结构,以及电气和运动控制系统、焊缝识别定位系统、焊缝跟踪系统、气保焊工艺数据库及焊缝自适应系统等软件系统组成,如图 4-10 所示。

图 4-10　大曲率拼板智能多丝气体保护焊接装备示意图

（4）曲面分段纵骨智能焊接装备方案

针对曲面分段纵骨智能焊接对象的特征,结合曲面分段纵骨智能焊接工艺试验结果以及焊缝识别、焊缝自适应跟踪技术,开展焊接验证平台总体设计研究、控制系统集成与验证研究,最终开发出适用于曲面分段纵骨智能焊接的焊接验证平台,并在船厂进行示范应用,为曲面分段纵骨智能焊接技术在行业内推广提供技术指引。

曲面分段纵骨激光复合焊接验证平台主要由钢制门架结构、焊接机器人、激光复合焊接设备、线激光传感器以及相关安全设备等硬件结构,由离线仿真软件、焊缝寻位系统、焊缝自适应跟踪系统、焊接工艺数据库构成的软件系统,以及由机器人控制系统、集成控制系统、电气控制系统构成的控制系统组成,如图4-11所示。

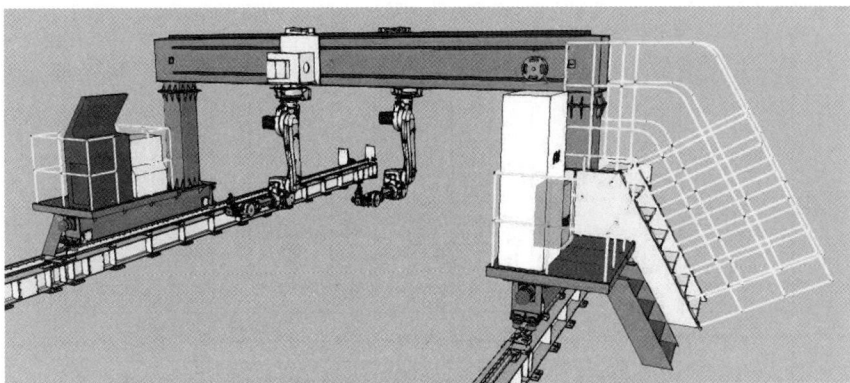

图4-11 曲面分段纵骨智能焊接装备示意图

4.4 船体分段智能车间管控体系要求

4.4.1 船体分段智能车间管控体系

船体分段智能车间管控系统主要由生产管理、物流管理、质量管理以及设备管理等功能模块组成,如图4-12所示。各个功能模块中又分别包含一个或多个子功能模块和基础设施。

通过设备联网、标识等技术,应用数据实时采集与监控系统,实现设备实时监控,加工和检测数据实时采集,达到数据实时感知、分析和处理的动态管理的目的。再通过与生产线控制系统的交互,可以对生产、品质、设备的整体状况进行实时的过程控制。

生产线控制系统和SCADA与MES进行交互,进行作业执行指令、生产质量数据、设备运行数据、收发物料数据的传递与反馈。

通过控制层采集到的以及执行层中的大量数据进入决策层,通过数据中心及生产仿真中心,应用大数据分析技术和数字孪生技术进行数据挖掘和仿真分析,得到预测性分析结果,提交给决策分析平台和移动终端,进行优化方案的上传及下达。

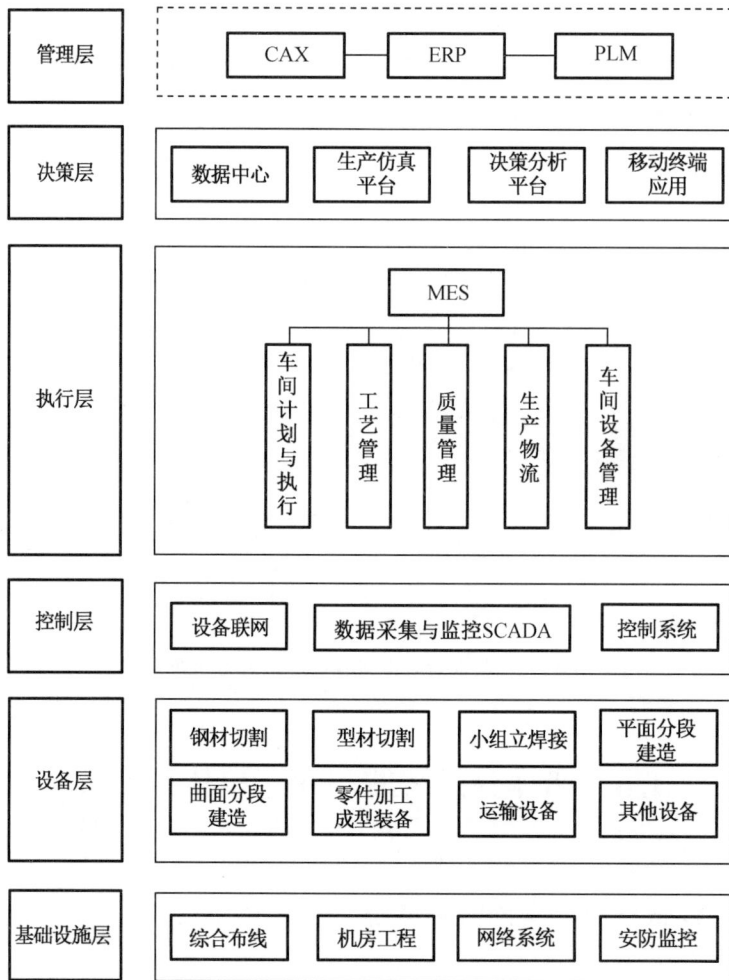

图 4-12 船体分段智能车间管控系统体系

4.4.2 船体分段智能车间管控体系各层级要求

4.4.2.1 控制层要求

（1）设备联网的要求

①应具备完善的档案信息，包括编号、描述、模型及参数的数字化描述；

②应具备通信接口，能够与其他设备、装置以及执行层实现信息互通；

③应能接收执行层下达的活动定义信息，包括为了满足各项制造运行活动的参数定义和操作指令等；

④应能向执行层提供制造的活动反馈信息，包括产品的加工信息、设备的状态信息及故障信息等；

⑤应具备一定的可视化能力和人机交互能力,能在车间现场显示设备的实时信息及满足操作的授权和处理相关的人机交互。

(2)SCADA 系统的要求

①SCADA 系统是以计算机为基础的生产过程控制与调度自动化系统,它可以对现场的运行设备进行监视和控制;

②SCADA 系统主要由监控计算机、远程终端单元(RTU)、可编程逻辑控制器(PLC)、通信基础设施、人机(HMI)界面组成;

③具有大数据处理能力,配置可提供扩展 10 万点的能力,满足目前需求并具有可扩展性;

④具有数据备份与恢复功能,各中心的实时数据库系统提供对数据库的在线备份和故障恢复工具,当数据库系统出现完全故障后,也能迅速恢复到故障前的状态;

⑤具有报警管理功能,可根据用户、区域、设备等分配报警类型、优先级、报警过滤,能对某一个具体报警进行相关属性的历史报警过滤;

⑥支持通信冗余,在主链路通信失败后,能够通过备用通信链路建立连接;

⑦实时数据库应具备完整的系统套件功能,可提供人机界面组件、报警/报表管理组件、遥测通信管理组件;

⑧数据接口功能支持多种连接工具,可与其他数据库系统进行数据交换,支持其他系统和企业级数据库的数据交互;

⑨提供标准 SCADA HMI 功能,具有图形化人机交互界面和动态图形创建与管理能力,支持图形化组态、图形开发功能、自定义图库、历史曲线功能、报表功能(数据处理能力);

⑩应采用符合人类思维模式的面向对象的方式来组织数据库的管理,实现以设备为单位的监控模式,便于设备维护和故障诊断,提高数据检索查找的速度及效率;

⑪支持强大的数据检索功能,支持数据存储方式、数据分辨率和检测边界的能力,支持指定时间内数据查询和从任意服务器获取数据,并具备通用数据统计功能;

⑫内置编程功能,提供对监控点的采样数据进行处理计算技术;

⑬数据库需提供与其他的数据库系统方便集成的接口或驱动,实现单向数据传输;

⑭支持标准通信协议及定制扩展通信协议,实现无缝集成。

4.4.2.2 执行层要求

(1)车间计划与执行要求

船体分段智能车间从企业生产部门获取车间生产计划,根据船体分段工艺形成工序作业计划,根据生产计划要求和船体分段智能车间可用资源进行详细排产、派工。将作业计划下发到现场,根据船体分段工艺执行管理模块指导生产人员/或控制设备按计划和工艺进行加工。分段加工生产执行过程中,实时获取分段加工生产相关数据、跟踪生产进度,并根据现场执行情况的反馈实时进行调度。

(2)工艺执行与管理要求

船体分段智能车间工艺执行与管理信息集成模型,主要包括工艺执行与工艺管理两部分。工艺执行由船体分段车间子计划/物料清单生成、派工单生成、作业文件下发等构成。船体分段加工工艺执行贯穿于计划、质量、物流、设备等全生产过程中;船体分段加工工艺管理功能可以在 MES 等相关系统中实现,船体加工工艺文件以计算机可识别的数据结构实现。

(3)生产过程质量管理要求

船体分段智能车间生产过程质量数据采集(主要包括分段加工设备工艺控制参数、质量检测设备检测结果、人工质量检测结果等生产过程数据)、质量管理各功能及与外部功能和系统之间的信息集成。

(4)生产物流管理要求

生产物流管理功能模块应包括物流规划、物流调度及优化、物料领取与配送、立体仓库的管理;其中物流规划应满足物流批量与工艺指令相匹配,合理安排转序时间间隔,用准确的物料流量来满足船体分段工艺执行岗位操作需要。

(5)车间设备管理要求

船体智能车间设备主要包括数字化加工装备和数字化辅助装备。设备管理功能模块包括设备状态监控、设备维修维护和指标运行分析,各功能之间及外部功能与系统之间信息集成。

4.4.2.3 决策层要求

(1)数据中心要求

数据中心包括以下5个基本方面。

①数据挖掘算法。包括集群、分割、孤立点分析算法以及其他算法。该算法通过深入数据内部,挖掘数据价值。这些算法不仅要处理大数据的量,还要处理大数据的速度。

②预测性分析能力。数据挖掘可以让分析员更好地理解数据,而预测性分析可以让分析员根据可视化分析和数据挖掘的结果做出一些预测性的判断。

③语义引擎。由于非结构化数据的多样性带来了数据分析的新挑战,需要一系列的工具去解析、提取、分析数据。语义引擎需要被设计成能够从"文档"中智能提取信息。

④数据质量和数据管理。数据质量和数据管理是一些管理方面的最佳实践。通过标准化的流程和工具,对数据进行处理,可以保证取得一个预先定义好的高质量的分析结果。

⑤数据仓库。数据仓库是为了便于多维分析和多角度展示数据,按特定模式进行存储

所建立起来的关系型数据库。按主题对数据进行查询和访问,为联机数据分析和数据挖掘提供数据平台。

（2）车间仿真中心要求

①实现船体分段建造智能车间布局的仿真与优化;

②实现船体分段建造智能车间生产的仿真与优化;

③实现船体分段建造智能车间物流的仿真与优化;

④实现船体分段建造智能车间生产线布局的仿真与优化;

⑤实现船体分段建造智能车间生产线作业的仿真与优化。

（3）决策分析平台要求

①通过数据中心分析得出的预测性结果在决策分析平台经过可视化展示出来,并整理成优化方案用于车间运行;

②通过车间仿真中心得出的预测性结果在决策分析平台通过可视化展示出来,并整理成优化方案用于车间运行;

③与企业资源管理系统和车间生产制造执行系统进行交互,数据信息与移动终端同步;

④可视化功能包括数据中心可视化、生产仿真可视化、车间生产执行系统各功能模块(车间生产计划与调度、工艺执行与管理、生产过程质量管理、生产物流管理、车间设备管理)可视化,车间设备状态监控、车间能耗状态监控、车间物流状态监控、车间人员作业监控。

（4）移动终端要求

①方便携带,如手机等;

②与决策分析平台同步;

③车间指令及时传递;

④车间状态及时反馈。

4.4.3　船体分段智能车间管控功能需求

船体分段智能车间制造系统包括各环节智能装备、智能单元、智能生产线,如条材、型材、小组立、中组立、平面分段和曲面分段智能单元/生产线等,个性化输入和输出要求,包括从分段建造的制造工艺、智能装备、辅助工装、质量、精度、生产线管控、车间智能管控等方面与车间互联互通平台、设计系统之间的相互关系等。

利用物联网、大数据、5G等新一代信息技术,以实现生产装备的数字化、生产要素的网络化、生产管控的智能化为方向,从生产单元调度、作业计划排产、资源分配与状态、设备应用及维护、产品跟踪、工业规格标准、绩效分析、过程管理、质量管理、精度管控、安全管理、数据采集以及人员管理等方面管控联合车间,在生产关键工艺环节建立实时感知、动态分析、智能决策及精准执行的智能管控模式,提高制造效率,降低制造成本,提高产品建造质量。

针对船舶分段生产中的零件加工作业区、部件装焊作业区、集配作业区、平面分段作业区,构建联合车间,包括数字化堆场、钢材自动化预处理流水线、钢材自动化切割流水线、冷热加工、中小组立机器人焊接生产线、激光焊接生产线、分段车间数字化测量场、数字化物流、车间多工位和车间看板等功能;建设车间级工业物联网,形成涵盖智能单元、智能生产线、感知系统,建设设计和制造过程数据、计划排产、仓储、物流、精度等过程执行智能管控系统,支撑联合车间制造过程数据实时采集、分析、控制及反馈执行的闭环管控机制,全面提高船体分段建造质量和效率水平。管控联合车间,实现船体零件从划线下料、切割、成型加工、边缘加工等生产工序的作业管理和日程计划安排,包括分段加工材料信息管理、分段加工工作量信息管理对分段加工过程的跟踪管理、对炉批号和检验合格编号的跟踪管理、船体零件配送管理、钢材余料管理等。联合车间管控功能框架如图 4-13 所示。

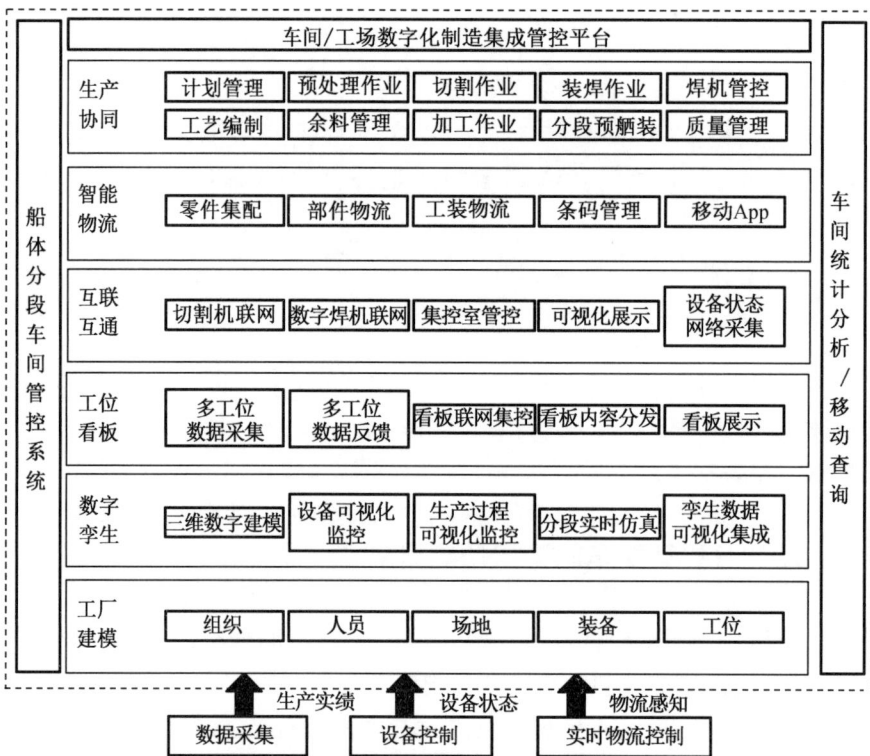

图 4-13 联合车间管控功能框架

4.5　船体分段智能车间关键技术

按照船体分段智能车间总体架构,分别从三维设计、工艺设计、建造装备、物流系统、车间制造执行系统和大数据决策分析等方面提出了船体分段智能车间的关键技术,具体如下。

(1)面向智能制造的单一数据源建模技术

围绕船舶全生命周期管理,开展船舶智能制造的单一数据源建模方法研究,应用模型定义技术,构建从基本设计、详细设计到生产设计一体化的三维设计数字模型。深化基于单一数据源的"设计、生产、管理"的一体化设计,保证设计信息具备完整性,设计数据源具备单一性,满足造船全生命周期设计信息管理要求。

(2)船体分段典型作业环节工艺智能化设计技术

针对船舶建造过程加工成型、船体焊接、船体结构件装配、分段肋板焊接等工艺环节存在效率低、自动化程度不高等问题,分析目前各环节存在瓶颈工位,开展各环节工艺智能化设计技术研究与应用,支撑智能制造技术与装备在各环节的应用。

(3)数控设备智能互联互通技术

通过实施设备物联网,将制造车间中的所有工位设备、机器人、AGV等数控设备实现互联互通,包括加工程序的网络化传输、设备状态的远程自动采集、工业大数据智能化分析与可视化展现,生产设备由信息化孤岛变为一个个信息化节点,物理设备融入赛博空间,构成一个设备层面的CPS系统,这是MES的物理基础,也是实现船舶分段智能车间全面管理与控制的桥梁。

(4)复杂曲面焊缝的焊接轨迹与姿态自适应控制技术

曲面分段中的复杂曲面焊缝,尤其是拼板焊接中的大间隙拼板焊接、大曲率拼板焊接、纵骨焊接中的开放式焊缝与大曲率焊缝焊接,肋板焊接中的交叉结构焊缝与小型补板焊缝的焊接,都需要在焊接过程中对焊接轨迹进行实时跟踪。通过对工艺参数的实时监测,调整焊枪姿态,确保焊接路径与规划路径或与焊缝吻合,实现焊接轨迹自动纠偏与焊接姿态自适应调整,从而保证焊接质量。

(5)基于数据流传输的智能化生产线集成控制技术

针对船舶建造中管加工种类繁多、部分具有批量的特点,研究突破在管法兰生产线上基于数据流传输的智能化生产线集成控制技术,通过智能化控制系统对船用管法兰加工过程进行实时识别、智能分理、智能下料、智能装配焊接,实现船舶行业从管子下料到管法兰焊接成品的全过程无人化生产。

（6）车间排产建模和多层级自适应调整技术

由于船体分段车间的车间排产问题涉及车间空间资源的优化配置，而分段形状多样，使得船体分段车间的排产比传统的车间排产问题难度增加了很多。本关键技术针对船体分段的尺寸多样化以及与各车间场地在空间尺寸上的相互制约关系，在车间场地上分段投影二维布局的基础上，引入时间维度，从时间和空间两方面着手，进行基于空间约束的车间计划调整。

（7）面向车间管控的大数据决策技术

针对船体分段过程中"信息孤岛"问题严重，缺乏数据价值挖掘的现状，以大数据、云计算、移动互联网等技术为基础，重点攻关船舶建造过程状态数据感知、实时监控、智能决策等技术研究，掌握船体分段建造过程中的大数据采集、预处理、存储、分析挖掘、可视化等技术，逐步推动大数据决策技术在建造过程中的应用，大幅提升船体分段建造过程管控和系统决策能力与水平。

4.6 船体分段智能车间实施策略与路径

4.6.1 实施策略

充分结合船体分段建造的特点，重点围绕切割、装配、焊接等重点生产流程环节，在对现有机械化、半自动化等设备进行数字化改造的基础上，分两个阶段逐步实施建设中间产品生产线到智能车间。

（1）初步建立高度自动化与柔性化的中间产品智能生产单元/线

瞄准中间产品建造关键环节，从型材、条材、部件、组立、分段等方面开展试点，围绕单项/多项生产工艺"数据采集—状态监测—精准执行—反馈控制"过程，建设完善设备实时数据采集系统、在线质量检测系统和高效生产线仿真与智能物流系统，开展智能能源管理与智能安全生产监控研究及平台建设，推进关键加工工序数字化水平提升，达到工装自动化、工艺可视化、控制智能化和管理精细化。

（2）初步建成高效集成化的智能车间

围绕中间产品连续生产过程，加快现场总线、以太网、物联网和分布式控制等技术应用，建立车间级现场网络，系统集成智能生产线与设备单元，构建虚实一体制造信息物理系统。以制造大数据和知识重用为基础持续优化车间制造过程，形成涵盖智能单元、智能生产线、数据采集与感知和智能管控系统等完整高效的智能车间。

4.6.2 实施途径

按照"总体规划、分步实施"的原则，兼顾各个造船企业的实际需求，不断进行船体分段建造装备数字化升级和新建装备投产,安装部署车间制造执行系统,在新智能制造模式下,转变管理思路和方法,进而有序推进船体分段智能车间的建设。

(1)做好顶层规划

根据各个造船企业生产纲领,论证提出船体分段智能车间总体架构和实施方案,建议列入"一把手"工程,确保规划有序推进。

(2)夯实基础设施

按照确定的船体分段智能车间实施方案,进行车间综合布线、机房工程、网络系统的建设,同时,配置安全防护系统,构建车间基础设施层。

(3)补齐装备短板

针对原有装备,通过访问或加装传感器等方式进行数字化技术升级,打通数据接口;针对新配装备需求,提出数字化装备要求,健全车间设备层。

(4)打通数据交换通道

在设备层建立的同时完善设备联网的建设,明确生产单元/线控制系统架构,统一数据传输协议,进一步引入SCADA系统,完善车间控制层。

(5)部署功能模块

各个造船企业根据自身需要,在建议安装部署车间生产计划执行、工艺管理、质量控制、生产物流、车间设备管理五大模块的基础上,进一步选择部署,丰富车间管控层。

(6)实现决策分析

基于上述功能,通过数据中心及生产仿真中心,应用大数据分析技术和数字孪生技术进行数据挖掘和仿真分析,得到预测性分析结果,提交给决策分析平台和移动终端,扩展车间决策层。

4.7 本章小结

本章分析了船体分段智能车间制造过程现状,船体分段智能车间总体架构与数据流通机制,为由数据驱动的船舶智能制造打下坚实的基础。结合船体分段智能车间的典型生产对象、生产纲领,提出了智能制造条件下由各类智能生产线、智能生产单元以及相关辅助设备设施组成的车间总体布局和流程优化。本章还分析了船体分段智能车间的关键技术,提出了船体分段智能车间的管控体系要求,并提出了船体分段智能车间的实施策略和路径,引领和指导国内造船企业进行船体分段智能车间的规划、建设和交付验收。

第 5 章 管子加工智能车间解决方案

5.1 概　　述

本章针对管子加工智能车间的建设需求,在分析管子加工智能车间的国内外现状的基础上,提出了管子加工智能车间总体架构与数据流通机制,形成了管子加工智能车间布局设计,明确了车间管控系统功能模块及其要求,指出了管子加工智能车间的实施路径,有效地指导了我国造船企业船体智能车间改造升级、规划设计和验收交付。

5.2　管子加工智能车间总体架构与数据流通机制

5.2.1　总体架构

基于《数字化车间　通用技术要求》中智能车间体系结构,结合智能车间自感知、自决策、自执行的功能特点,将管子加工智能车间总体架构划分为基础设施层、设备层、控制层、执行层、决策层共 5 个层级,如图 5-1 所示。

(1)基础设施层

基础设施层由网络系统、工位一体机、车间大屏、综合布线、安防监控、机房工程等组成。该层可保证车间各项数据稳定、安全地进行传输。

(2)设备层

设备层包括由立体仓库、切割打磨设备、法兰装配焊接设备、弯管设备等组成的管子加工智能生产线,附件仓库,短管焊接设备,三通焊接设备等。车间加工设备应实现加工数据、工艺信息和管理信息的网络化传递、数字化控制、智能化加工。

(3)控制层

控制层主要包括设备联网、管子标识系统、智能生产线控制系统、SCADA 系统。通过设置统一的 SCADA 系统,实现设备实时监控,加工和检测数据实时采集,达到数据实时感知、分析和处理的动态管理的目的。

（4）执行层

执行层是管子加工智能车间总体架构的核心层，主要包括车间生产计划与调度、工艺执行与管理、生产过程质量管理、生产物流管理、车间设备管理等功能模块。通过 MES，从上层系统接收管子加工的生产任务，经过分解处理后，向下层系统发出生产指令及工艺技术文件，实现管子加工车间生产计划、工艺文件、设备等制造资源的智能化管理。

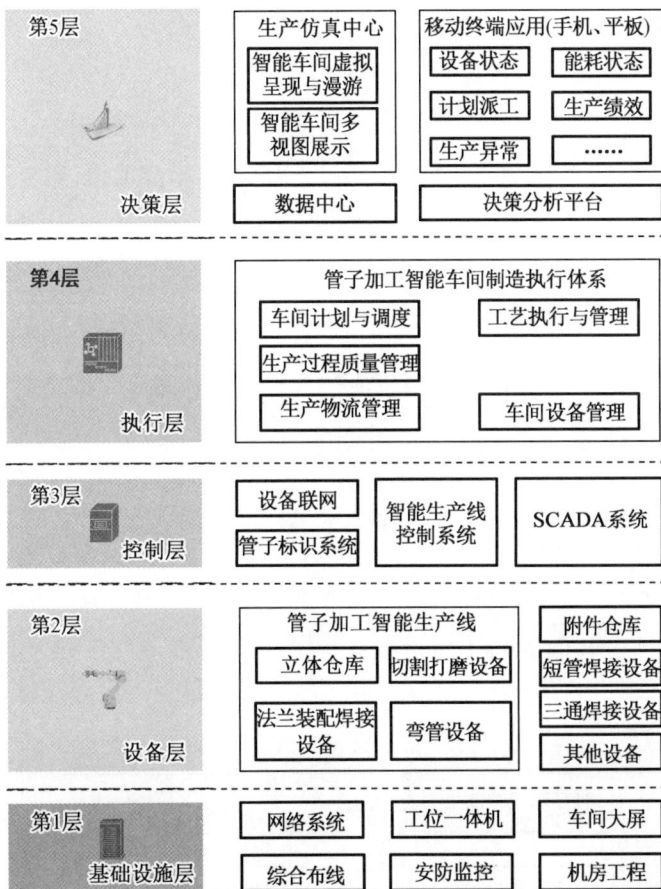

图 5-1　管子加工智能车间总体架构

（5）决策层

决策层包括数据中心、决策分析平台、生产仿真中心、移动终端应用等模块。数据中心主要应用大数据分析技术进行数据挖掘、预测性分析以及具备数据仓储的功能；决策分析平台利用数据中心分析预测的结论形成可视化的领导驾驶舱；生产仿真中心基于三维虚拟车间建模与仿真，利用数据中心的数据，实现智能车间虚拟呈现与漫游以及智能车间多视图展示；移动终端应用可将设备状态、能耗状态、计划派工、生产绩效、生产异常等信息显示在手机或者平板上，并给出决策指令，实现管子加工车间的自决策。

车间内部信息系统和各功能模块、基础设施之间以及外部信息系统均通过车间总线进行系统集成。

5.2.2 数据流通机制

管子加工智能车间是以网络传输加工数据驱动生产设备为基础,管件采用条形码、二维码或 RFID 及法兰打码等标识方式记录并传递信息。管子加工智能车间数据流通机制如图 5-2 所示。

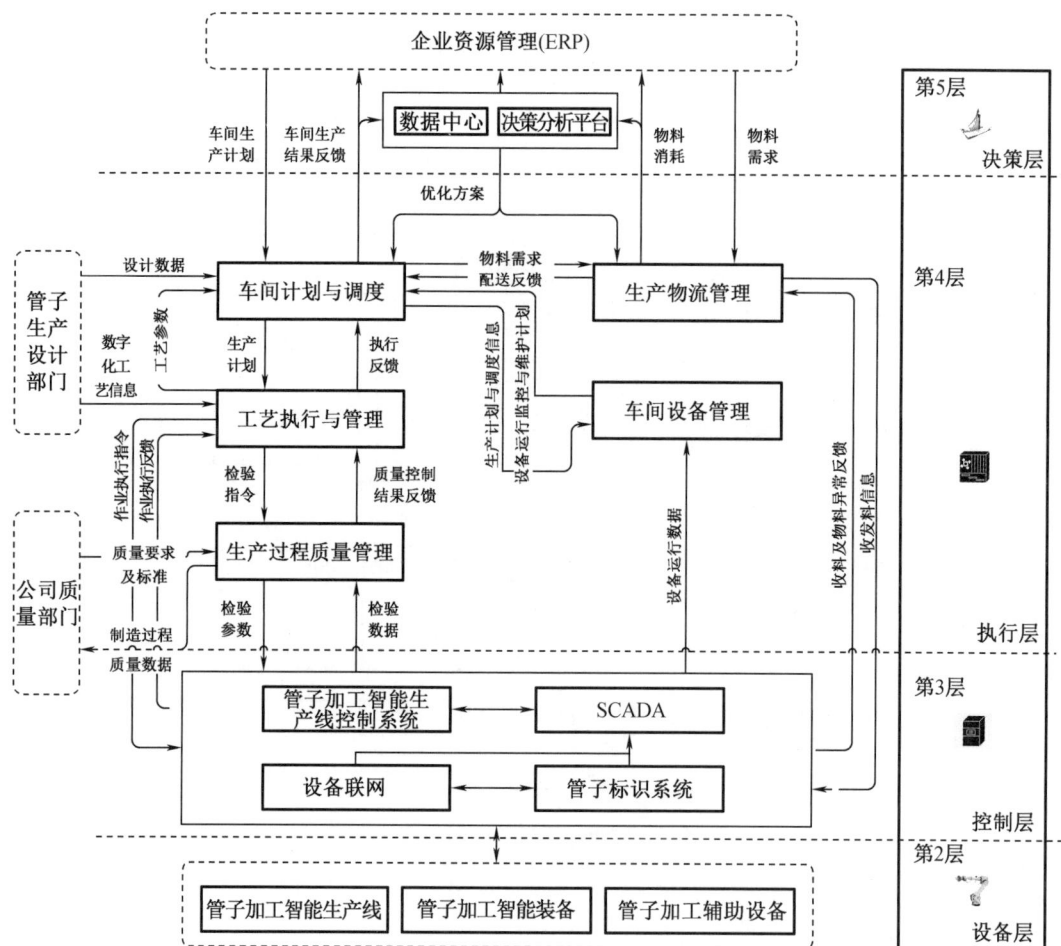

图 5-2 管子加工智能车间数据流通机制

从上层系统、设计部门、质量部门接收管子加工的生产计划、设计数据、工艺信息和质量要求及标准,经过执行层分解处理后,向控制层及设备层发出生产指令及工艺技术文件。与此同时,从控制层接收生产现场的实时生产进度、物料、质量和设备信息等数据,对实时数据进行及时加工和处理,并向上层系统反馈生产计划的执行结果,实现计划、物料、质量、工艺技术文件和制造资源的数字化有效管理和制造过程监控。

（1）系统从企业资源承接分配到车间的生产订单，在车间生产计划与调度模块依据工艺路线分解为工序作业计划，排产后下发到现场。

（2）工艺执行与管理模块指导现场作业人员或者设备按照数字化工艺要求进行生产，并采集执行反馈给车间生产计划与调度。若生产过程中出现异常情况，不能按计划完成，须迅速协调各方资源，通过系统进行调度以满足订单需求。

（3）工艺执行过程中若需进行检验控制，由生产过程质量管理模块将检验要求发送给检验员或者检验设备执行检验，并采集检验结果提交给公司质量部门，进行质量监控和追溯。

（4）生产现场需要的物料，根据详细计划排产与调度结果，发送相应物料需求至生产物流管理模块，由仓库及时出库并配送到指定位置；生产完成后将成品入库，实现生产物料的管理、追踪及防错。

（5）生产过程的工艺执行、质量控制等结果反馈到车间生产计划与调度，进行实时监控及生产调度，并形成完工报告反馈到更高一层企业资源计划。

（6）车间中大量的设备运维，通过车间设备管理模块统一维护，提醒和指导设备人员定期保养，记录维修保养结果。设备维修保养计划与工序作业需相互协调，以保证生产正常进行。

（7）车间生产反馈数据和物料消耗数据同时传递到车间决策层中的数据中心和决策分析平台，通过数据梳理、数据挖掘，得到车间运行的优化方案，逐步提高管子加工效率，降低物料及能源成本。

5.3 管子加工智能车间总体布局及流程重组

5.3.1 管子加工中间产品分类成组

船舶管系的管子数量多、规格复杂、工艺多样。常用管子按材料可分为碳钢管、不锈钢管、有色金属管和非金属管；按直径大致可分为小径管、中径管、大径管；按加工特征可分为直管、弯管、带支管管等；按表面处理可分为镀锌处理、酸洗处理、磷化处理等；按内外表面涂装可分为涂漆、内涂塑等。管子分类如图5-3所示。

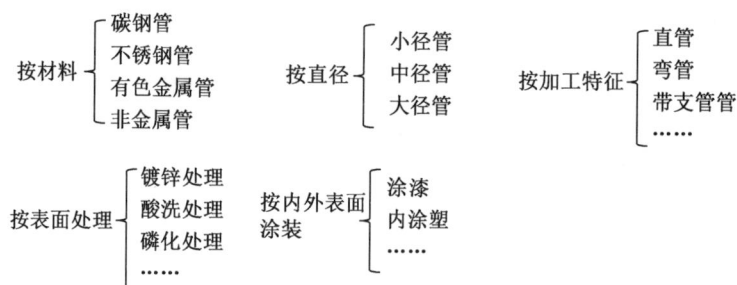

图 5-3　管子分类

重点分析碳钢管的加工过程,每个成组生产单元内,把具有相同工艺过程的相似管件归为一个管件族,在各个钢管生产单元内包含有 9 个管件族,如表 5-1 所示。其中,直管以管件长度,是否带有法兰、套管、支管、附件等状况分为 5 个族。弯管以"先焊后弯""先弯后焊"和支管、套管、附件等状况分为 4 个族。

表 5-1　管子族分类

序号	图例	名称	加工特征
1		纯直管	只进行切割的直管,即纯直管(切割的最短和最长长度需根据切割生产线的设备特性而定)
2		带附件直管	只有法兰(或套管)的短管(短管切割长度根据切割生产线和焊接站的设备特性而定)
3		带支管管	端部没有法兰(或套管),中部有附件、支管
4		带附件支管	只有法兰(或套管)的连接管
5		带支管有附件管	端部有法兰(或套管),中部有支管、附件
6		冷弯曲管	没有任何附件的冷弯曲管

表 5-1(续)

序号	图例	名称	加工特征
7		先弯后焊 弯管	在先弯后焊管上安装法兰、支管和附件的弯管
8		先焊后弯 无支管 弯管	只进行先焊法兰(或套管)后弯管
9		先焊后弯 有支管 弯管	在先焊法兰(或套管)后弯曲的管上安装支管、附件等混合管

5.3.2　管子加工中间产品工艺流程重组

管子传统加工工艺采用先弯后焊工艺,其设备是单机的,信息和控制均处于孤岛型运行的设备,不能形成生产线。管子加工智能车间采用先焊后弯工艺,应用管子无余量下料、管子测量技术、自动化焊接和数控弯管技术,实现智能制造技术条件下管子加工智能车间各类中间产品制造流程的优化与重组方案,最大限度地实现数字化先焊后弯加工流程,提高管子加工效率和质量。

在管子加工智能车间中,小径管和中径管适合先焊后弯工艺,其加工工艺路线如图 5-4 所示,由此带来的变化是:直管上生产线比例增高,人工工位减少,效率提高,焊接质量提升,材料成本降低。但大口径管由于直径过大,变形控制较困难,普遍不适合先焊后弯工艺,其加工工艺路线如图 5-5 所示。

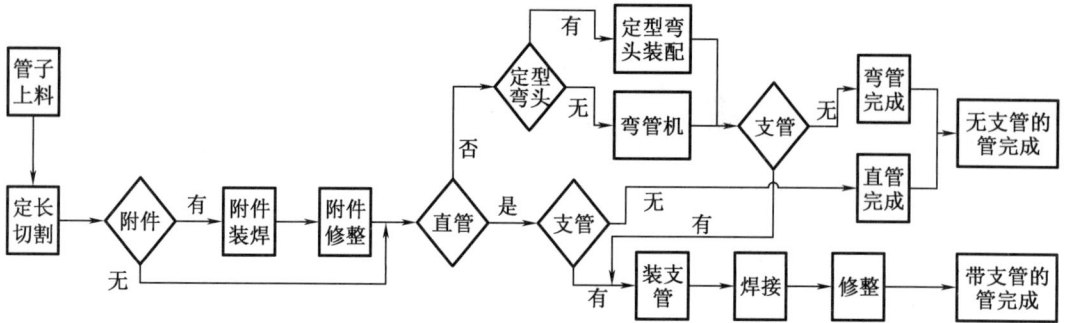

图 5-4　小径管和中径管加工工艺路线

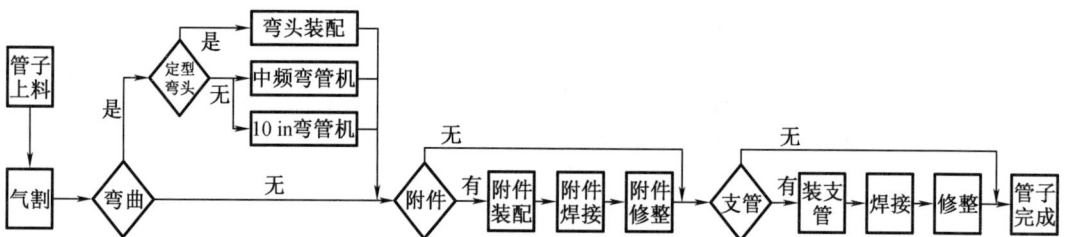

图 5-5　大径管加工工艺路线

5.3.3　管子加工智能车间总体布局设计

车间生产布局的合理规划,已经成为制造企业生产过程中不可或缺的重要环节,直接影响整个车间的总体性能和运行效率。采用一个科学、合理的车间布局,可以大幅提升车间的资源投放效率,由此减少物料的无效搬运,提高物料的加工与运输效率。

管子加工智能车间中,碳钢管、不锈钢管、有色金属管的加工场地在物理上应完全隔离。以碳钢管加工车间为例,符合管子分类成组技术,管子加工智能车间的总体布局设计示意图如图 5-6 所示。

中径管智能加工区采用智能加工管子加工智能生产线,该生产线由立体仓库工位、切割工位、装配焊接工位以及弯管工位组成。

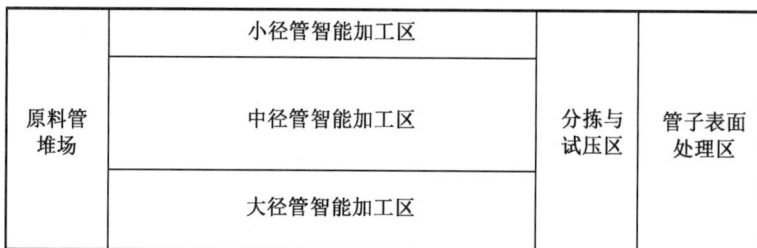

原料管堆场	小径管智能加工区	分拣与试压区	管子表面处理区
	中径管智能加工区		
	大径管智能加工区		

图 5-6　管子加工智能车间总体布局设计示意图

小、大径管由于直径限制,通常采用离散作业方式生产,配置切割机、焊接机、大管径组对机等单机设备。但在智能车间内,仍需采用设备联网技术将单机设备连接起来,实现设备与工件的互联,实时感知管件的加工状态及位置等信息。

5.3.4　管子加工智能生产线

管子加工智能生产线由立体仓库工位、切割打磨工位、装配焊接工位以及弯管工位组成,如图5-7所示。该生产线具有自动下料、定长切割、自动切割马鞍口与相贯线、自动坡口处理、直管法兰自动装配焊接、自动弯管、短管法兰自动装配焊接、直管弯头与三通自动焊接等功能。

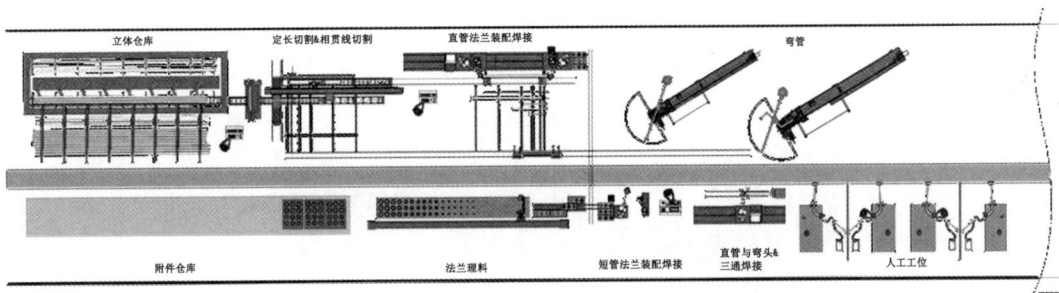

图5-7　管子加工智能生产线示意图

（1）立体仓库工位

立体仓库工位中,管子按规格自动上料,根据生产计划,实现管子自动取料。高8 m的立体仓库可以存储300根原料管,可同时存放6 m及12 m长的原料管,如图5-8所示。

（2）附件仓库及法兰理料工位

附件仓库工位根据法兰直径、厚度分类放置在分拣区,可采用视觉识别系统进行自动分拣;码垛机器人将法兰放在托盘上,沿轨道可以运送到直管法兰装配焊接工位、短管法兰装配焊接工位,如图5-9所示。

（3）切割打磨工位

切割打磨工位具有自动套料、定长切割、自动开坡口等功能,可实现余料及废料分理、马鞍口及相贯线的切割和两端坡口处理,如图5-10所示。

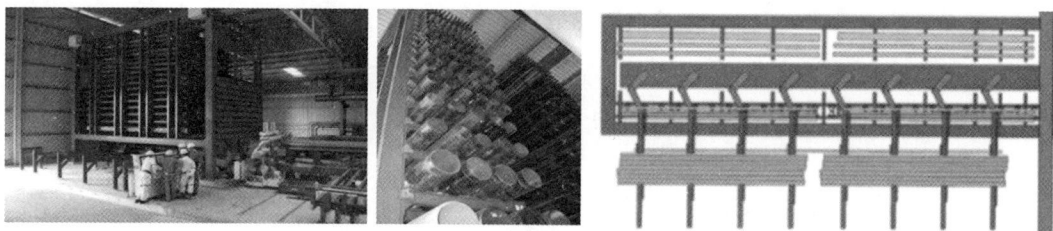

图 5-8　立体仓库工位示意图

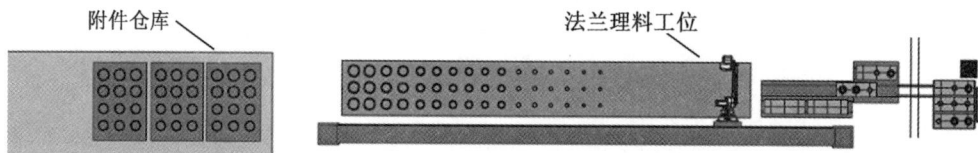

图 5-9　附件仓库及法兰理料工位示意图

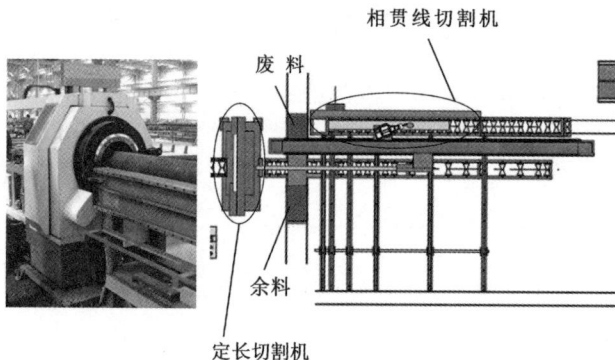

图 5-10　切割打磨工位示意图

(4)直管法兰装配焊接工位

直管法兰装配焊接工位拥有视觉识别系统,能够识别法兰和管子的位置(包括尺寸、中心点、螺栓孔、马鞍口位置等);能够自动完成不同规格的法兰(或套管)的抓取、定位、点焊,以及焊接操作,并实现内外圈同时焊接。直管法兰装配焊接工位示意图如图 5-11 所示。

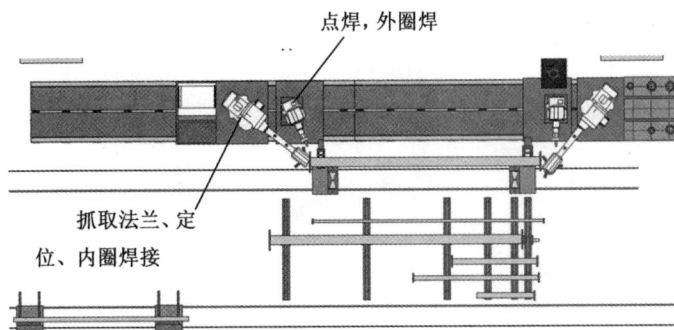

点焊,外圈焊

抓取法兰、定
位、内圈焊接

图 5-11　直管法兰装配焊接工位示意图

（5）弯管工位

在弯管工位中,弯管机采用智能弯管机,具备多管径弯管、自动在线测量、无料报警等功能。通过自动上下料、数据库提前设置补偿量、系统通过读取模型信息,智能切换弯模,达到柔性生产的目的。弯管工位示意图如图 5-12 所示。

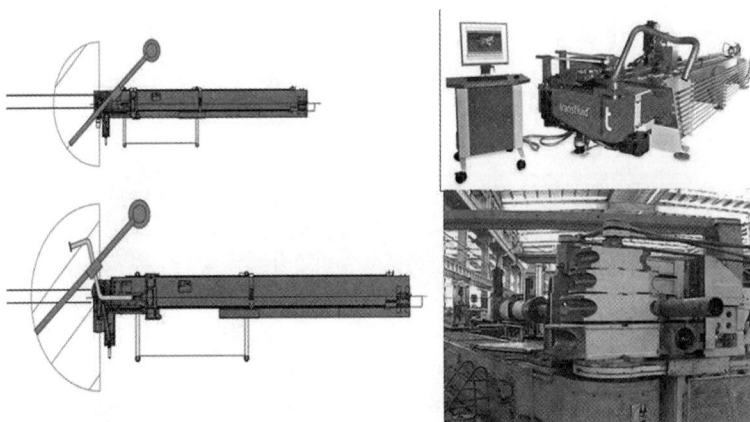

图 5-12　弯管工位示意图

（6）短管法兰装配焊接工位

短管法兰装配焊接工位可实现 100～600 mm 长的直管与法兰自动装配与焊接。操作步骤如下:

①大机器人将管子抓取,固定到卡盘结构上;

②由大机器人抓取所需法兰套入管子,小机器人点焊;

③大机器人和小机器人同时焊接法兰内外圈;

④如需焊接另一端法兰,则由大机器人将点焊完成的管子取下,调转方向再固定到卡盘结构上,重复步骤②～④。短管法兰装配焊接工位示意图如图 5-13 所示。

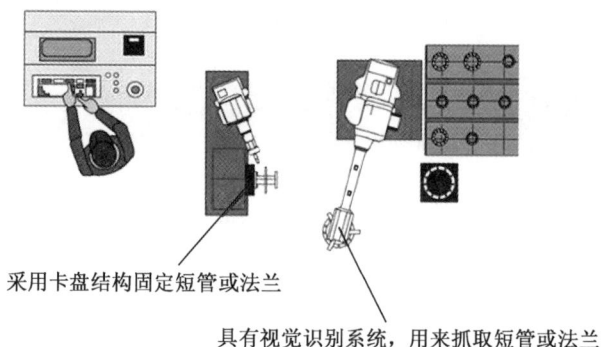

采用卡盘结构固定短管或法兰

具有视觉识别系统，用来抓取短管或法兰

图 5-13　短管法兰装配焊接工位示意图

（7）直管弯头与三通焊接工位

该工位可实现直管与弯头或三通的焊接；该工位对于管长没有特殊要求，其操作步骤分为以下两种情况。

①如果采用外部采购的弯头或三通，其加工表面超差，不适合机器人装配，则需首先在人工工位进行人工装配，然后由该工位的机器人进行焊接。

②如果弯头或三通的表面不超差，则在该工位增加一台小机器人，即能实现直管与弯头或三通的机器人自动装配和焊接。直管弯头与三通焊接工位示意图如图 5-14 所示。

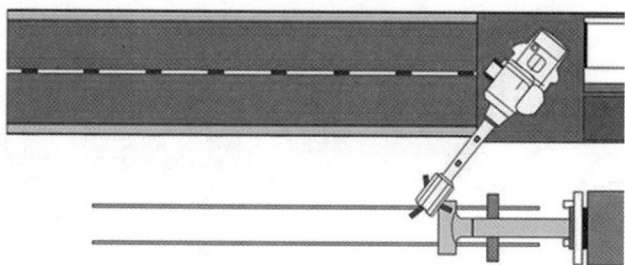

图 5-14　直管弯头与三通焊接工位示意图

（8）物流单元

管子加工智能生产线从立体仓库到切割打磨工位再到直管法兰装配焊接工位均采用辊道运输的方式，如图 5-15 所示。管子在辊道上旋转和夹紧的示意图如图 5-16 所示。

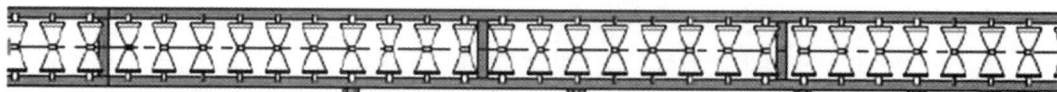

图 5-15　管子辊道运输示意图

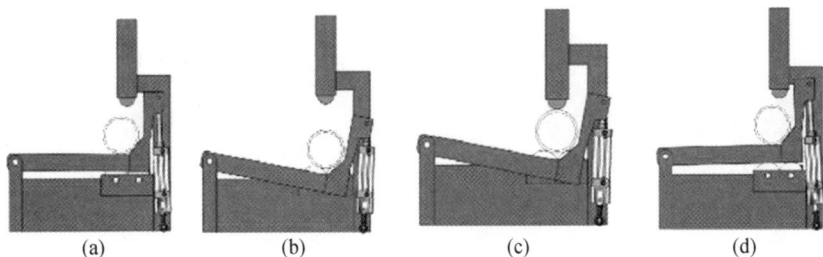

图 5-16　管子旋转夹紧示意图

(9)管子加工智能生产线管控系统

管子加工智能生产线管控系统的作用是建立管子车间执行层与控制层之间的桥梁,可以对生产、品质、设备的整体状况进行实时过程控制。管子加工智能生产线管控系统框架图如图 5-17 所示。

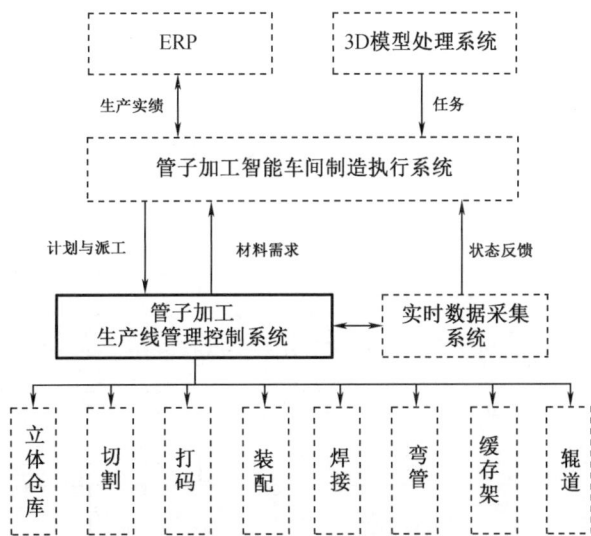

图 5-17　管子加工智能生产线管控系统框架图

控制系统能够实现以下功能:

①分配工位任务;

②监视工作流程;

③材料可追溯;

④监控工件和设备状态。

5.4 管子加工智能车间管控体系要求

5.4.1 管子加工智能车间管控体系

管子加工智能车间管控体系包括车间架构的第 3 层控制层、第 4 层执行层和第 5 层决策层。管子加工智能车间管控体系总体架构如图 5-18 所示。

通过设备联网、管子标识等技术,应用 SCADA 系统,实现设备实时监控,加工和检测数据实时采集,达到数据实时感知、分析和处理的动态管理的目的。再通过与生产线控制系统的交互,可以对生产、品质、设备的整体状况进行实时的过程控制。

生产线控制系统和 SCADA 系统与 MES 进行交互,进行作业执行指令、生产质量数据、设备运行数据、收发料数据的传递与反馈。

随着控制层采集到的以及执行层中的大量数据进入决策层,通过数据中心及生产仿真中心,应用大数据分析技术和数字孪生技术进行数据挖掘和仿真分析,得到预测性分析结果,上传至决策分析平台和移动终端,进行优化方案的上传及下达。

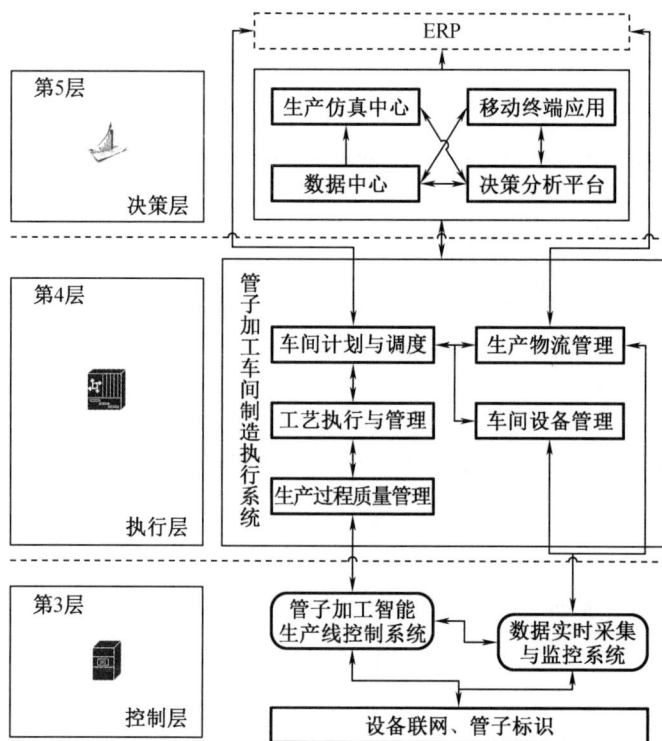

图 5-18　管子加工智能车间管控体系总体架构

5.4.2　管子加工智能车间管控体系各层级要求

5.4.2.1　控制层要求

（1）设备联网的要求

①应具备完善的档案信息，包括编号、描述、模型及参数的数字化描述；

②应具备通信接口，能够与其他设备、装置和执行层实现信息互通；

③应能接受执行层下达的活动定义信息，包括为了满足各项制造运行活动的参数定义和操作指令等；

④应能向执行层提供制造的活动反馈信息，包括产品的加工信息、设备的状态信息及故障信息等；

⑤应具备一定的可视化能力和人机交互能力，能在车间现场显示设备的实时信息及满足操作的授权和处理相关的人机交互。

（2）管子标识的要求

①在条码及电子标签等编码技术的基础上满足生产资源的可识别性，包括生产资源的编号、参数及使用对象等属性定义；

②上述信息采用自动或者半自动方式进行读取，并自动上传到相应设备或执行层，以便生产过程的控制与信息追溯；

③识别信息可具备一定的可扩展性，如利用 RFID 进行设备及执行层的数据写入。

（3）SCADA 系统的要求

①SCADA 系统是以计算机为基础的生产过程控制与调度自动化系统，它可以对现场的运行设备进行监视和控制；

②SCADA 系统主要由监控计算机、远程终端单元（RTU）、可编程逻辑控制器（PLC）、通信基础设施、人机界面（HMI）组成；

③具有大数据处理能力，配置可提供扩展 10 万点的能力，满足目前需求并具有可扩展性；

④具有数据备份与恢复功能，各中心的实时数据库系统提供对数据库的在线备份和故障恢复工具，当数据库系统发生故障后，能迅速恢复到故障前的状态；

⑤具有报警管理功能，可根据用户、区域、设备等分配报警类型、优先级、报警过滤，能对某一个具体报警进行相关属性的历史报警过滤；

⑥支持通信冗余，在主链路通信失败后，能够通过备用通信链路建立连接；

⑦实时数据库应具有完整的系统套件功能，可提供人机界面组件、报警/报表管理组件、遥测通信管理组件；

⑧数据接口功能支持多种连接工具,可与其他数据库系统进行数据交换,支持其他系统和企业级数据库的数据交互;

⑨提供标准 SCADA HMI 功能,具有图形化人机界面和动态图形创建与管理能力,支持图形化组态,还具有图形开发功能、自定义图库、历史曲线功能、报表功能及数据处理能力;

⑩应采用符合人类思维模式的面向对象的方式来组织数据库的管理,实现以设备为单位的监控模式,便于设备维护和故障诊断,提高数据检索查找的速度及效率;

⑪支持强大的数据检索功能,支持数据存储方式、数据分辨率和检测边界的能力,支持指定时间内数据查询和从任意服务器获取数据,并具备通用数据统计功能;

⑫内置编程功能,提供对监控点的采样数据进行处理计算技术;

⑬数据库需提供与其他的数据库系统方便集成的接口或驱动,实现单向数据传输;

⑭支持标准通信协议及定制扩展通信协议,实现无缝集成。

(4)生产线控制系统的要求

管子加工智能生产线管控系统的作用是建立管子车间执行层与控制层之间的桥梁,可以对生产、品质、设备的整体状况进行实时的过程控制。控制系统应满足以下功能要求:

①分配工位任务;

②监视工作流程;

③材料可追溯;

④监控工件和设备状态。

5.4.2.2 执行层要求

(1)车间计划与执行功能要求

管子加工智能车间计划与执行功能模块的要求包括:从企业生产部门获取车间生产计划,根据管子加工工艺形成工序作业计划,根据生产计划要求和管子加工智能车间可用资源进行详细排产、派工;管子加工生产执行过程中,实时获取管子生产加工生产相关数据、跟踪生产进度,并根据现场执行的情况反馈实时进行调度。

(2)工艺执行与管理要求

管子加工智能车间工艺执行与管理功能模块主要包括管子加工工艺数据库、工艺执行、工艺可视化三部分。各自要求如下:

工艺执行由管子车间子计划/物料清单生成、派工单生成、作业文件下发等构成。管子加工工艺执行贯穿于计划、质量、物流、设备等全生产过程中;管子加工工艺管理功能可以在 MES 等相关系统中实现,管子工艺文件以计算机系统可识别的数据结构呈现,存储在工艺数据库中,结合可视化技术便于工人查看使用。

（3）生产过程质量管理要求

管子加工智能车间生产过程质量管理功能模块包括质量数据采集（管子加工设备工艺控制参数、质量检测设备检测结果、人工质量检测结果等）以及质量监控等功能。

（4）生产物流管理要求

管子加工智能车间中所有物料、工具、托盘等都应进行唯一编码。应能自动感知和识别物流关键数据，并通过通信网络传输、保存和利用。

生产物流管理功能模块应包括物流规划、物流调度及优化、物料领取与配送、立体仓库的管理。其中物流规划应满足物流批量与工艺指令相匹配的要求，合理安排转序时间间隔，用准确的物料流量来满足管子加工工艺执行岗位操作的需要。

（5）车间设备管理要求

管子加工智能车间设备管理功能主要包括设备状态监控（状态可视化）、设备维修维护和指标运行分析。

5.4.2.3　决策层要求

（1）数据中心要求

数据中心包括以下5个基本方面。

①数据挖掘算法。包括集群、分割、孤立点分析算法以及其他算法。该算法通过深入数据内部，挖掘数据价值。这些算法不仅要处理大数据的量，还要处理大数据的速度。

②预测性分析能力。数据挖掘可以让分析员更好地理解数据，而预测性分析可以让分析员根据可视化分析和数据挖掘的结果做出一些预测性的判断。

③语义引擎。由于非结构化数据的多样性带来了数据分析的新挑战，需要一系列的工具去解析、提取、分析数据。语义引擎需要被设计成能够从"文档"中智能提取信息。

④数据质量和数据管理。数据质量和数据管理是一些管理方面的最佳实践。通过标准化的流程和工具对数据进行处理，可以保证取得一个预先定义好的高质量的分析结果。

⑤数据仓库。数据仓库是为了便于多维分析和多角度展示数据，按特定模式进行存储所建立起来的关系型数据库。按主题对数据进行查询和访问，为联机数据分析和数据挖掘提供数据平台。

（2）车间仿真中心要求

①实现管子加工智能车间布局的仿真与优化；

②实现管子加工智能车间生产的仿真与优化；

③实现管子加工智能车间物流的仿真与优化；

④实现管子加工智能车间生产线布局的仿真与优化；

⑤实现管子加工智能车间生产线作业的仿真与优化。

（3）决策分析平台要求

①通过数据中心分析得出的预测性结果在决策分析平台通过可视化展示出来，并整理成优化方案用于车间运行；

②通过车间仿真中心得出的预测性结果在决策分析平台通过可视化展示出来，并整理成优化方案用于车间运行；

③与企业资源管理系统和车间生产制造执行系统进行交互，使数据信息与移动终端同步；

④可视化功能包括数据中心可视化、生产仿真可视化、车间生产执行系统各功能模块（车间生产计划与调度、工艺执行与管理、生产过程质量管理、生产物流管理、车间设备管理）可视化，车间设备状态监控、车间能耗状态监控、车间物流状态监控、车间人员作业监控。

（4）移动终端要求

①方便携带，如手机等；

②与决策分析平台同步；

③车间指令及时传递；

④车间状态及时反馈。

5.4.3　管子加工智能车间管控功能需求

管子加工智能制造车间包括大管径直管法兰焊接流水线、中管径直管法兰焊接流水线、小管径直管法兰焊接流水线、直管弯头焊接工位、数控弯管工位等硬件设备，同时，包括物流网，管件加工工艺参数感知网，自动弯管及焊接工艺知识库、车间 MES 等软件系统。通过软硬件协同，实现管子加工自动化与智能化，提高管子加工效率和质量。

管子加工智能车间管控功能主要包括对管子车间计划、调度、设备、生产、效能的全过程闭环管理，满足生产排产计划、工时物量、现场操作、质量检验、设备状态、物料传送、能耗等生产现场数据的采集和自动上传，实现管子加工数据集成和智能分析。管子加工智能车间管控功能框架如图 5-19 所示。

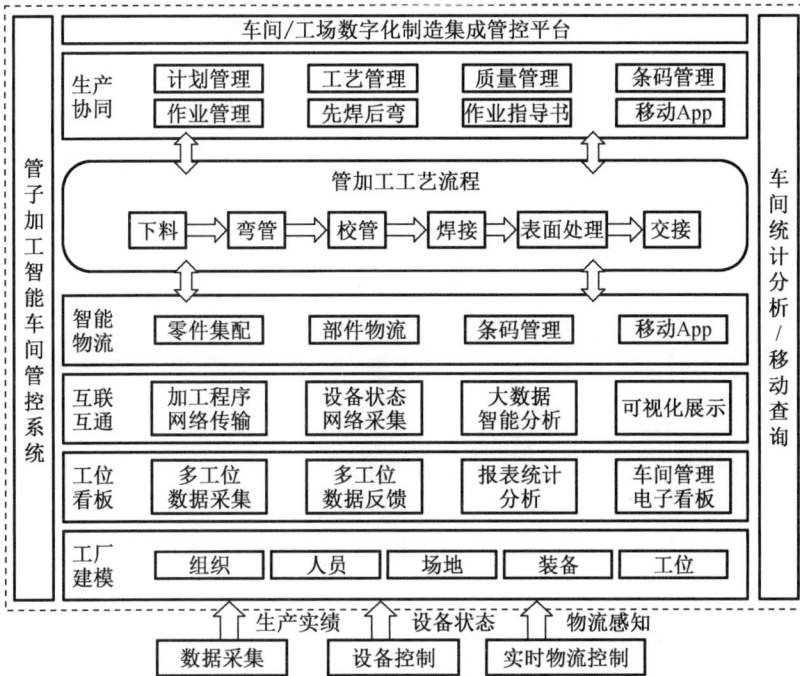

图 5-19 管子加工智能车间管控功能框架

5.5 管子加工智能车间关键技术

(1)"先焊后弯"工艺技术

"先焊后弯"工艺技术的目的是在管子弯制前就把法兰、套管等管子附件焊接在管子上,然后再上弯管机进行弯制。由于附件已经焊在管子上,管子的尺寸在弯制后将不能修改,所以需要保证弯管后尺寸刚好达到要求或在误差允许范围内。"先焊后弯"工艺技术示意图如图 5-20 所示。

图 5-20 "先焊后弯"工艺技术示意图

"先焊后弯"工艺流程是个相当复杂的工艺过程,影响管子弯曲精度的因素很多,因为管子弯曲后的残余弹性变形(俗称回弹)及弯曲过程中的长度延伸是不可避免的,而且没有规律。因此,当管子、法兰等附件焊接后再进行弯曲,其弯管精度即两端法兰在管子弯曲成型后的相对位置的控制是影响管子制造质量的关键所在。而唯一能有效解决的办法是进行试验和积累大量的经验数据,并以这一数据作为依据,进行必要的补偿。进行"先焊后弯"工艺研究需要进行以下工作:

①管子弯制回弹和回弹角的确定;

②管子弯曲所引起的形位尺寸变化的分析;

③管子弯曲过程中伸长量的测量统计分析;

④管子无余量下料的计算;

⑤管子展开后两段法兰相对转角的计算。

采用"先焊后弯"的工艺流程具有以下几点优势:

①法兰在直管状态下装焊,可在水平状态操作,操作安全,劳动强度小,并且有利于采用自动焊或半自动焊,提高管子的装焊质量,同时提升了效率,减轻了劳动强度;

②可以实现管子无余量下料(定长一次切割),减少工序,缩短工艺流程,大大提高管子的综合效率并有效降低成本;

③减少了校管工序,缩短了生产周期。

(2)管法兰组对视觉测量技术

机器人管法兰智能组对焊接主要体现在能够满足不同的目标对象(主要是管件及其匹配的法兰)实现柔性识别与智能组对,结合所识别对象的公差及基准坐标在组对系统中进行实时标定,来实现整个系统物理空间的统一,如图5-21所示。

(a)

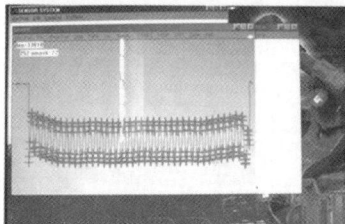

(b)

图5-21 法兰识别系统与参数处理

基于嵌入式技术实现管件外径、圆度以及中心坐标在线图像检测。CMOS 图像传感器采集的管件图像信息转化成数字信号传输到存储器中,再由 ARM 处理器进行图像处理和分析,判断产品的尺寸公差与形位公差。同时,通过对图像 RGB 3 个分量图的分析,挑选合适的分量图进行二值化处理,定位出中心圆孔和法兰安装孔,屏蔽掉无须处理的区域,保留感兴趣的区域,最终实现对法兰的实时在线检测和标定,如图 5-22 所示。

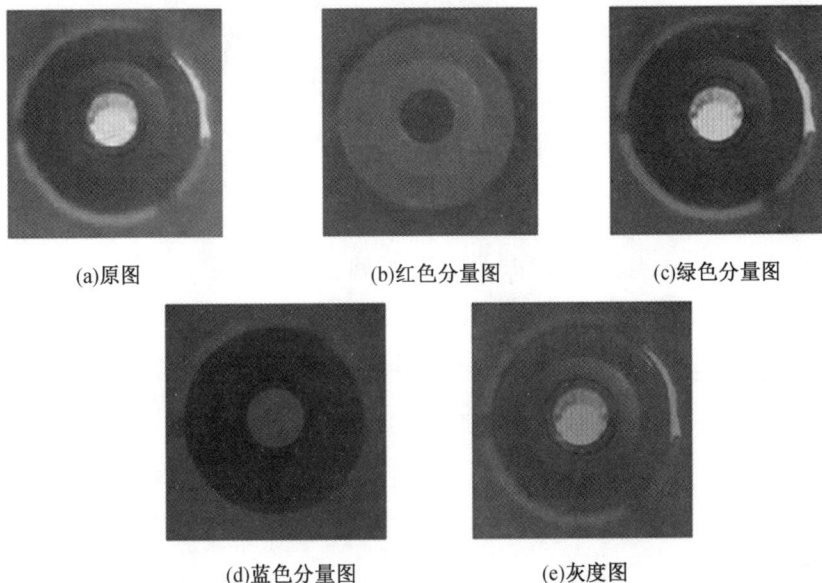

(a)原图   (b)红色分量图   (c)绿色分量图

(d)蓝色分量图   (e)灰度图

图 5-22   检测对象的原图、RGB 分量图和灰度图

(3)管法兰机器人焊接同步技术

管法兰机器人焊接系统要保证内外焊接的同步性,所有主要部件具备互联和通信能力是系统集成的关键,快速准确、稳定可靠的系统通信是实现焊接任务调度分配、机器人状态、位置检测、远程控制及双机协调运动的前提。4 台机器人(两台完成外焊缝,两台完成内焊缝)采用集散控制策略和网络通信技术来保证不同焊接机器人的协调控制。双控制系统(内外各一套控制系统)采用主从协调运动控制方式。在主从协调控制过程中,控制中心需要实时采集主机器人的当前位姿和机器人工具坐标系(TCP)末端运动线速度,并按照实际约束条件计算出从机器人运动的目标位姿。在焊接过程中结合不同管件内外径从程序中调用相关的焊接工艺参数,从而保证机器人在相同位置调用相同的焊接参数、送丝速度,以达到内外协同焊接的目的。图 5-23 为机器人协同焊接示意图。

图5-23　机器人协同焊接

（4）管子标识技术

目前管子的标识方式主要有钢印、油漆印、挂牌、条形码等。这些标识方式可被归纳为非电子标签和电子标签。

①非电子标签方式。目前国内管子加工智能车间大部分采用该方式，该方式的特点是简单、相对牢靠，操作较复杂，工作量大，信息反馈需要人工输入。

②电子标签方式。目前管子加工智能车间较少采用该方式，该方式的特点是信息量大、易损坏（高温性损坏、磨损、脱落等）、操作较简单、工作量小、信息反馈及时，并可采用采集器扫描。

国外针对RFID技术也开展了管子加工阶段的应用研究，比如日本和美国。日本海事联合船厂在2005年开展了管道零部件管理中应用RFID系统的试验。试验包括RFID的耐久测试、RFID的安装位置研究，以及RFID在现场的应用。其中RFID是日本JRFS株式会社生产的RFID套件SDK-6，试验结果表明：RFID的强度为3 kN左右，具有一定的弹性和耐载荷能力；如果将RFID安装在钢管的筒内，即便是金属支持型，也不能进行通信；在将RFID放置到桌子上的状态下，可以在比较长的距离进行读取，但不同方向的差异较大；在带法兰的钢管上，将RFID悬吊在法兰的螺栓孔上，经测试发现，在以RFID为中心的球形范围内，可以在100~200 mm的距离进行读取；用泡沫塑料遮盖RFID，将其安装在法兰的面或者端面上测试发现，在以RFID为中心的半球形范围内，可以在100~200 mm的距离进行读取；在现场安装的21个RFID中，有一个在运输途中脱落、一个破损，其他保持原样，并可正常读取；在酸洗、喷砂处理后，RFID未发现故障；在现场读取时，通信距离为300 mm左右，距离比较短，在使用便携式读写器时，需要进行弯腰作业，易操作性不好；在RFID接近后，存在不能读取的情况。考虑到防止脱落和安装、拆卸作业的效率，需要对RFID的安装方法进行改善。考虑到RFID的再利用，需要确保针对磨损和变形的耐久性。为了更有效地进行读取,需要研究引入传送带等设备,采用固定式的读取方式。图 5-24 为 RFID 系统组成示意图。

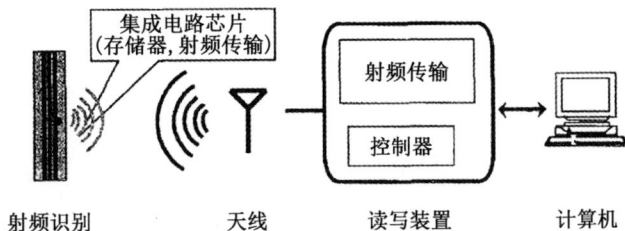

图 5-24　RFID 系统组成

美国海军在管子法兰上钻小孔,放入特殊形状的 RFID,再用填充物盖住,由此采集管子加工、上船安装、运行维修全生命周期的管子信息。

(5)管子加工精度控制技术

①管子下料阶段精度控制要点及精度标准

a.下料前,先确认管子的外观,管子内外表面均不得有明显的裂纹、折叠、分层、结疤、轧折等缺陷。

b.核对管子的规格、级别及材质。

c.根据加工需要,计算管子下料长度,对于先焊后弯管子,提前考虑弯制时的伸长量;对于先弯后焊管子,不能保证弯管机夹头装夹的弯管,应适当放出装夹余量,待弯制后再切除。

d.管子下料精度标准如表 5-2 所示。

表 5-2　管子下料精度标准

项目	使用范围	标准范围
切断长度偏差 ΔL	所有直径	≤±3 mm
切口端面垂直度误差	所有直径	≤±0.5°

②管子装配精度控制要点及精度标准

a.确认管子和法兰的材料、规格,保证其满足系统要求,核对管子的形状和尺寸。对于留有工艺余量的弯管,管子装配前应切除。

b.装配法兰时,法兰相邻两螺栓孔的中心线必须平行于水平面,法兰的密封面必须和所连接管子的中心线垂直,即双眼正。

c. 法兰内径与管子外径之间的间隙不能超过 2 mm,对于 $DN \geqslant 300$ mm 的管子,其间隙可适当放宽。

d. 管子与套管装配时要保证管子与套管的同心度。

e. 管子对接、管子与定型弯头、异径接头、三通装等附件装配时,要保证管子端口与附件端口的间隙均匀,管段与附件外缘平直。

③管子焊接精度控制要点及精度标准

a. 按照专船 WPS 要求选择正确的电流、电压、气体流量、焊接速度等。

b. 焊接前应将焊缝两侧 30 mm 范围内的油、水、锈等杂物等清理干净。

c. 为防止焊接后法兰面过度变形,法兰焊接前要先焊接内圆,后焊外圆。对于 $DN \geqslant$ 300 mm 的管子,每焊 1/4 圆周就更换焊接位置。

d. 套管的焊接也要先焊接内圆,后焊接外圆。

e. 多层多道焊的起点和终点要错开 50~100 mm。

f. 特涂管接时,要避免产生气孔及严重的凸起,法兰焊缝隆起部分要充分,法兰内圆焊缝不要形成凹形,支管内部焊缝要光滑,不要有凹陷。

g. 为防止发生夹渣、气孔和裂纹等焊接缺陷,应对工作场所采取防风措施。

h. 管子焊接后要清理药皮,检查焊道质量,对存在漏焊、咬肉、焊瘤、未焊透等缺陷应补焊修理。

(4)弯管精度控制要点及精度标准

a. 弯管机操作者应熟悉弯曲设备的结构、性能及程序。

b. 管子弯曲半径一般不小于 3 倍管子外径,但在管路布置较密集的地方,在保证弯曲管子质量的前提下,允许小于 3 倍管子外径。

c. 按弯曲管子的规格、弯曲半径选取弯模,检查并确保弯模、前后夹块、芯棒等光顺。

d. 对有芯弯管,在芯棒与管子内壁之间应涂有适量的润滑油。

e. 需清除管子内外表面及机械设备与管子相接触处所黏附的硬质杂物。

f. 弯曲管壁处应能光滑过渡,不应有明显的划伤及凹陷,管子弯曲处不得有裂纹、结疤、折叠、分层等缺陷。

g. 管子弯曲后应做外观检查,弯曲后的皱折率、圆度率、壁厚减薄率、各段长度及角度偏差均应满足精度标准要求。

h. 管子弯曲精度标准如表 5-3 所示。

表5-3　管子弯曲精度标准

分类	项目	弯曲半径	标准范围	简图
管子断面形状	圆度率 $(d_1-d_2)\times100\%/d_0$	$2DN<R\leq3DN$ $3DN<R\leq4DN$ $4DN<R$	10 10 10	 d_0:管子外径 d_1:短外径 d_2:长外径 DN:公称通径 R:弯曲半径 t_0:管子壁厚 t_1:弯曲后的壁厚
	壁厚减薄率 $(t_0-t_1)\times100\%/t_0$	$2DN<R\leq3DN$ $3DN<R\leq4DN$ $4DN<R$	25 20 15	
弯管形状	由于弯曲产生的皱折	不做规定	$H_1\leq2DN/100$	 H_1:皱折的高度 DN:公称通径

（5）管子加工智能生产线仿真优化技术

对于管子加工智能生产线,构建生产线作业仿真验证与优化系统,实施生产资源负荷动态平衡。

生产线仿真是将生产物流线路、生产工位设置、工程网络计划、生产标准周期、标准进度参数、设备设施参数、生产效率指标和工作包参数等数据输入仿真模型,对生产线的运行过程进行推演。仿真验证主要包括评估生产计划的可行性与准确性、设备效率与瓶颈工位分析、检测资源负荷情况、评估生产线能力等。

对于新建或改建的生产线,开展生产线布局仿真与优化,以建立柔性的精益生产线为宗旨,在短时间模拟多种生产场景,对生产线进行模拟试验,验证其生产能力能否达到生产纲领及验证对产品的适应性。通过模拟试验,研究人员对生产线布局进行有效改进和优化,如图 5-25 所示。

图 5-25　管子加工智能生产线仿真

仿真的步骤:

①分析现实生产过程的特点,对生产过程抽象化、收集建立模型需要的数据,模拟实际生产过程的模型。

②进行仿真实验。在仿真实验阶段,研究人员要为模型设定可能的备选方案、运行的时间长度、重复运行的次数以及初始化的状态。

③分析仿真数据。在仿真数据分析阶段,需要解决三个问题。第一,如何分析和收集模型需要的输入数据;第二,如何减少模型的输出误差;第三,如何解释模型的输出结果。

(6)管子排程技术

中日程计划一般可细分为先行中日程计划、后行中日程计划和制作中日程计划。其中制作中日程计划是指管子和铁舾件的制作作业,对应于船舶建造中的机装和舾装工种的主要业务。小日程计划主要包括集配月度计划、集配周计划、钢(管)材切割加工月计划、钢(管)材切割加工周计划等。托盘集配、切割、加工等月计划和周/日计划都是中日程计划按照专业归类的派生计划。

托盘管理表是以生产派工单为作业单位所需物料的物量表(舾装件制作及安装作业物量)。它通常是在生产设计结束后所确定的、装在指定托盘中的物料清单。管子托盘就是为了管子在船舶建造的各环节合理流转而编制的清单,是现场组织管子内场制造、船上安装和配套部门采购的最小业务包。由于区域有大有小,对于管子物量特别大的托盘,现场管理不可能把这些管子全部装配到同一个托架中,还需要根据系统、口径、数量或按照区域分成几块而形成更小的托盘。进一步划分成若干个符合现场管理实际的托盘,一般称为实托盘,这种管理表是依托于现场管理实际需求而定的,往往对管子的数量有所限制。例如,对于机舱分段,通常限定一个托盘中管子的数量不能超过 100 根,从而满足现场托盘配送管理的需要。

管子制作托盘是以管子编号为索引的特定分段、总段或者区域内所有管子的清单。在管子加工智能车间,这些信息被录入管子加工智能车间管控体系内,在无纸化理念的影响下,数据传递不再是以下发蓝图的形式,而是直接通过网络系统传入车间管理 MES。

采用生产线仿真技术后,分析各种资源的负荷,寻找瓶颈,对造船工程计划进行精细化的验证。对于数据实时采集能力强大的管子加工智能车间,仿真系统可以根据外界输入的变化实时地对生产线的计划执行状态进行动态的仿真,及时指导必要的计划调整和实施计划纠偏。

(7)管子加工智能车间管控技术

①构建集设计、物料、生产于一体的生产管控平台

开发一款与生产和物料息息相关的生产管控平台,最大化利用技术资源,从出管系图的那一刻开始较好地衔接物料与生产,避免物料与生产的二次数据收集和处理的重复工作,实现设计、物料和生产在数据上的无缝链接,从而形成真正一体化的管控平台。

②建立管子自动生产信息处理系统

管子自动生产信息处理系统主要包括自动接收技术图纸、资料,根据图纸进行拆分,形成工作包,并对工作量进行分解,形成管子清单、附件清单及工时统计。同时配置与自动套料软件系统匹配的接口,实现软件与硬件相结合的调试运行,确保整个生产信息系统的功能满足现场生产要求,从而保证高的准确率、生产效率。

③形成高效、低成本的资材集配管理方案

针对目前国内管子车间生产任务量大、品种繁多、配套厂家多、分交难、集配难、集配周期参差不齐、库存积压大等问题,重新梳理物料集配流程,减少中间环节,简略中间手续。利用信息化优势资源,做到提前预约,精准集配,实现无库存、无积压,让所需的零部件产品在准确的时间、按照正确的数量和状态送到指定地点,形成一套高效、低成本的资材集配管理方案。

④建立强大的焊接工艺数据库

数据库为每一种管材编制程序代码,对应的管径壁厚和焊接位置是唯一的,并根据管件规格自动执行对应的焊接工艺方案。该工艺方案包括焊接电流电压、焊接层道数、各层道焊接速度、机器人焊接姿态和焊接时焊枪摆动方式、焊接起点位置等焊接加工所需的相关工艺条件,并对焊接数据进行检测。

⑤建立强大的先焊后弯工艺数据库

每种管因其外径、壁厚和炉批等因素的不同会产生不同的伸缩量和回弹量偏差,需预先在智能生产线执行系统中植入每一种管材的先焊后弯工艺参数,并编制程序代码,使之在下料、装配时自动对应不同规格的管子,根据其弯角和转角缩减相应的偏差及余量,提升管子弯后成型一次性合格率。鉴于目前采购的管材的塑性不一致,相同尺寸规格的管在弯后有不一样的伸缩量和回弹量,建议分步实施,先从简单的单弯管开始,再逐步到全面的弯管。

5.6 管子加工智能车间实施策略与路径

5.6.1 实施策略

管子加工智能车间应分三个阶段实现,第一阶段是形成管子加工智能单元,第二阶段是形成管子加工智能生产线,第三阶段是形成管子加工智能车间。

(1)第一阶段:形成管子加工智能单元

实现中小径管加工的先焊后弯工艺,逐步实现单点设备的自动化。如管子智能测长、定长、切割单元,智能直管法兰装配单元,智能直管法兰焊接单元,先焊后弯智能管子弯曲加工单元。逐渐建成基础设备层、部分设备层及控制层等内容。

(2)第二阶段:形成管子加工智能生产线

建立中小径管的智能生产线和生产线管控系统,实现设备联网,建立实时采集及监控系统,进而完善设备层及控制层等内容。

(3)第三阶段:形成管子加工智能车间

建立管子加工智能车间 MES 的建立,完成管子加工智能车间总体架构执行层及决策层的建立,最终达到真正的管子加工智能车间。

此策略可以解决管子从设计到制作全过程中的产品数据分析、物料准备、智能加工、精度管理和工时核算等工作任务;解决从接收计划安排到制定详细生产进度,再到完工交管全过程中的信息管理任务。通过高精度的自动化软件、高智能化的工装设备,真正实现"精益管理、智能制造"。

5.6.2 实施途径

现阶段国内管子加工车间实现智能化的原则是总体规划、分步实施。其实施途径为:

(1)首先提出管子加工智能车间顶层规划方案;

(2)建设管子加工智能车间基础设施层;

(3)按照智能单元—智能生产线的方案,建立管子加工智能车间设备层;

(4)在设备层建立的同时完善设备联网的建设,引入 SCADA 系统,健全控制层;

(5)在设备层建设的同时引入 MES;

(6)在四层架构搭建完成后再完善车间的第五层——决策层。

最终建成的管子加工智能车间应满足以下几个特点:

(1)在车间管子加工工艺流程设计及数字化建模的基础上,应用生产设计管子的三维模型与仿真技术,建立起加工管子数据库管理系统。

(2)管子加工流程仿真及可靠性评估技术将贯穿管子加工与设计、生产、管理、配送各环节并对其进行评估,实现管子加工生产全生命周期管理(PLM)。

(3)通过生产过程数据采集和分析系统"感知"生产进度、质量检验、设备状态等信息,与 MES 实现数据集成和分析,达到对生产技术排产、加工、检验、配送全过程闭环管理。并与企业资源管理系统集成,实现生产技术模型化分析,加工过程的量化和动态管理,完全实现车间的智能化管理决策与精准执行。

5.7 本章小结

本章基于国内管子加工智能车间的建设需求,分析了管子加工制造过程的国内外现状,提出了管子加工智能车间总体架构与数据流通机制,打通管子加工智能车间信息数据流。基于管子加工车间的典型生产对象,提出了智能制造条件下中径管智能生产线、智能生产单元及车间总体布局,给出了管子加工智能车间流程重组方案,确定了管子加工智能车间的关键技术和发展重点,构建了管子加工智能车间管控体系,并提出了管子加工智能车间实施策略和路径,引领和指导国内造船企业进行管子加工智能车间的规划、建设和交付验收。

第 6 章　分段涂装智能车间解决方案

6.1　概　　述

本章针对分段涂装智能车间的建设需求,在分析分段涂装车间的国内外现状的基础上,提出分段涂装智能车间总体架构与数据流通机制,形成分段涂装智能车间布局设计,明确分段涂装智能车间管控系统功能模块及其要求,指出分段涂装智能车间实施路径,有效地指导我国造船企业船体智能车间改造升级、规划设计和验收交付。

6.2　分段涂装智能车间总体架构与数据流通机制

6.2.1　总体架构

分段涂装智能车间总体架构包括基础设施层、设备层、控制层、执行层、决策层 5 个层面,如图 6-1 所示。

(1)基础设施层

基础设施层由数据中心综合布线、机房工程、网络系统、安防监控等组成。

(2)设备层

设备层主要包括智能喷砂装备、智能喷漆装备、视频监控设备、其他设备等。车间涂装设备应实现加工数据、工艺信息和管理信息的网络化传递、数字化控制、智能化加工。

(3)控制层

控制层主要由设备联网、SCADA 系统、生产单元/线控制系统组成。实现设备监控以及加工和检测数据的采集,通过 SCADA 系统将生产现场信息上传到 MES 的服务器,达到生产信息实时感知、分析、处理的动态管理。

(4)执行层

执行层是分段涂装智能车间总体架构的核心层,主要包括车间计划与执行、工艺管理、质量管理、生产物流、车间设备管理等模块。通过 MES,从上层系统接收分段涂装的生产任务,经过分解处理后,向下层系统发出生产指令及工艺技术文件,实现分段涂装车间生产计划、工艺文件、设备等制造资源的智能化管理。

(5)决策层

决策层包括数据中心、生产仿真中心、决策分析平台、移动终端应用等模块。数据中心主要应用大数据分析技术进行数据挖掘、预测性分析以及具备数据仓储的功能;决策分析平台利用数据中心分析预测的结论形成可视化的领导驾驶舱;生产仿真中心基于三维虚拟车间建模与仿真,利用数据中心的数据,实现智能车间虚拟呈现与漫游以及智能车间多视图展示;移动终端应用可将设备状态、能耗状态、计划派工、生产绩效、生产异常等信息显示在手机或者车间管控看板,并给出决策指令,实现分段涂装建造车间的自决策。

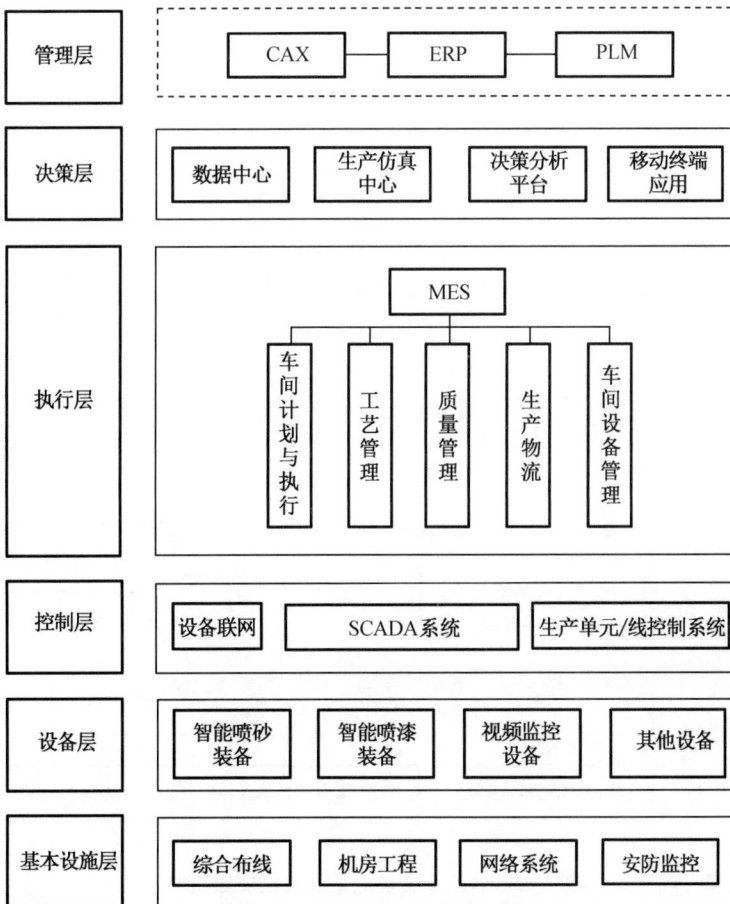

图 6-1 分段涂装智能车间总体架构

6.2.2　数据流通机制

分段涂装智能车间内部信息系统和各功能模块、基础设施之间以及外部信息之间的主要数据流通机制如图 6-2 所示,形成一个封闭的数据流通。

(1)系统从企业资源承接分配到车间的生产订单,在车间生产计划与调度模块依据工艺路线分解为工序作业计划,排产后下发到现场。

(2)工艺执行与管理模块指导现场作业人员或者设备按照数字化工艺要求进行生产,并采集数据反馈给车间计划与执行功能模块。若生产过程中出现异常情况,不能按计划完成,需迅速协调各方资源,通过系统进行调度以满足订单需求。

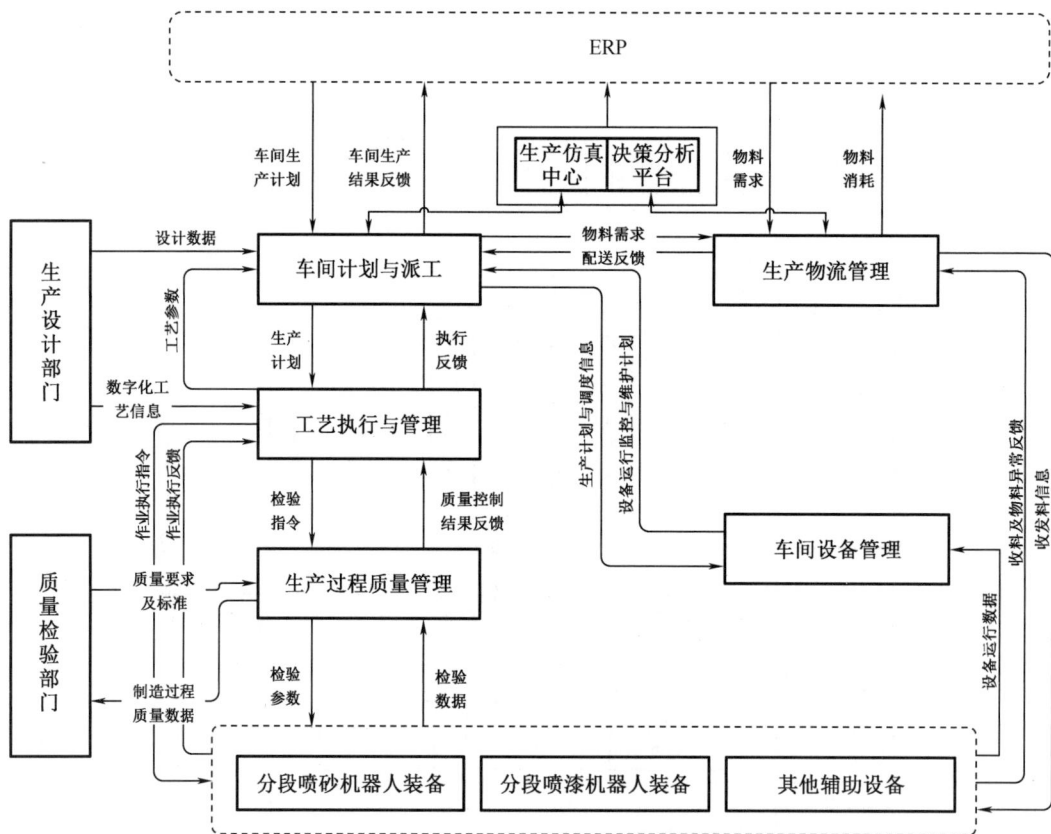

图 6-2　分段涂装智能车间数据流通机制

(3)工艺执行过程中若需进行检验控制,由生产过程质量管理模块将检验要求发送给检验员或者检验设备执行检验,并采集检验结果提交给公司质量部门,进行质量监控和追溯。

(4)生产现场需要的物料,根据详细计划排产与调度结果,发送相应物料需求至生产物流管理模块,由仓库及时出库并配送到指定位置;生产完成后将成品入库,实现生产物料的管理、追踪及防错。

(5)生产过程的工艺执行、质量控制等结果反馈到车间生产计划与调度,进行实时监控及生产调度,并形成完工报告反馈到更高一层企业资源计划。

(6)车间中大量的设备运维,通过车间设备管理模块统一维护,提醒和指导设备人员定期保养,记录维修保养结果。设备维修保养计划与工序作业需相互协调,以保证生产正常进行。

(7)车间生产反馈数据和物料消耗数据同时传递到车间决策层中的数据中心和决策分析平台,通过数据梳理、数据挖掘,得到车间运行的优化方案,逐步提高分段涂装建造效率,降低物料及能源成本。

6.2.3　车间信息交互

6.2.3.1　通信网络

为执行分段涂装智能车间基础设施层的工作任务处理,实现车间 MES、控制系统与现场设备之间的信息传输,可采用统一架构客户端/服务器的通信系统架构,如图 6-3 所示的通信方式。

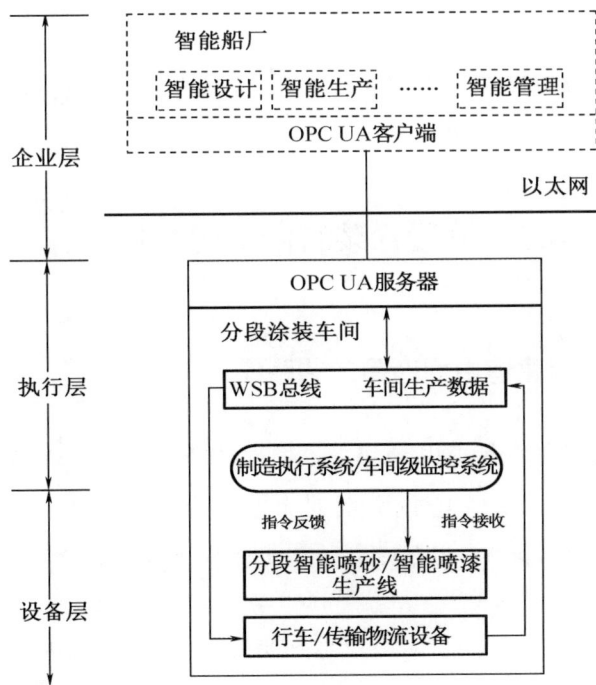

图 6-3　分段涂装智能车间数据传输

6.2.3.2　数据采集与存储

分段涂装智能车间应在企业数据字典定义的数据采集内容基础上,结合数据实时性要求,利用合理的网络通信方式与数据存储方式进行数据的采集与存储,并与企业及数据中心进行对接。包括:

(1)应对车间所需数据进行采集、存储和管理,并支持异构数据之间的格式转换,实现数据互通。

(2)宜采用实时数据库与历史数据库相结合的存储方式。

(3)应具备信息安全策略,并支持更新和升级,如访问与权限管理、入侵防范、数据容灾备份与恢复等。

6.2.3.3　数据字典

分段涂装智能车间应建立数据字典,具体要求如下。

(1)包括车间需要交互的全部信息,如设备状态信息、生产过程信息、物流与仓储信息、检验与质量信息、生产计划调度信息等。

(2)描述各类数据基本信息,如数据名称、来源、语义、结构以及数据类型等。

(3)对分段涂装智能车间进行细化、定制化,定制专门用来描述分段涂装智能车间的数据字典。

(4)分段涂装智能车间系统主要实现船舶设计系统中加工信息提取、加工工艺数据库构建、加工指令生成与执行、加工过程监控信息记录与分析、生产计划安排、报表生成等功能。

6.3　分段涂装智能车间布局设计

6.3.1　分段涂装建造中间产品工艺路线

根据分段涂装的结构特点,应用成组技术原理,以中间产品为导向,按区域组织生产,建立分段涂装工艺流程,如图 6-4 所示。针对涂装过程中的关键环节,采用智能喷砂、喷漆装备,并辅以自动化、数字化测量设备或工装等,实现保质高效生产。

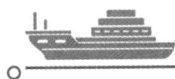

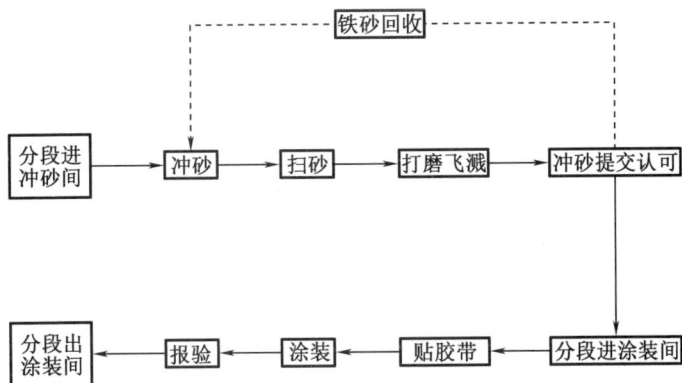

图 6-4　分段涂装建造工艺流程

6.3.2　分段智能喷砂实施方案

6.3.2.1　总体方案及技术参数

综合考虑船舶分段结构特点,采用外部门架式喷砂机器人和底部轮式喷砂机器人综合解决方案,将外部门架式喷砂机器人进一步细分为天车型门式喷砂机器人和双侧垂直往复喷砂机器人等形式,如图 6-5 所示。

6.3.2.2　控制流程及要求

根据船舶分段喷砂总体方案,按照外部门架式喷砂机器人和底部轮式喷砂机器人两种形式,分别描述船舶分段智能自动喷砂作业流程,具体如下。

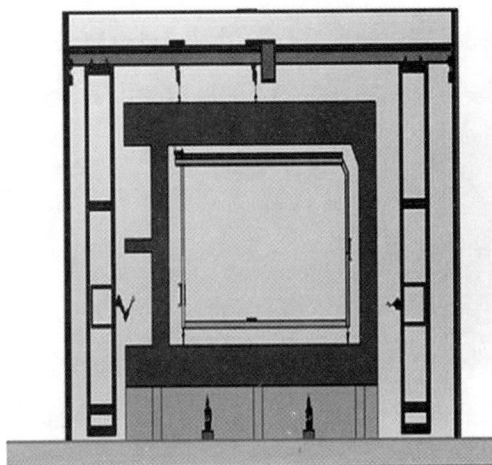

(a)

图 6-5　船舶分段智能喷砂装备方案

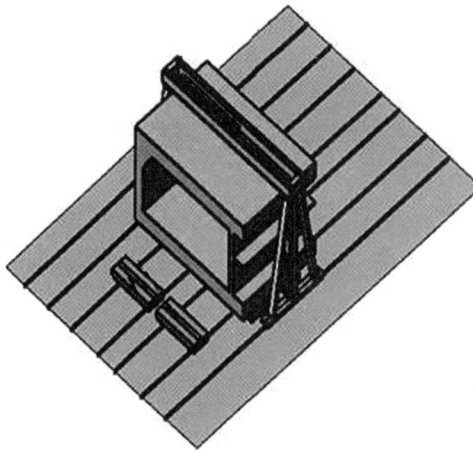

(b)

图 6-5(续)

(1)外部天车型门架,包括上部、左侧、右侧智能同步喷砂作业

系统读入工件模型数据,检测确认工件位置及运行机构位置符合要求后启动作业。首先启动喷枪作业,在检测到喷枪工作正常信号后,开启上部及两侧往复机构带动喷枪在工作面沿 X 方向及 Y 方向,依据检测信号智能判断实现自动往复移动。在首次往复机构运行到折返位置后外门式机构启动运行,运行速度与往复机构同步,保证喷枪作业面稳定全覆盖。当运行至工件末端,系统依据模型数据及位置信号判断各往复机构位置,到达结束位置后首先停止喷枪作业,然后相应往复机构回位,最后系统在判断各往复机构作业完成后结束门架机构作业运行,并使机构回到安全等待工位。

作业中系统依据检测位置信号及运行数据形成运行轨迹数据,与工件模型数据及设定数据比对,给出运行动态;对发生允许内偏差时及时给出警报提示信号;对发生严重偏差时可智能判断给出局部机构或者全部机构停止作业指令。

作业中控制中心可全程监控作业状态,并可根据系统判断提示随时切换作业状态,对工作中每个工作面单独给出控制指令。

(2)下部采用轮式机器人智能喷砂独立作业

机器人系统读入工件模型数据,检测确认工件位置及运行机构位置符合要求后启动作业,依据系统程序及监测数据独立智能完成下部作业。最后机器人系统在判断作业完成后停止,并回到安全等待工位。

作业中机器人系统依据检测位置信号及运行数据形成运行轨迹数据,并与工件模型数据及设定数据比对,给出作业运行动态。

智能机器人系统可实现方便的在线监测及离线编程。采用专用轮式行走机器人,可实现对船舶分段下底面的智能喷砂作业,确保喷砂作业的全覆盖。

(3)控制系统要求

具备喷砂数据采集功能:

①模拟量

a. 工作间环境温、湿度;

b. 压缩空气压力。

②状态量信息的采集

a. 接触器状态;

b. 故障状态;

c. 设备运行信号。

具备喷砂作业数据处理要求:

①各类模拟量数据采集后的处理;

②历史数据处理;

③状态量数据处理;

④处理后的数据进入数据库。

具备喷砂作业系统安全保障要求:

①提供操作权限设定;

②操作顺序提供功能;

③误操作防止功能。

6.3.3　分段智能喷漆实施方案

6.3.3.1　总体方案及技术参数

综合考虑船舶分段结构特点,采用外部门架式喷漆机器人和底部轮式喷漆机器人综合解决方案,将外部门架式喷漆机器人进一步细分为天车型门式喷漆机器人和双侧垂直往复喷漆机器人等形式,如图6-6所示。

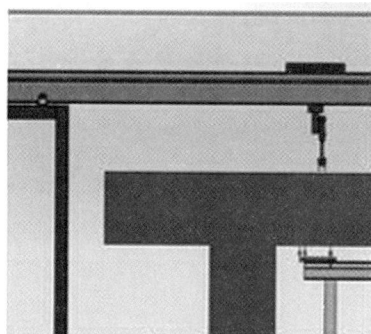

(a)

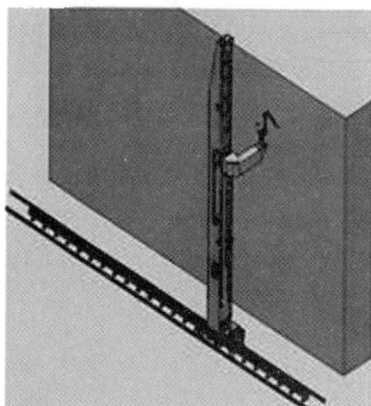

(b)

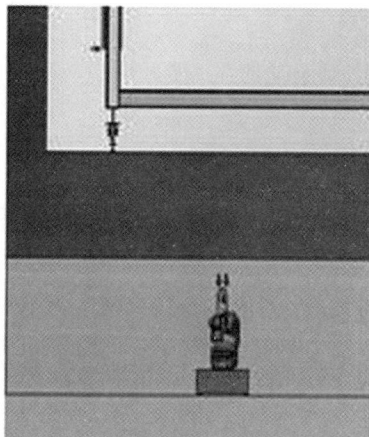

(c)

图 6-6　船舶分段智能喷漆装备方案

门架式与底部轮式智能喷漆装备技术参数分别如表 6-1、表 6-2 所示。

表 6-1　门架式智能喷漆装备技术参数

序号	设备(变频调速)	数量	行走速度范围
1	门架驱动电机	2 台	60~1 500 mm/min
2	左侧往复机电机	1 台	100~1 000 mm/s
3	上部往复机电机	2 台	100~1 000 mm/s
4	右侧三维往复机电机	6 台	100~1 000 mm/s

表 6-2　底部轮式智能喷漆装备技术参数

序号	轴名称	轴功能	运动范围	备注
1	X 轴(自行小车)	沿工件长度移动	按生产对象确定	可调整
2	Y 轴(自行小车)	沿工件宽度移动	按生产对象确定	可调整
3	R 轴(旋转轴)	绕本体转动	±180°	—
4	S 轴(大小关节旋转轴)	大关节旋转	160°	—
5	T 轴(大小关节旋转轴)	小关节旋转	240°	—
6	V 轴(小臂旋转轴)	小臂旋转	360°	—
7	W 轴(喷枪摆动轴)	喷枪摆动	±180°	—

6.3.3.2　控制流程及要求

根据船舶分段喷漆总体方案,按照外部门架式喷漆机器人和底部轮式喷漆机器人两种形式,分别描述船舶分段智能自动喷漆作业流程,具体如下。

(1)外部天车型门架,包括上部、左侧、右侧智能同步喷漆作业

系统读入工件模型数据,检测确认工件位置及运行机构位置符合要求后启动作业。首先启动喷枪作业,在检测到喷枪工作正常信号后,开启上部及左侧往复机构带动喷枪在工作面沿 X 方向及 Y 方向,依据检测信号智能判断实现自动往复移动。在首次往复机构运行到折返位置后外门架机构启动运行,运行速度与往复机构同步,保证喷枪作业面稳定全覆盖。当运行至工件末端,系统依据模型数据及位置信号判断各往复机构位置,到达结束位置后首先停止喷枪作业,然后相应往复机构回位,最后系统在判断各往复机构作业完成后,结束本次龙门机构作业运行,系统发出信号并确认后开始第二次运行。门架机构整体回到开始工作位置,重复初始数据读取及位置检测,确认后启动右侧框式机构内喷枪并开始往复机构运行,启动门架机构作业与前工序相同。在作业结束后,使机构回到安全等待工位。

作业中系统依据检测位置信号及运行数据形成运行轨迹数据,与工件模型数据及设定数据比对,给出运行动态;对发生允许内偏差时及时给出警报提示信号;对发生严重偏差时

可智能判断给出局部机构或者全部机构停止作业指令。

作业中控制中心可全程监控作业状态,并可根据系统判断提示随时切换作业状态,对工作中每个工作面单独给出控制指令。

(2)下部采用轮式机器人智能喷漆独立作业

机器人系统读入工件模型数据,检测确认工件位置及运行机构位置符合要求后启动作业,依据系统程序及监测数据独立智能完成底部作业。最后机器人系统在判断作业完成后停止,并回到安全等待工位。

作业中机器人系统依据检测位置信号及运行数据形成运行轨迹数据,并与工件模型数据及设定数据比对,给出作业运行动态。

智能机器人系统可实现方便的在线监测及离线编程。采用专用轮式行走机器人,可实现对船舶分段下底面的智能喷漆作业,确保喷漆作业的全覆盖。

(3)控制系统要求

具备喷漆数据采集功能:

①模拟量

a. 工作间环境温、湿度;

b. 压缩空气压力。

②状态量信息的采集

a. 接触器状态;

b. 故障状态;

c. 设备运行信号。

具备喷漆作业数据处理要求:

①各类模拟量数据采集后的处理;

②历史数据处理;

③状态量数据处理;

④处理后的数据进入数据库。

具备喷漆作业系统安全保障要求:

①提供操作权限设定;

②操作顺序设置要求;

③误操作防止要求。

6.3.3.3 分段喷漆机器人研制及应用

基于分段喷漆机器人(图6-7)总体技术方案,船厂结合实际生产需求,联合研制了分段喷漆机器人,实现机器人本体终端重复定位精度≤0.3 mm;机器人本体终端轨迹精度≤±5 mm;机器人本体终端最大线速度≥0.8 m/s;机器人腕部负载≥12 kg;喷涂压力30~50 MPa;喷涂效率每枪≥150 m²/h,基本上达到了预期的技术要求。船厂以此为基础,进一步对装备进行升级,满足船舶分段涂装需要。

(a)

(b)

图6-7 分段喷漆机器人

6.4 分段涂装智能车间管控系统

6.4.1 分段涂装智能车间管控系统体系

分段涂装智能车间主要运行管理包括生产管理、物流管理、质量管理以及设备管理等。各个管理模块中又分别包含一个或多个子功能模块和基础设施,如图6-8所示。

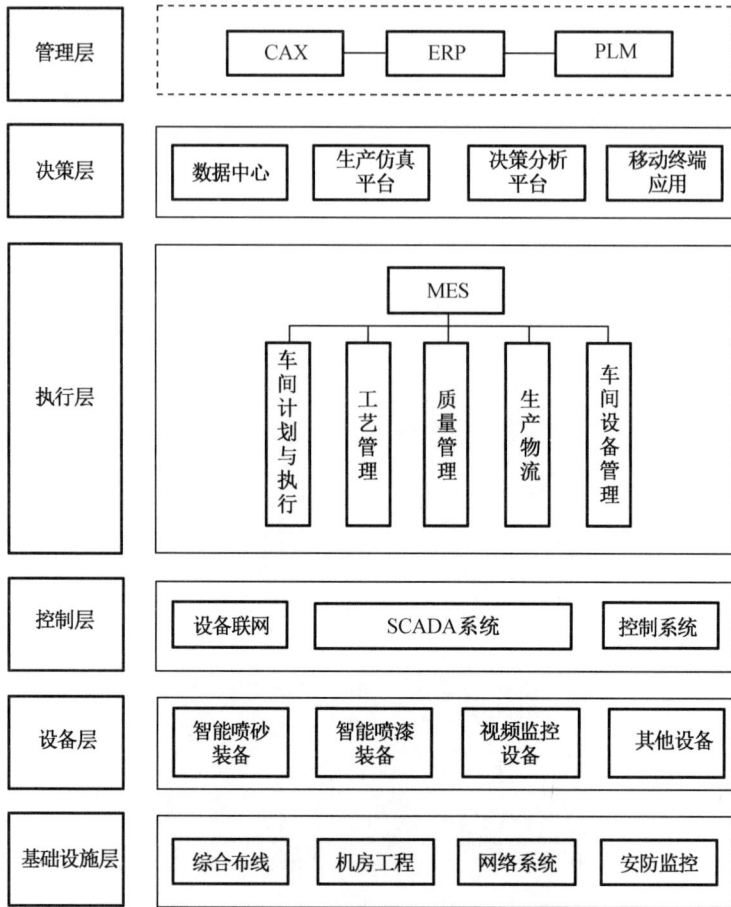

图 6-8　分段涂装智能车间管控系统体系

通过设备联网、标识等技术,应用 SCADA 系统,实现设备实时监控,涂装和检测数据实时采集,达到数据实时感知、分析和处理的动态管理的目的。再通过与生产线控制系统的交互,可以对生产、品质、设备的整体状况进行实时的过程控制。

生产线控制系统和 SCADA 系统与 MES 进行交互,进行作业执行指令、生产质量数据、设备运行数据、收发料数据的传递与反馈。

随着控制层采集到的以及执行层中的大量数据进入决策层,通过数据中心及生产仿真中心,应用大数据分析技术和数字孪生技术进行数据挖掘和仿真分析,得到预测性分析结果,提交给决策分析平台和移动终端,进行优化方案的上传及下达。

6.4.2　分段涂装智能车间管控体系各层级要求

6.4.2.1　控制层要求

（1）设备联网的要求

①应具备完善的档案信息,包括编号、描述、模型及参数的数字化描述;

②应具备通信接口,能够与其他设备、装置和执行层实现信息互通;

③应能接受执行层下达的活动定义信息,包括为了满足各项制造运行活动的参数定义和操作指令等;

④应能向执行层提供制造的活动反馈信息,包括产品的加工信息、设备的状态信息及故障信息等;

⑤应具备一定的可视化能力和人机交互能力,能在车间现场显示设备的实时信息及满足操作的授权和处理相关的人机交互。

（2）SCADA系统的要求

①SCADA系统是以计算机为基础的生产过程控制与调度自动化系统,它可以对现场的运行设备进行监视和控制;

②SCADA系统主要由监控计算机、远程终端单元(RTU)、可编程逻辑控制器(PLC)、通信基础设施、人机界面(HMI)组成。

③具有大数据处理能力,配置可提供扩展10万点的能力,满足目前需求并具有可扩展性;

④具有数据备份与恢复功能,各中心的实时数据库系统提供对数据库的在线备份和故障恢复工具,当数据库系统发生故障后,能迅速恢复到故障前的状态;

⑤具有报警管理功能,可根据用户、区域、设备等分配报警类型、优先级、报警过滤,能对某一个具体报警进行相关属性的历史报警过滤;

⑥支持通信冗余,在主链路通信失败后,能够通过备用通信链路建立连接;

⑦实时数据库应具有完整的系统套件功能,可提供人机界面组件、报警/报表管理组件、遥测通信管理组件;

⑧数据接口功能支持多种连接工具,可与其他数据库系统进行数据交换,支持其他系统和企业级数据库的数据交互;

⑨提供标准SCADA HMI功能,具有图形化人机界面和动态图形创建与管理能力,支持图形化组态、图形开发功能、自定义图库、历史曲线功能、报表功能及数据处理能力;

⑩应采用符合人类思维模式的面向对象的方式来组织数据库的管理,实现以设备为单位的监控模式,便于设备维护和故障诊断,提高数据检索查找的速度及效率;

⑪支持强大的数据检索功能,支持数据存储方式、数据分辨率和检测边界的能力;支持指定时间内数据查询和从任意服务器获取数据,并具备通用数据统计功能;

⑫内置编程功能,提供对监控点的采样数据进行处理计算技术;

⑬数据库需提供与其他的数据库系统方便集成的接口或驱动,实现单向数据传输;

⑭支持标准通信协议及定制扩展通信协议,实现无缝集成。

6.4.2.2 执行层要求

（1）车间计划与执行要求

分段涂装智能车间从企业生产部门获取车间生产计划,根据分段涂装工艺形成工序作业计划,生产计划要求和分段涂装智能车间可用资源进行详细排产、派工。将作业计划下发到现场,根据分段涂装工艺执行管理模块指导生产人员/或控制设备按计划和工艺进行加工。分段加工生产执行过程中,实时获取分段加工生产相关数据、跟踪生产进度,并根据现场执行的情况反馈实时进行调度。

（2）工艺执行与管理要求

分段涂装智能车间工艺执行与管理,主要包括工艺执行与工艺管理两部分。工艺执行由分段涂装车间子计划/物料清单生成、派工单生成、作业文件下发等构成。分段涂装加工工艺执行贯穿于计划、质量、物流、设备等全生产过程中;分段涂装加工工艺管理功能可以在 MES 等相关系统中实现,船体加工工艺文件以计算机可识别的数据结构实现。

（3）生产过程质量管理要求

分段涂装智能车间生产过程质量管理包括质量数据采集（分段喷涂设备工艺控制参数、质量检测设备检测结果、人工质量检测结果等生产过程数据）、质量管理各功能及与外部功能和系统之间的信息集成。

（4）生产物流管理要求

分段涂装智能车间中所有物料、量具、容器等都应进行唯一编码。应能自动感知和识别物流关键数据,并通过通信网络传输、保存和利用。

生产物流管理功能模块应包括物流规划、物流调度及优化、物料领取与配送、立体仓库的管理。其中物流规划应满足物流批量与工艺指令相匹配,合理安排转序时间间隔,用准确的物料流量来满足分段涂装工艺执行操作需要。

（5）车间设备管理要求

分段涂装智能车间设备主要包括分段喷砂设备、分段喷漆设备和漆膜厚度检测设备等。设备管理的功能主要包括设备状态监控、设备维修维护和指标运行分析,各功能之间及外部功能与系统之间的信息集成。

分段喷涂设备采集信息应当包括:

①设备状态信息；

②设备状态起始时间信息；

③设备运行及空闲时间；

④设备故障信息；

⑤设备加工及运行参数信息。

6.4.2.3　决策层要求

（1）数据中心要求

数据中心包括以下5个基本方面。

①数据挖掘算法。包括集群、分割、孤立点分析算法以及其他算法。该算法通过深入数据内部，挖掘数据价值。这些算法不仅要处理大数据的量，还要处理大数据的速度。

②预测性分析能力。数据挖掘可以让分析员更好地理解数据，而预测性分析可以让分析员根据可视化分析和数据挖掘的结果做出一些预测性的判断。

③语义引擎。由于非结构化数据的多样性带来了数据分析的新挑战，需要一系列的工具去解析、提取、分析数据。语义引擎需要被设计成能够从"文档"中智能提取信息。

④数据质量和数据管理。数据质量和数据管理是一些管理方面的最佳实践。通过标准化的流程和工具对数据进行处理，可以保证取得一个预先定义好的高质量的分析结果。

⑤数据仓库。数据仓库是为了便于多维分析和多角度展示数据，按特定模式进行存储所建立起来的关系型数据库。按主题对数据进行查询和访问，为联机数据分析和数据挖掘提供数据平台。

（2）车间仿真中心要求

①实现分段涂装建造智能车间布局的仿真与优化；

②实现分段涂装建造智能车间生产的仿真与优化；

③实现分段涂装建造智能车间物流的仿真与优化；

④实现分段涂装建造智能车间生产线布局的仿真与优化；

⑤实现分段涂装建造智能车间生产线作业的仿真与优化。

（3）决策分析平台要求

①通过数据中心分析得出的预测性结果在决策分析平台通过可视化展示出来，并整理成优化方案用于车间运行；

②通过车间仿真中心得出的预测性结果在决策分析平台通过可视化展示出来，并整理成优化方案用于车间运行；

③与企业资源管理系统和车间生产制造执行系统进行交互，使数据信息与移动终端同步；

④可视化功能包括：数据中心可视化、生产仿真可视化、车间生产执行系统各功能模块

(车间生产计划与调度、工艺执行与管理、生产过程质量管理、生产物流管理、车间设备管理)可视化,车间设备状态监控、车间能耗状态监控、车间物流状态监控、车间人员作业监控。

(4)移动终端要求

①方便携带,如手机等;

②与决策分析平台同步;

③车间指令及时传递;

④车间状态及时反馈。

6.4.3　分段涂装智能车间管控系统功能需求

面向涂装车间,建设涂装智能喷砂、涂漆工艺及工艺知识库,涂装车间智能感知网、计划及管控系统、物料智能配送系统、安全智能监控系统,推进分段非结构面、结构面和窄小空间喷砂/涂漆特种智能机器人应用示范,进一步建设智能涂装车间,实现涂装作业自动化与智能化,减少人员健康危害。

通过船舶分段涂装车间管控系统的建设,构建贯穿于涂装生产设计、涂装生产计划实施、工料耗管理、材料预测报警、库存管理、质量跟踪等整个涂装设计、生产过程的计算机辅助设计制造管理一体化系统,实现船舶产品涂装设计、制造、管理一体化。

涂装车间数字化生产制造执行管控要求作业计划与执行的全面可视化,工时与材料的准确可控,能源与环境的实时监控,数字化设备的指令下达与数据采集,涂装膜厚等质量信息的采集与分析,作业人员全面把控涂装质量,准确定位和安全控制,最终提高船舶分段制造效率,降低制造成本,提高产品建造质量。涂装智能车间管控功能框架如图6-10所示。

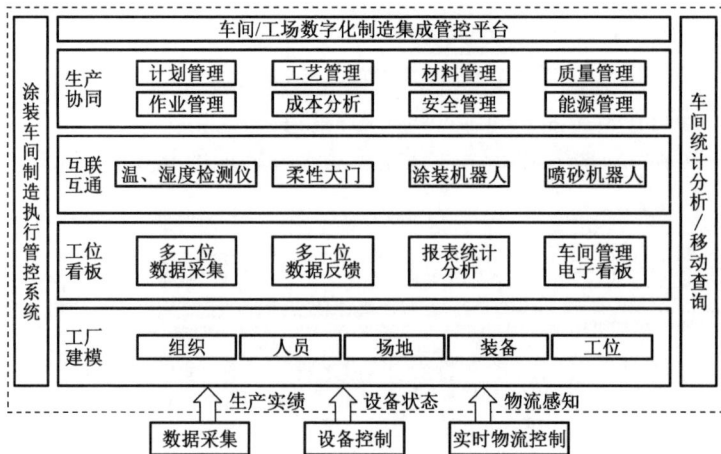

图6-10　涂装智能车间管控功能框架

6.5　分段涂装智能车间关键技术

按照分段涂装智能车间总体架构,分别从工艺设计、建造装备、车间制造执行系统等方面提出了分段涂装智能车间的关键技术,具体如下。

(1)基于特征提取的带结构面机器人喷砂工艺技术

带结构面船舶分段由于其结构形式的复杂性和不确定性,以及船舶结构空间狭小、立体交叉干涉等特点,导致其实现自动化异常困难。基于船舶分段自身结构的特点,其在冲砂过程中存在如结构相对封闭区域积砂、结构隐蔽区域喷砂机器人难以到达等诸多自动化冲砂的难点与痛点。本章节基于聚焦有限目标、逐级突破的原则,重点开展面向如散货船舷侧顶边水舱、底边水舱等相对规则的敞开式带结构面的分段喷砂机器人研究。

对带结构面分段特征数据提取,以实现船舶分段涂装任务的分析、分解,并结合喷漆的工艺特点、作业空间的结构特点,以及分段规格尺寸外形、冲砂磨料及要求,研究最佳的磨料、喷嘴角度、距离、轨迹和速度,提高冲砂效率,减少磨料的消耗和单位面积冲砂的能耗,形成机器人冲砂工艺参数库。突破基于有限锚节点的低误差测距技术,来完成执行涂装任务的机器人在任务空间的定位,确保任务规划的有序执行。

(2)带结构面分段喷涂机器人喷涂轨迹规划及优化技术

带结构面船舶分段由于其结构形式的复杂性和不确定性,以及船舶结构空间狭小、立体交叉干涉等特点,导致其实现自动化异常困难。基于船舶分段自身结构的特点,喷涂机器人在喷漆过程中存在如结构相对封闭区域油漆流挂现象、结构隐蔽区域喷枪难以到达等诸多自动化喷漆的难点与痛点。本章节基于聚焦有限目标、逐级突破的原则,重点开展面向如散货船舷侧顶边水舱、底边水舱等相对规则的敞开式带结构面的分段喷漆机器人研究。

基于船舶涂装作业各分段结构面的曲面曲率特性,根据涂料属性、喷射速度、喷涂环境、喷涂距离及带喷涂工件表面形状等诸多因素,建立起精确的喷枪平面涂层累积速率模型,并针对单个小曲率曲面片、单个大曲率曲面片进行喷枪轨迹规划与优化方法研究,建立小曲率曲面片与小曲率曲面片、小曲率曲面片与大曲率曲面片、大曲率曲面片与大曲率曲面片的相交区域喷涂轨迹规划及优化方法,针对特定的喷漆机器人机械臂构型,对喷漆机器人各运动关节轨迹规划进行优化研究。

(3)智能涂装工艺参数自动生成技术

建立工艺数据库的主要目的之一就是满足自动生成涂装工艺参数需要。而构建面向智能涂装的数据库,一方面要考虑船舶涂装信息,包括涂料参数、设计因素、工艺流程、设备设施、工艺知识等内容;另一方面要根据内容预期考虑数据库性能和数据量的关系,由于工艺知识的循环累计和智能运算是相互关联的,因此数据库结构和智能运算的过程必须相互匹配。

数据库构建要综合以上两方面因素才能满足智能涂装信息的高性能输入输出要求和智能决策运算的需要。然而,因为现场环境复杂多变,对于不同的环境就需要采取不同的智能喷涂工艺,需要在工艺数据库的基础上利用知识库技术,构建面向智能涂装工艺的各类规则库和案例库,并且利用各类知识推理方法,以及智能优化算法自动生成不同的工艺参数方案,从而实现基于知识库的涂装工艺参数智能决策,并在智能喷涂应用中实现工艺参数的自动化输出。

(4)涂装车间制造执行系统设计技术

通过对涂装车间的生产运行模式、工艺过程、管理流程进行深入研究分析,围绕生产计划、物料管控、设备管理、涂装工艺等方面展开业务分析与研究,梳理车间业务流程,明确涂装车间制造执行系统的开发需求与总体建设目标,形成涂装车间制造执行系统总体解决方案。从系统总体解决方案出发,将相应业务功能的实现分解到各功能模块;研究业务功能、业务流程、业务活动的逻辑关系和数据模型,完成涂装车间制造执行系统架构设计。系统应包括生产计划管理系统、物料管理系统、生产过程监控系统、设备管理系统、涂装工艺管理系统等五大子系统。进一步对涂装车间生产计划管理、物料管理、生产过程监控、设备管理、涂装工艺管理、质量管理等业务进行分析研究,梳理各子系统之间数据交互过程和依赖关系,构建相应模型与算法,设计软件流程与功能,完成各功能模块的开发调试工作。

6.6 分段涂装智能车间实施策略与路径

6.6.1 实施策略

充分结合分段涂装建造的特点,重点围绕分段喷砂和喷漆两个生产流程环节,配置分段喷砂机器人装备、分段喷漆机器人装备和视频监控装备等。安装部署分段涂装车间制造执行系统软件,分两个阶段逐步实施建设中间产品生产线到智能车间。

(1)初步建立分段智能喷砂、喷漆装备单元

瞄准中间产品建造关键环节,从原材料、分段、总段、整船等方面开展试点,围绕单项/多项生产工艺"数据采集—状态监测—精准执行—反馈控制"过程,建设完善设备实时数据采集系统、在线质量检测系统和高效生产线仿真与智能物流系统,开展智能能源管理与智

能安全生产监控研究及平台建设,推进关键加工工序数字化水平提升,达到工装自动化、工艺可视化、控制智能化和管理精细化。

(2)初步建成高效集成化的分段涂装智能车间

围绕中间产品连续生产过程,加快现场总线、以太网、物联网和分布式控制等技术应用,建立车间级现场网络,系统集成智能生产线与设备单元,构建虚实一体制造信息物理系统。以制造大数据和知识重用为基础持续优化车间制造过程,形成涵盖智能单元、数据采集与感知和智能管控系统等完整高效的智能车间。

6.6.2 实施途径

按照"总体规划、分步实施"的原则,兼顾各个造船企业的实际需求,配置分段智能喷砂、喷漆装备单元,安装部署车间制造执行系统,在新智能制造模式下,转变管理思路和方法,进而有序推进分段涂装智能车间的建设。

(1)做好顶层规划

根据各个造船企业的生产纲领,论证提出分段涂装智能车间总体架构和实施方案,建议列入"一把手"工程,确保规划有力推进。

(2)夯实基础设施

按照确定的分段涂装智能车间实施方案,进行车间综合布线、机房工程、网络系统的建设,同时,配置安全防护系统,构建车间基础设施层。

(3)补齐装备短板

配置分段喷砂机器人装备、分段喷漆机器人装备和视频监控装备等,健全车间设备层。

(4)打通数据交换通道

在建立设备层的同时完善设备联网的建设,明确生产单元控制系统架构,统一数据传输协议,进一步引入 SCADA 系统,完善车间控制层。

(5)部署功能模块

各个造船企业根据自身需要,在建议安装部署车间生产计划执行、工艺管理、质量控制、生产物流、车间设备管理五大模块的基础上,进一步选择部署,丰富车间管控层。

(6)实现决策分析

基于上述功能,通过数据中心及生产仿真中心,应用大数据分析技术和数字孪生技术进行数据挖掘和仿真分析,得到预测性分析结果,提交给决策分析平台和移动终端,扩展车间决策层。

6.7　本章小结

　　本章针对我国分段涂装智能车间的建设需求,分析了分段涂装车间制造过程的国内外现状,提出了分段涂装智能车间的总体架构与数据流通机制。基于分段涂装车间的典型生产对象、生产纲领,提出了分段涂装智能车间的总体布局设计,确定了分段涂装智能车间的关键技术和发展重点,以及建立完善的分段涂装智能车间的管控体系,并提出了分段涂装智能车间的实施策略和路径,引领和指导国内造船企业进行分段涂装智能车间规划、建设和交付验收。

第7章 船舶智能制造车间实践案例

7.1 概 述

本章通过在对船舶智能制造车间关键共性技术论述的基础上,简要说明了船舶智能制造车间共性技术攻关总体情况和主要成果,重点围绕船舶智能制造车间实践,详细介绍了三维作业指导书现场试点应用、造船焊接数字化管控、分段和管舾智能制造车间,以及薄板分段智能制造车间等案例,进一步分析提出了船舶智能制造车间的发展需求。

7.2 船舶智能制造车间关键共性技术攻关

7.2.1 总体情况

"十三五"期间,在工业和信息化部等主管单位的指导和推动下,国内造船企业、科研院所和高等院校等单位组建研究团队,开展"船舶智能制造关键共性技术研究""船体分段智能车间制造执行管控技术研究""船舶智能制造关键共性工艺研究""船舶分段智能制造装备解决方案及关键共性技术研究""智能船厂顶层架构及生产物流环节的应用研究"等专项和课题的研究及技术攻关,突破了一系列船舶智能制造关键共性技术。开发了型材切割、小组立焊接、中组立焊接、平面分段制造、管件加工等一批具有自主知识产权的智能制造生产线和生产设备,形成了船舶分段制造、管子加工、分段涂装等智能车间解决方案,研究成果在上海外高桥造船有限公司(以下简称外高桥)、大连船舶重工集团有限公司、中船黄埔文冲船舶有限公司(以下简称黄博文冲)、广州广船国际股份有限公司(以下简称广船国际)、沪东中华造船(集团)有限公司(以下简称沪东中华)等骨干造船企业实现了推广应用,显著提升了船舶建造的质量及效率。

在船舶智能制造共性技术研究的基础上,国内造船企业以提升造船质量、效率和效益为核心,以全面推进数字化造船为重点,以关键环节智能化改造为切入点,促创新、补短板、强基础、推示范,并将绿色理念贯穿在船舶设计、建造、管理与服务全过程,全面建立了精益制造体系,基本实现了基于模型定义的三维数字化工艺模型(MBD)在设计建造全过程的应

用。制造过程自动化、数字化水平显著提升,三维模型共享率提升80%以上,生产设计总体效率提高20%以上,分段制造车间现场网络覆盖率达到90%以上,生产效率提高20%以上,部分示范应用造船企业分段制造阶段每修正总吨消耗已降至15工时/吨,接近日韩平均水平,初步建立船体分段、管子加工、分段涂装等智能示范车间。

7.2.2 主要成果总结

(1)推进基于单一数据源三维生产设计

生产设计方面,大力开展基于三维模型的船舶智能设计模式研究,应用基于模型定义的船舶设计方法,通过三维体验平台开展基于MBD的船舶生产设计,突破当前现代造船模式下"三维模型+二维图纸"的船舶设计困境,解决科研院所和造船企业船舶总体设计与生产设计平台不统一、船舶三维模型多次构建、船舶设计数据不唯一、设计工作重复、现场智能设备无法识别或者很难识别设计图表等问题。应用基于模型定义的三维可视化作业指导方法,应用三维设计软件开展设计建模,完成数据集创建、工艺设计等,生成三维可视化作业指导书,指导现场作业。所有设计交付物的审查、签审、发放与接收统一受产品生命周期数据管理软件管理,从全过程规范了设计交付物的创建与下发,有效保证MBD技术的船舶数字化设计与制造实施。

(2)推进智能生产线/单元应用

结合目前船舶行业智能制造发展现状,针对短板瓶颈工位,国内多家骨干造船企业重点开展了智能生产线和智能生产单元的建设,并形成了相应应用,如表7-1所示。该应用促进形成了船舶中间产品智能生产线解决方案与系统集成能力,支撑我国骨干造船企业智能制造转型升级,使企业造船效率与质量得到显著提升。

表7-1 智能生产线/单元实施应用

序号	智能生产线/单元	主要实施应用企业
1	型材智能切割生产线:在多家骨干造船企业验证应用,生产效率显著提高,机器人等离子切割速度达到3~6 m/min,智能生产线配员人数大幅度减少,降低了人工依赖程度	外高桥、广船国际、黄埔文冲、中船澄西船舶造船有限公司(以下简称中船澄西)
2	智能打磨单元:机器人打磨速度能达到6 m/min,减少人力成本,产能提高至10 000米/班次,打磨砂轮片耗材用量减少约15%	黄埔文冲
3	吊马智能焊接单元:采用实芯焊丝比人工焊的药芯焊丝减少焊丝消耗17%。生产时智能焊接单元工人有60%工作时间空闲,可交叉从事第二作业	黄埔文冲

表 7-1（续）

序号	智能生产线/单元	主要实施应用企业
4	先行小组立焊接单元：机器人焊接速度可达到 1.5 m/min，生产效率显著提升，人工成本大大降低	外高桥、黄埔文冲
5	小组立智能生产线：机器人焊接速度达到 0.5 m/min，智能生产线配员人数降低为传统生产线的 20%，生产效率显著提升	外高桥、黄埔文冲、广船国际、沪东中华
6	高强度复杂曲板加工单元：人工弯板班组人数大大降低，智能弯板单元产能明显提升，模具成本单船只节省 1 000 万元	江南造船(集团)有限责任公司(以下简称江南造船)
7	平面分段流水线：智能生产线产能显著提高，人力成本大大降低，能耗成本相应减少，人均生产效率明显提升	广船国际、黄埔文冲
8	薄板平面分段智能生产线：应用于薄板分段生产，显著提高薄板焊接质量与生产效率	外高桥、广船国际
9	小径管智能生产线：智能生产线 1 个班次产能 182 根管子，人均生产效率大大提升，人工成本每年节省 69 万元，能耗成本显著降低	中船澄西

（3）推动智能车间建设

围绕船舶中间产品流水线智能化建造，开展加快新一代信息技术与建造过程深度融合应用，建立车间级现场网络，系统集成智能生产线与设备单元，构建虚实一体制造信息物理系统，以制造大数据和知识重用为基础持续优化车间制造过程，形成涵盖智能单元、智能生产线、数据采集与感知和智能管控系统等完整高效的智能车间。

①船体分段数字化车间

在船体分段数字化车间方面，研发小组立装配接、平面分段建造、曲面分段建造等装备/生产线，改造升级钢材切割、型材切割装备/生产线，建设船舶分段车间管控系统，实现船舶分段数字化智能化生产。

②涂装数字化车间

在涂装车间方面，研发分段智能喷砂装备、智能喷漆装备、视频监控设备、其他检测设备等，实现分段数据、工艺信息和管理信息的网络化传递、数字化控制、智能化决策分子，构建船舶行业分段涂装示范车间。

③管子加工数字化车间

针对船舶管子加工智能化需求，研发全自动中小径直管柔性生产线，改造升级大、特种管子加工智能生产线，建设管子智能车间管控系统，打通从管理、计划、设计、制造、检测到服务的信息流，实现管子加工虚实互联、数据共享、全面管控。

7.3 船舶智能制造车间案例

7.3.1 三维作业指导书下现场试点应用案例

（1）应用概况

①基于移动设备的分段制造三维作业指导书的试点应用

项目以 13 000 T 重吊船为载体，推进基于工业 PAD 的分段制造三维作业指导书下现场应用，将原先的分段工作图、各类工艺图纸调整为按工位的出图模式，形成了切割、加工、部件制作、中组制作、大组制作、大组完工、船坞（台）总组搭载等 7 个工位的电子作业指导手册，并通过电子化载体反馈技术，实现了基于移动设备的无纸化船体作业模式应用。在该模式下，不仅取消了原先的一些冗余交付物生成，减少设计工作，同时还减少了具体工位的冗余资料下发，使得现场资料的翻查便捷，大大减少了原先的资料查阅时间；可快速记录切割机号、完工时间等记录，显著提高作业反馈的效率和体验感；目录与图纸施工状态的同步，方便现场管理人员及时掌握现场施工的进度。

②生产现场数字化设备互联互通的试点应用

焊机联网管控项目已经完成了制造部的内场作业区 204 台数字化焊机的联网，其中针对数字化焊机设备进行通信协议研究，以供应商开放的通信协议为准，实现了数字化焊机管控数据的采集和下发。基于底层协议进行自主化数据采集软件开发，实现了突破通信接口、参数信息实时采集和工艺信息下发等技术，实时监测焊机工作电压、电流、送丝速度，统计焊接时间、焊丝用量等功能。通过应用，打破了信息壁垒，实现了数据共享，焊机工作数据、工艺参数、系统指令的上传下达，实现了焊机故障自动报警，提高了报修维修响应速度，以便合理安排设备保养。同时降低了设备故障率，能够对空闲焊机远程控制开关降低能耗，提高了设备利用效率。

在互联互通方面，船厂针对现有的 14 台数控切割机进行了相关模块化改造，目前已实现了在线联网、切割指令的统一分发与集中管理、切割物量数据的采集、切割机设备状态管理，为船厂后续推进精细化派工和执行管控提供了数据和技术支撑。

③小组立作业工位机器人焊接的试点应用

船厂已在小组立工位应用焊接机器人，实现了小部件的自动焊接。以设计数据为基础，通过机器人运动轨迹的自动生成、焊接工艺数据库的自动调用、自动定位、智能检测、自动焊接等技术手段，实现 LNG 分段小部件的柔性化、智能化、高品质焊接。根据统计，应用近 7 个月，焊接整体能耗降低，较好地提高了箱船隔舱片体制作精度和效率。目前单班次最高焊接 350 m 物量。去除试生产期间不完全生产日，目前平均班次的生产量约为 240 m。

从烧焊物量角度,该机器人已能顶替3~4个熟练工人进行生产,且焊接质量更稳定。

（2）创新性

①推进设计模式调整,提高数字化建模的完整性

无纸化作业模式推进的前提就是对设计模式和设计交付业务模式的调整。一方面,需要结合企业制造现场的实际,在三维设计环境中构建产品制造结构,并按照工位情况进行相应的设计输出调整,这需要对企业现有的模型数据组织方式、交付物呈现方式、设计编码进行适应性调整。另一方面,为满足加工过程的信息准确和无纸化传递,对数字化建模的完整性提出了要求。在推进三维作业指导过程中,公司将原先大量的后道二维工艺设计工作提前至前道三维工艺设计,如吊环、脚手、胎架等工装件的建模,如精度控制线、密性要求等工艺定义等。总之,无纸化应用的推进,大幅提升了设计的完整性和数据的准确性。

②推进制造模式转变,提高现场作业的质量

基于移动设备的无纸化作业既是对作业模式的变革,也是对数据可视化与集成化应用的创新。借助移动终端和可视化工具,将工位需要查阅的多种资料进行整合,如原有的图纸、工艺制作要求、工艺步骤文件、零件明细表等,通过1份可视化指导文件进行集中下发,工艺的步骤通过动态类视频方式进行指导,零部件明细通过目录体现等,可视化技术的创新应用,丰富了图面的表达内容,降低了视图的难度,提高了现场作业的质量。

③推进数字化装备的应用,提高"三化"造船的水平

船厂大力推进数字化装备应用,基于完整的模型数据,通过一系列技术手段实现了从设计向现场终端设备的信息连贯传递;并通过数字化装备实现现场数据的采集与反馈,为生产任务计划的调整和及时管理提供了技术支撑,从自动化、机械化、工装化方面提升整体造船水平。

（3）解决的技术难点或热点问题

①数字化装备的数据接口技术

通过研究焊机的底层中间件接口协议与管控系统软件中间件进行数据交换,实现焊机工作电压、电流、送丝速度实时上传到管控系统数据库,实现管控系统数据查询分析功能进行人机交互查询,实现了WPS的规范管理。

②现场数字化装备的通信与联网

按照企业信息化建设遵循ERP/MES/PCS三层体系结构的原则,管控一体化位于信息化管理三层体系结构中的MES层。根据企业生产管理结构,结合各节点机构的地域分布和控制系统安全,又将管控一体化系统划分成数据采集层、数据集中层和数据应用层。数据应用层挂接服务器和应用站点,实现对数据的集中处理、分析、保存和发布。数据采集层采用具有协议转换、安全隔离和数据缓存的控制通信接口机连接各控制系统,进行生产过程的实时数据采集。

（4）具体做法和实践经验

①资料整合是无纸化审图的关键环节

生产设计完成后，需要提交完整的分段工作图、分段零件明细表进行设计审查；而在出图颗粒度细化后，设计人员对若干份组立 PDF 进行设计审查，若查看十分不便，资料的完整性也缺乏手段保证时，就需要寻找解决方案。

经过分析研究后，船厂提出依产品结构按组立设计的三维作业指导，已通过开发程序，突破按产品结构的零部件、组立结构的 PDF 合并关键技术，开展产品结构解析与重构、多 3D 域在同一 PDF 共存、PDF 书签自动创建、节点图尺寸自适应添加等研究，解决了设计审查资料完整性的难点问题。

②现场记录和反馈的无纸化应用观念转变

现场施工人员在使用三维作业指导书后，原先需要现场在纸面记录的完工信息、炉批号等信息如何反馈挡在了项目的前进道路上，如何解决、能不能解决成了项目成败的关键点。

船厂对三维 PDF 文件进行了大量的试验和数据提取测试，也对操作可行性进行了充分分析。提出通过程序为 PDF 自动添加域的方法，突破批量自动化添加 PDF 域和脚本程序的关键技术，开展域编码规则制定、可变模板自动加域、脚本执行对象自适应等研究，解决了现场无纸化反馈信息的应用难点。

③焊机联网管控的实时通信

船厂组织网络组、软件设计组、现场设备管理人员采焊机联网集样本数据，召开专家会议分析问题出现原因，逐一排查验证，建立故障排查逻辑树等工程方法。最终得出联网不稳定、断网的原因是现场工业环境比较复杂，而高温、粉尘、潮湿的天气对联网接口腐蚀现象严重，对此拟定了技术解决方案，更换氧化过的水晶头，对网络接口进行加装工装防潮、防尘保护。采集器时钟不准确是采集器软件版本出现了问题，造成采集器 MAC 地址重复，通过升级采集器版本软件，修改时钟校对程序处理，从而解决了采集时钟不准确的问题。

7.3.2　造船焊接数字化管控案例

（1）应用概况

焊接是船舶建造最重要的作业内容，是造船的核心工种之一。良好的焊接质量是保证船体结构抵抗冲击、振动和疲劳的重要条件。焊接工时占全船总制造工时的 35%。船体结构复杂，狭小空间多，且为单船定制化生产模式，焊接作业仍存在大量人工操作，焊接工艺规范的执行得不到保证，导致焊后修补工作量大。通过研发和推行船舶焊接管控智能现场模型，并将其在多个型号工程化应用和推广，显著提升了焊接质量。

现代造船模式是以中间产品为导向组织生产的总装式造船，现代造船模式中船台/船坞在造船厂中处于核心地位,所有的生产计划和生产组织都要满足船台/船坞生产的计划需求。同时,在多船并行建造时,船台/船坞也将成为紧缺资源,如何提高船台/船坞的总装和搭载效率成为缩短船舶建造周期至关重要的因素。为了有效地缩短船台/船坞建造周期,大型船厂逐步引进了总段建造工艺,把总段作为船体总装单元。由于总段较大、刚性好,并且有较完整的空间,可以减小船台/船坞建造工作量和焊接变形,同时总段的预舾装程度较高,并可提前进行总段预密性试验。推进总段建造工艺,可以将大量的建造工作前移,并且可以并行建造,从而缩短船台/船坞建造周期。但是总段建造法对船厂的起重运输能力及整体定位、对接工艺要求较高。

(2)创新性

瞄准船舶焊接关键环节,提出智能关键管控思路,应用工业互联、数字化等技术,实现焊缝模型智能化精准设计、焊接任务及参数智能化预设、基于过程参数的焊缝质量智能预判、基于焊接质量的焊接智能管控、焊接进度实时跟踪与显示等,在多个型号工程化应用和推广,形成了行业应用示范。提出船舶总段智能定位及精确对接的工艺和技术体系,实现超大尺度在线测量、实测数据模拟对接仿真与分析、对接坐标勘定与精度标定,为实现大型复杂结构的高效率、高精度对接提供了新思路、新方案、新模式。通过实船应用验证,该方法有效提升建造效率和质量。

(3)解决的技术难点或热点问题

焊接作业从焊缝设计、焊前准备、焊接数据管控到焊后质量评估与问题追溯,涉及流程复杂、数据量巨大,需要强大而稳定的信息化平台做支撑。基于焊接仍然以人为主要生产资源的作业形态,运用数字化技术,把焊工、焊机、焊接过程、焊材等焊接工作要素有机地融为一个系统进行有效的管理,以实现焊接更加规范、焊机管理更加有效、焊工管理更加合理,达到质量可控,从"人管机器"向"机器管人"的转变。

围绕船舶总段区域化、批量化高效建造的迫切要求,针对船舶总段尺度超大、结构复杂、快速搭载、精度要求高等显著特点,重点解决船舶总段并行建造难题,突破局部刚性、整体柔性的超大尺度复杂结构体数字化调姿、高精度测量系统组网与集成、运输装置动态协调等关键技术,实现总段快速对接与低应力建造,形成一套适用于大型船舶总段建造的数字化对接装备。总段对接效率提高40%,对接工时减少30%,在线测量精度达到±0.5 mm,提升了低应力制造水平,研究成果实现了行业应用示范和推广。

(4)具体做法和实践经验

目前,船厂已形成了约1 300台焊机的智能现场模型,焊接工艺规程数据库涵盖各类型高新材料,完成了百万条焊缝的设计建模工作。焊机覆盖了唐山松下、福尼斯、OTC、开元、林肯等多家船舶行业主流焊机厂家,包括手工焊条焊、CO_2 气体保护焊、氩弧焊、埋弧焊等多种焊接方法。船舶焊接管控智能现场模型已应用于6个船舶型号,焊接拍片合格率从94%

提升至 98%,焊接变形明显减小,焊接燃弧时间提升 50%,焊接效率明显改善,焊接质量进一步提升,经济效益和社会效益显著提高。

船舶总段结构复杂、质量大、尺度大。总段调姿难度大。总段对接是船舶建造的关键环节,直接影响船舶建造的质量和效率。总段对接主要采用人工调控的方式,自动化程度不高、生产效率低、质量一致性差。通过历时近 3 年的技术攻关,突破了对中小车的升级改造、软硬件开发、系统集成等难关。2020 年 4 月 23 日上午,长 74 m、宽 60 m、质量接近 7 500 t 的 A1020 船总段首次利用智能对接系统顺利完成与艉半船精确对接,整个过程仅耗时 1 h 10 min。经检测确认,中心、水平等技术指标均满足要求,标志着总段智能对接研究成果正式转入工程应用。

7.3.3 分段和管舾智能制造车间案例

(1)应用概况

南通中远海运川崎船舶工程有限公司自成立以来就矢志不移地推进自动化、智能化生产线建设,在建设智能化船厂方面做出了一系列的探索和实践。自动化、智能化生产线的相继投产,大大优化了业务流程,提高了生产效率、降低了劳动强度、稳定了产品质量、减少了人工成本;主要生产车间实现了自动化、数字化、网络化、智能化生产。自动化生产系统使相应工序的生产效率提高了七成左右,个别工序提高了 3 倍。在确保生产安全和质量稳定的基础上,将产品建造周期缩短 10%~15%,生产效率提高 15% 以上,在船舶性能、造船效率和船舶质量上始终领先于国内主流船厂,成功打造了南通中远海运川崎船舶工程有限公司的企业品牌。

(2)创新性

通过推进智能制造,南通中远海运川崎船舶工程有限公司变革船舶超大型复杂结构件的传统建造方式,创新形成具有自身特色的船舶智能制造新模式。其创新性主要表现在:

①核心智能装备的创新应用达到国内船舶行业领先水平

持续推进机器人切割、焊接、小组、大中小径管加工、大组、打磨等核心智能装备的创新应用并达到国内船舶行业领先水平,大部分智能化装备属于国内首台/套应用,如:"钢板全面印字生产线"是世界首台实现钢板全幅面数码印字、划线工艺的智能设备,印字、划线能力达到 100 枚/8 h。

②先进的设计理念和制造技术

南通中远海运川崎船舶工程有限公司已建成投产 29 条自动化、智能化生产线,均采用先进的设计理念和船舶制造技术,智能装备的功能及技术规格和造船企业的生产、管理特点相契合,能够在最大限度上发挥设备产能和效率。

③高度集成的一体化信息平台

在推进智能制造的过程中,构建了数字化设计、工艺数据支撑、业务管控一体化的信息集成平台。充分发挥智能化装备和精益管理的优势。在高度集成的一体化信息平台的支撑下,实现数字化设计与工艺规划系统、辅助制造系统、企业资源计划管理系统、制造执行系统等深度集成和各造船业务一体化,同时为固化精益管理和知识管理提供工具和平台。

④量身定制智能、高效的制造执行系统

以规范生产管理和优化业务流程,完善物流管理与控制,全程监控,提高生产管理实时性与工作效率为目标,打造智能、高效的制造执行系统。实现生产计划、调度、统计、操作与管理的业务集成,统一数据源,保证调度与统计的数据一致性。在生产环节建立数据采集和分析系统,能充分采集制造进度、现场操作、质量检验、安全状况等生产现场信息。各坞、各船项目,各分段、各工种等的制造进度、主要工程节点、生产质量、物料配送情况等生产现场信息都有专门的信息化工具采集、整理、分析,进一步提升了企业在车间层面的精益管理和数字化管理水平。

(3)解决的技术难点或热点问题

①解决船舶制造领域多种核心智能制造装备的关键技术

a. 小径、中径、大径等全系列管径的自动化加工与机器人焊接技术

建成投产小径、中径、大径等全系列管径的自动化焊接生产线,生产线监测装备具备管规格的自动判别能力和自动化读取数据能力,从而实现数据传输到管子加工的全自动化。

b. 划线、印字、切割一体化应用

船用加工材料涉及型钢、条材、板材等多种类型和规格,项目利用多条具备复合功能的先进生产线来实现加工材料的整体管理和分类加工,进而形成一套完整的自动化预处理、划线、印字、切割方案。

c. 组立焊接机器人的应用

船舶分段焊接工艺复杂,而焊接机器人适用范围有限,通过加强工艺设计系统功能和现场的合理管控,解决从小组、中组到大组分段的焊接数据制作、传输、转换、加工等智能化难题。

d. 焊接数据库的建立

建立焊接数据库可持续优化焊接精度和效率。

②为船舶行业的信息系统集成应用和核心数据利用提供解决方案

a. 通过设计系统的深度二次开发,基于单一数据源的三维数字建模,完善船舶设计工艺数据库,解决基于三维模型的设计与工艺、工艺与制造协同问题。

b. 在推进船舶制造自动化、智能化生产线的过程中,解决核心数据来源和不断优化其加工能力等问题,实现船舶制造技术与信息技术的融合。

c.自动采集智能化生产线的运转率、运行状态、实时加工情况、加工量统计、生产效率等关键指标,并辅之以质量、安全信息,进行生产计划和进度的跟踪,逐步解决造船过程生产资源的动态平衡问题。

d.解决异构系统、多源数据的转化、集成,建立信息系统集成总线,实现各信息系统、智能设备间的互联互通。

③基于物联网、人工智能与大数据等新一代信息技术,充分发挥智能装备的潜能,提高生产效率、优化资源配置等

a.人工智能技术应用

应用计算机视觉技术,实现焊接轨迹的自动定位和加工的实时监控。

b.智能制造核心技术应用

采用空中移载设备、焊接单元、接触单元、激光检测系统等智能制造核心技术装备。

c.物联网技术应用

配置自动化设备 PLC 模块,运用 OPC 软件等互联网设备和技术实现制造过程现场数据采集与可视化。

d.大数据平台应用

构建以设计系统、PDM 系统、ERP 系统、MES 等核心系统为基础的大数据平台。

（4）具体做法和实践经验

①做好智能制造顶层设计

公司制定了船舶智能制造发展纲要,指导思想是"以智能+为抓手,建世界一流船厂,造世界一流船舶",核心是"构建智能船厂,建设五个平台,打造一个生态",路径是以精益管理为基础,打造数字化设计平台、车间智能化平台、信息管控平台、产品服务平台、互联互通平台,增创国际竞争新优势,践行高质量发展。

②持续推进智能制造工作

按照总体规划、分步实施的原则,以"两化"融合为主线,以生产线自动化、智能化改造为切入点,持续推进智能制造。目前五大平台已初见成效,江苏省的两个示范智能车间已初步建成。

③构建了覆盖全厂的通信网络基础设施

利用光纤通信、工业以太网、工业互联网等技术,实现厂区网络全覆盖,对船厂主要工位的关键设备,实现数据采集和传输。通过"互联网+设计",实现船舶产品异地协同设计,共享了设计资源,缩短了设计周期,提高了市场反应速度。

④构建生产过程数据采集与分析系统

围绕造船全过程,推进生产、安全、质量、效率等各环节数据采集和分析系统,通过精准的数据分析,实现精益化的生产管控。如通过自动化生产线可视化系统,实现生产数据和

设备状态的采集。

⑤建立精益设计体系,提升精益建造能力

精益化设计核心是精准匹配客户需求与船厂资源能力。面向船东,定制出性能更好、满足船东和规范要求的绿色节能船舶;面向船厂,要充分发挥生产装备条件,提高生产效率,节约生产资源。一是高效安全的设计理念。通过优化设计确保每个生产环节都能在最佳状态下实施,实现生产设计最优、安全状态最佳、物流成本最低。二是对船型的优化设计。利用异地协同,各专业人员协同设计,通过分析历史船型数据,对在建船型进行优化,缩短设计周期,为船东提供最经济的绿色环保船型。三是设计与生产一体化。引进先进设计系统,结合公司生产条件进行二次开发,将设计数据与生产能力匹配,形成具有南通中远海运川崎船舶工程有限公司特色的生产设计体系,覆盖生产全过程的每块钢板、每个零部件的编码体系,将超大型复杂结构的船舶制造过程数字化、符号化,保证生产过程始终处于可控、在控状态。

⑥推进智能化改造,加快智能车间建设

南通中远海运川崎船舶工程有限公司初步建成了船体和管舾两个智能制造车间。在推进船舶智能制造过程中,始终聚焦船体、装焊、外业、涂装、管加工、舾装等主要工序数字化管控,根据自身制造模式,定制了 MES,将上述流程中所需的预定计划与执行、工艺设计等管理基准固化其中,上承 ERP 系统,下接车间底层智能化设备,MES 解决了 ERP 系统与生产现场信息脱节的问题。

7.3.4　薄板分段智能制造车间案例

(1)应用概况

作为转型升级的薄板分段智能制造车间,对整体智能制造的模式进行了详细研究和规范设计,实现了从薄板平面分段设计、生产计划、制造执行、物流跟踪、检验跟踪、检验控制等业务一体化管控及优化运行的智能制造新模式,从而为解决目前企业面临的研发周期长、信息透明度低、物流管控困难、生产成本高、生产质量难以控制等提供了一种有效的解决方案。

①智能生产线

薄板平面分段智能生产线以豪华客滚船薄板平面分段制造过程中的钢材预处理、划线切割、零件加工、拼板、小组立、薄板平面分段等重点环节为对象,利用大数据、虚拟仿真、机器人等技术,开展生产线装备设施智能化、生产线生产要素状态采集与集成控制、仿真优化等能力建设,建成预处理、装配焊接、分拣等智能化生产线,形成高效生产制造能力。

②智能生产车间

通过构建数字化车间,包括型钢自动化切割流水线、中小组立机器人焊接生产线、数字化堆场、分段车间数字化测量场、车间看板系统,建设车间级工业互联网,形成涵盖智能单元、智能生产线、感知系统和智能管控系统等的完整智能车间体系。推广基于大数据分析的决策支持、可视化展现等技术应用,实现生产准备过程中的透明化协同管理、数控设备智能化的互联互通、智能化的生产资源管理、智能化的决策支持,全方位达到智能化的生产过程管理与控制,提高薄板平面分段制造效率和质量。

（2）创新性

①自动化和数字化融合

推进制造业自动化和数字化融合是发展智能制造的先决条件。制造业只有率先实现了自动化和数字化融合,达到数字化研发设计和生产控制之后,才能推进软件化和网络化应用,进而实现智能化制造。

②关键工业软件集成

采用插件式的应用,各模块可独立运行。通过开放的平台,可实现与企业现有系统的集成,从而避免信息孤岛。决策层主要包含大数据分析、移动应用等,使计划、派工单、图纸直接到达生产端、管理端,通过大数据分析使综合运营、生产管理、设计研发、供应链、质量、成本、人力资源、设备效能等环节的数据得到实施展现和分析,为经营和管理决策提供有效支持。管理层主要针对的是各个系统管理功能,主要体现在每个业务流程的管理,以及各个业务之间的协同管理,例如生产计划与供应链计划及设计计划的协同。物量数据从设计端产生,经过供应链环节,达到生产施工端。管理层和执行层主要涵盖了三维设计系统、PLM、MES、一体化平台以及外部协同平台等系统模块。执行层主要是对制造车间的排产与过程管理及控制。控制层主要通过物联网对主要的生产加工设备、吊装设备、运输设备、能源设备进行有效管理。设备层用于联入物联网及工业互联网的所有设备,主要接收执行层与控制层的指令,并完成制造任务。

③工业大数据采集和挖掘

ERP系统将企业运作中各个相关领域的资源进行合理规划和协调,包括生产计划、采购计划、物流计划、财务控制等;MES负责接收生产指令和生产过程的定义,对生产活动进行初始化,及时引导、响应和报告工厂的活动,对随时可能发生的生产状态和条件做出快速反应,提供从接收指令到最终产出成品全过程的生产活动的信息,然后及时反馈给ERP,由其调整采购、物流等计划,并产生财务数据。MES是一个车间层的信息系统,介于企业领导层的计划系统与生产过程的直接工业控制系统之间。它以当前视角向操作人员/管理人员提供生产过程的全部资源(人员、设备、材料、工具和客户要求)的数据和信息。MES在船厂智能管控中起到承上启下的作用。在ERP系统所产生的长期计划的指导下,MES根据底层控制系统采集与生产有关的实时数据,对短期生产作业的计划调度、监控、资源配置和生产过程进行优化。

（3）解决的技术难点或热点问题

①智能车间数字化建模与仿真

结合客滚船薄板生产工艺、制造特点，基于车间总体设计、工艺流程及布局优化，设计了离散型智能车间总体框架。总体框架由设备层、感知层、数据层、管理层与用户层组成，整合了平面分段流水线、型钢切割线、T排生产线、围壁线等多个生产对象，覆盖了钢料起水、划线切割、安装、焊接、运出等多个环节。

②产品设计仿真、产品数据管理、工艺仿真

广船国际船舶三维设计系统 AVEVA MARINE（AM）系统，可以实现95%以上的船舶零部件的三维建模。该系统可以使船体、管路、舾装、电气、涂装等各个专业在一个平台共同建模，通过模型的干涉检查，使各个专业能够高效协同设计，大大提高了设计的质量和效率。AM 系统可以快速输出各个专业的不同类型图纸，可以对模型进行仿真处理，为生产施工提供指导。AM 系统也可以实现基于三维模型的产品设计与仿真、关键制造工艺的数值模拟及加工、装配的可视化仿真。

③生产数据、MES、ERP 等系统的协同与集成

广船国际产品全生命周期管理系统（GSI-PLM），包含产品数据管理（PDM）、设计计划、设计派工、图纸纳期、设计图档、设计变更等功能。上游与三维设计系统相关联，下游与ERP 系统和 MES 相集成，使产品数据与图纸贯穿于整个供应链、制造、生产和交付全过程。广船国际制造执行系统（GSI-MES），可实现从钢板堆放、计划排产、下料切割、零件及中间产品制作的全过程管理。广船国际生产资源一体化智能管控平台（GSI-eRIM），在决策规划、经营接单、物料采购、仓储物流、生产计划等环节实现高效化、一体化、协同化的精益管理。

④采用工业互联网和工业大数据技术

根据生产过程管理需求、动态 MES 需求和未来制造大数据分析需求，对采集的生产现场数据进行统计分析处理。基于大数据驱动的预测诊断与优化技术，建立集成化的客滚船薄板生产设备故障诊断系统、生产工艺预测优化系统、产品在线智能化检测系统、能源预警系统，实现设备、工艺、产品、能耗的实时监控及预见性维护。

（4）具体做法和实践经验

建设薄板平面分段生产数字化车间，以薄板平面分段为生产对象，形成涵盖智能生产线、感知系统和智能管控系统等的完整智能车间体系。预处理场主要处理薄板中心所需钢板和型材，在预处理线前道配备一台校平机用于薄板的校平，提高薄板的平整度，使其满足激光拼板焊接的平整度需求。集成智能拼板、划线、数控切割、装配焊接机器人等设备，从型钢加工切割生产线、小组立装配焊接生产线、薄板平面分段生产线智能化建设入手，实现各加工工序的智能制造，达到工装自动化、工艺流程化、控制智能化、管理精细化。拼板工

位包括铣边、拼板焊,再铣边、再拼板焊,直到主板焊接完成,输送到切割工位。切割划线工位包括喷丸打磨、划线、切割、喷码,输送到纵骨工位。纵骨装焊工位包括片段、型材定位,纵骨焊,依次定位焊接完成整个片段。型材加工线工位包括矫直、铣边、打磨、切割、分拣,旋转,型材依次输送至纵骨焊工位。T-Beam 机器人焊工位包括焊缝定位跟踪、机器人焊接。建立薄板平面分段生产数字化车间数字模型系统,通过车间数字模型系统、数字化测量与质量控制系统等建设,对工艺流程、作业计划、资源配置、物流调度、精度控制进行预测预控,开展智能物流、智能安全生产监控、智能能源管理等研究与实践应用。

薄板平面工场分为三个区域,分别为型钢/型材制作区、片段装焊区和分段装焊区。根据薄板平面生产线的布置,薄板平面工场的主要工艺设备有激光复合焊拼板设备、等离子切割/打磨/划线设备、MAG/MIG 纵骨装焊设备以及数控等离子型钢线、型材安装门架、型材焊接机器人设备和围壁安装门架等。激光复合焊拼板设备采用激光复合焊+MAG/MIG纵骨装焊设备进行拼板焊接。设备包括进料门架、出料门架、钢板夹紧门架及铣边单元、激光复合焊接单元、操作控制系统等。等离子切割/打磨/划线设备是对完成拼板的板列进行打磨、喷码划线和切割,设备主要为一个切割横梁,包含一个打磨头、一个喷码划线头和一个等离子切割头。MAG/MIG 纵骨装焊设备采用双丝 MAG/MIG 焊接,完成纵向型材和纵向型材构架的装配和焊接。设备主要包括型材缓存及自动分拣、型材进料装置、二次缓存区域、自动进料门架、装焊门架和反变形装置。该工作站和型材线同步工作。数控等离子型钢线主要为纵骨装焊设备及部件线提供型材零件的加工,可切割的型钢包括角钢、球扁钢、扁钢和 T-Beam。型钢线主要工位及工序为:型材上料缓存工位→矫直→铣边、清边工位→机器人切割工位→下料缓存工位→型材分拣工位。型材安装门架主要负责型材和嵌入件的装配,每个门架配置有 T-Beam 提升旋转装置,T-Beam 压紧装置,焊接设备和工具等。T-Beam 机器人焊接工位主要对前道装配好的 T-Beam 进行焊接。每个工位配置 2 个焊接门架,每个门架配置 2 台焊接机器人,2 个门架同轨。围壁装焊工位对围壁等小组立部件进行装配和焊接,并完成嵌入板等其他未完成的焊接工作。

实现智能车间装备物联感知平台的研制集成,建立分段所需的各种规格的板材、型材、焊条、焊接规格、铁舾件、设备等的物料及工时数据管理系统,对自动下料切割、自动焊接拼装等关键工艺的数值模拟及加工、装配的可视化仿真。CATIA 软件系统各模块基于统一的数据平台,使各专业间的协调能够更高效。通过以场地优化、智能物流及自动化生产线等核心装备与生产管理软件的进一步集成研究为中心,实现车间 MES 与产品全生命周期管理以及企业资源计划的新型邮轮、客滚船薄板平面分段离散型智能工厂集成应用研究。

7.4　船舶智能制造车间发展需求

（1）加快船舶智能制造模式升级

以中间产品为对象组织生产，开展设计、生产、管理一体化综合数字设计，实施壳、舾、涂一体化精度制造，建设高效、柔性制造流水线。加强工程计划管理及成本管控，推进信息集成与网络运行，实施量化精益管理；推进基于模型定义的协同设计、制造平台建设，提升国产化配套与供应链管控能力，建立全生命周期的运营管理体系；全面推进船舶设计、制造、管理、维护、检验等全流程的数字化、智能化，国内骨干造船企业建成精益生产的智能船厂。

（2）攻克智能制造关键技术和短板装备

聚焦加工、检测、物流等环节，面向钢材切割和加工设备、平面分段流水线、大型起重机等专用装备，开展关键装备数字化升级技术研究；面向曲面分段、总段合龙、船坞/船台及检测、物流等环节，研发一批自动化、数字化制造关键装备，形成一系列国产化船舶智能制造装备解决方案，并实现工程应用和产业化。

（3）加快船舶绿色涂装技术与装备研发

围绕船舶涂装作业表面处理、分段涂装、外场涂装工艺阶段，从设计与材料、工艺与装备、末端治理等技术环节，开展船舶绿色涂装模式、船舶绿色涂装工艺设计技术、船舶环保涂料及工艺与示范应用、船舶涂装表面处理技术与装备、船舶涂装车间绿色生产和排放控制技术、船舶外场涂装绿色生产和排放控制技术及船舶涂装排放末端治理等技术研究。重点解决船舶涂装车间和外场粉尘、VOCs排放控制及危废物处理等关键技术，构建绿色涂装技术体系，研制系列绿色涂装工艺装备，促进船舶涂装向绿色化转型。

（4）加强信息化基础设施和网络安全能力建设

充分利用云计算、物联网、大数据、人工智能、5G等技术，进一步强化信息化基础设施，实现船舶设计、制造、管理和服务等各类系统的互联互通。加快工业互联网标识解析集成创新应用，推进（设计）数字流、（人员）工时流、物流、资金流、能耗、设备、人员等船舶制造过程海量多源异构数据信息的实时采集与传输，形成高效可靠的网络基础设施，加强企业网络与数据安全能力建设。

（5）加快新一代信息技术与制造技术深度融合

推进新一代信息技术、感知技术及核心支撑软件在船舶及动力配套制造中的应用。重点攻克研发协同、设计制造一体化集成建模与仿真、状态信息实时监测和自适应控制、质量在线控制和产品全生命周期质量追溯、基于大数据决策支持等关键技术持续提升船舶动力配套智能化水平，形成符合智能船舶应用需求的多种类、体系化动力配套智能装备。

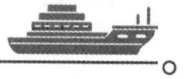

（6）推进高效集成化智能车间建设与示范

围绕船舶中间产品流水线智能化建造,开展加快新一代信息技术与建造过程深度融合应用。建立车间级现场网络,系统集成智能生产线与设备单元,构建虚实一体制造信息物理系统,以制造大数据和知识复用为基础持续优化车间制造过程,形成涵盖智能单元、智能生产线、数据采集与感知和智能管控系统等完整高效的智能车间。

7.5 本 章 小 结

本章基于船舶智能制造车间关键共性技术,分别从生产设计、智能单元/生产线应用、智能车间建设等方面说明了主要成果应用情况。结合国内骨干造船企业推进数字化、智能化总体情况,在摸底调研的基础上,总结了船舶智能制造车间实践案例,形成了三维作业指导书试点应用、造船焊接数字化管控、分段和管舾智能制造车间,以及薄板分段智能制造车间等应用案例,并分析提出了船舶智能制造车间发展需求,为推进船舶智能制造车间建设提供实际参考。

附录 A 面向智能制造的船舶中间产品标准工艺路线指导性文件

1 范　　围

本指导文件规定了分段中间产品分类体系和类型、智能车间中间产品标准工艺路线的制定原则与方法、船舶典型中间产品标准工艺路线。

本指导文件既可为各船厂根据自身实际制定船舶典型中间产品标准工艺路线提供参考,也可为船舶智能制造车间规划和建设提供中间产品分类技术支撑。

2　术语和定义

(1)船舶中间产品

狭义的船舶中间产品是根据成组技术的相似性原理,按照船舶不同的制造阶段,将构成船舶某一部分的"实物"定义为相应制造阶段的过程产品。广义的船舶中间产品分为实物形态和虚物形态两大类。

实物形态的船舶中间产品是指在船舶建造过程中,具有典型工艺特征和壳舾涂一体化完整性标准,按照造船流程和制造逻辑链有序组合叠加形成最终产品(整船)的一种成品化中间产品。它是设计、生产、管理一体化综合数字设计的基本单元,是组织造船生产的物流、信息流、资金流的基本载体。

虚物形态的船舶中间产品是指以实物形态中间产品为载体,形成与之相对应的"设计包、采购包、任务包"的一种表达方式。通常它以"图纸、图表文件"等形式来反映。

(2)标准工艺路线

工艺路线也称加工路线,是描述物料加工、零部件装配的操作顺序的技术文件,是指导制造单位按照规定的作业流程完成生产任务的手段,是一种关联工作中心、提前期和物料消耗定额等基础数据的重要基础数据,是实施劳动定额管理的重要手段。工艺路线是多个工序的序列。工序是生产作业人员或机器设备为了完成指定的任务而做的一个动作或一连串动作,是加工物料、装配产品的最基本的加工作业方式,是与工作中心、外协供应商等位置信息直接关联的数据,是组成工艺路线的基本单位。例如,一条流水线就是一条工艺路线,这条流水线上包含了许多工序。

具体而言,工艺路线数据主要包括工艺路线编码、工艺路线名称、工艺路线类型、制造单位、物料编码、物料名称、工序编码、工序名称、加工中心编码、时间单位、准备时间、加工时间、移动时间、等待时间、固定机时、变动机时、固定人时、变动人时、替换工作中编码、生效日期、失效日期和检验标志等。

标准工艺路线是指没有与具体的物料加工关联的工艺路线。

3 分段中间产品分类体系和类型

（1）分段中间产品分类体系，如图 A-1 所示。

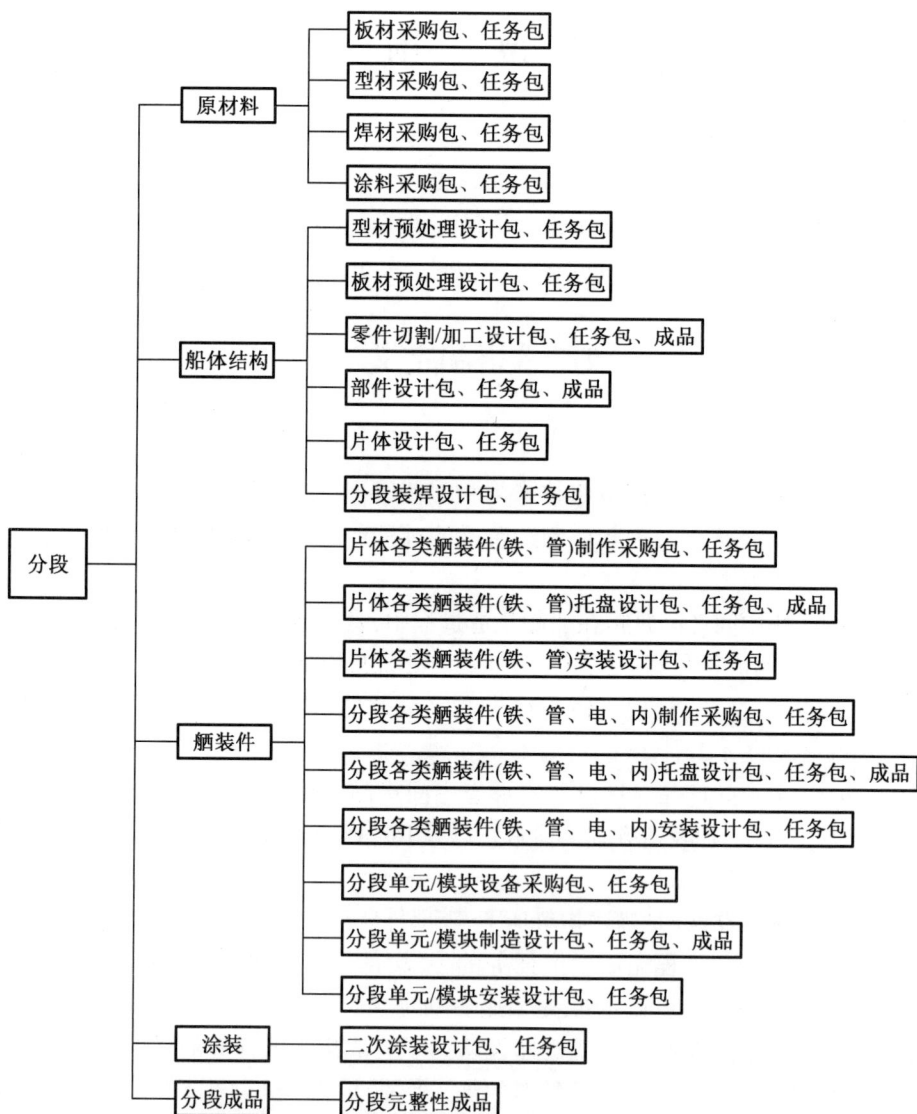

图 A-1 分段中间产品分类体系

（2）分段中间产品类型

①零件成型加工阶段中间产品类型，如表 A-1 所示。

表 A-1　零件成型加工阶段中间产品类型

零件类型	加工类型
主板	水火弯板
肘板	卷板弯曲
扶强材	大型折弯
补板	小型折边
T 排面板	面板弯曲
T 排腹板	肋骨冷弯

②小组立阶段中间产品类型，如表 A-2 所示。

表 A-2　小组立阶段中间产品类型

小组立类型	特征	示例
T 排部件	由 T 排专门组装车间组装的 T 排部件	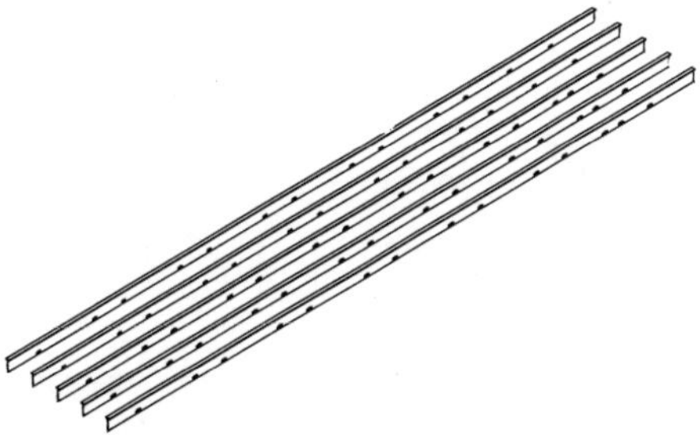
先行部件	由一块主板加零件组成的简单的基本小组立	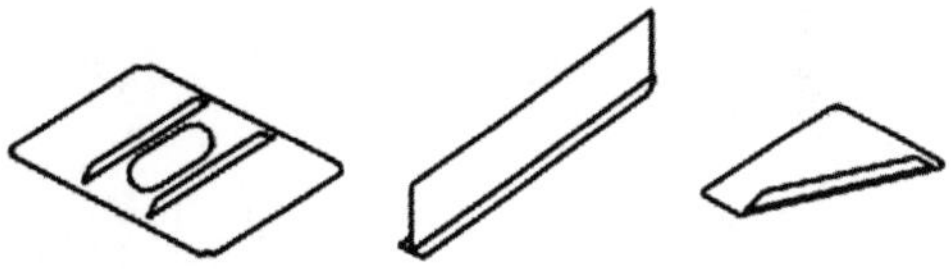
特殊部件	锚链筒组立、尾轴管组立、箱体组立等特殊小组立	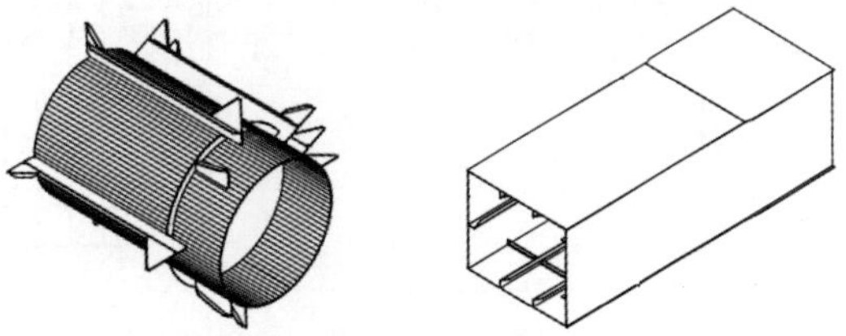
大型部件	质量在 30 t 以下，由多个零件和基本部件组成的复杂小组立	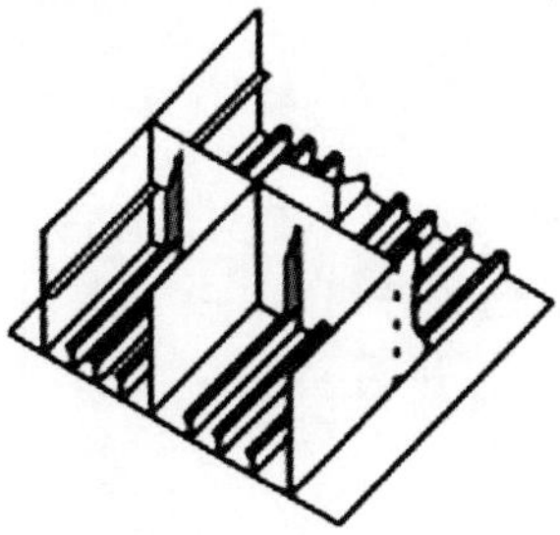

③中组立阶段中间产品类型，如表 A-3 所示。

表 A-3　中组立阶段中间产品类型

中组立类型	特征	示例
先行中组立	质量在 30 t 以上，流向下级中组立或大组立的小型中组立	
片体中组立	经平直流水线生产的片体中组立	
曲面中组立	经曲面中心以外板为基面生产的曲面中组立	
立体中组立	由零部件及中组立组成的大型立体中组立	

④分段制作阶段中间产品类型,如表 A-4 所示。

表 A-4　分段制作阶段中间产品类型

分段类型	特征	示例
机舱分段	以机舱典型分段为典型的可形成曲面外板组立专业生产的曲面分段	
首尾分段	以首、尾及机舱底层分段为典型的散贴外板反造的方式	
货舱分段	以双层底分段、舷侧分段、大型舱壁分段为典型的可形成平直流水线专业化生产的平直分段	

表 A-4(续)

分段类型	特征	示例
上建分段	以上建分段为典型的薄板分段	
小型相似分段	以舱口围分段、舱壁分段、小甲板分段等为典型的具有相似性特征,且数量可以形成批量专业化生产小型分段	

4 智能车间中间产品标准工艺路线的制定原则与方法

标准工艺路线是工时定额制定技术的立足点。工艺的标准化是在典型工艺、成组工艺的基础上,考虑工艺组的典型性,形成典型工艺。典型工序中要求每一道工序都具有典型性,而且典型工序拥有最优的工艺路线,这对制定典型工序的工时定额标准具有重要意义。

(1)智能车间中间产品典型工艺的形成

零件的工艺规程是由零件的形状、结构尺寸、精度等决定的,要掌握成千上万变化的零件,必须依靠以相似性为原理的成组技术,通过相似性分析将零件分类成组,对零件及其工艺的规律进行分析和归纳,从而找出变化规律。典型工艺是根据苏联学者 A. H. 索科洛夫斯基提出的工艺典型化原理,以结构功能相同的同类零件为对象,使结构形状、尺寸、精度等分类标志相同的零件构成零件型,使同一零件型的工艺过程典型化,便得到具有相同工序顺序和工序内容的典型工艺。典型工艺的着眼点是使零件的整个工艺过程标准化。但因能符合同类零件要求的具体零件数量并不多,所以造成零件类型较多,只适用于产品品种和零件结构形状比较稳定、批量较大的场合。

(2)智能车间中间产品成组工艺的形成

为了克服典型工艺的缺点,人们提出了智能车间中间产品成组工艺。成组工艺着眼于缩小工艺标准化的范围,从构成零件工艺过程的一道道工序出发,使工序实现标准化。

①复合零件法是利用一种拥有同组零件全部待加工的表面要素的复合零件来设计成组工艺的方法。按复合零件法设计的成组工艺,包含了加工零件组内所有零件,只需从成组工艺中删除某一零件没有用到的工序或工步,便形成该零件的加工工艺。

②复合路线法是在零件分类成组的基础上,形成包括零件组中所有零件加工路线的成组工艺,克服了复合零件法的缺点。

(3)智能车间中间产品典型工序的形成

由于船舶行业的特有工艺特性,对于某一个分段的组装,其工艺保持长久的不变性。并且,不同类型的船舶的同一部位分段建造,其工艺路线也保持相似或相同性,也就为实施制定智能车间中间产品典型工序创造了条件。

①工序相似性分析

典型工艺、成组工艺等传统的标准化技术,是遵循客观存在的零件相似性的标准化原理,这是合理的,因为没有客观上的相似性,要研究入围因素众多的工艺规程、操作方法的标准化是很困难的。由于典型工艺规程编制依赖操作人员的经验,缺乏严格的科学方法,所以不便于操作,只适用于相似性较高的情况。早期的成组工艺比典型工艺有了较大的改进,研究了一系列比较科学的方法,但由于没有对工艺规程的内容、组成、结构进行详细的分析,把工艺的相似性的利用局限于零件组的范围内,组与组之间的相似性没有得到充分利用,所以没有解决工艺规程、操作方法上的统一,也达不到全面的标准化。

在传统的典型工艺、成组工艺的基础上,人们深入研究了典型工艺之间的工序相似性,形成了典型工序。一个零件总是由主体形状和各种局部形状组合而成,其工艺也是由加工

主体形状的主体加工工序和加工局部结构的要素加工工序所组成。

按成组技术的工艺相似性分析,一个分组的分段的结构要素都是一样的,比如此船的甲板分段和彼船的甲板分段并不会有太大的差异,由于分段的划分受制于厂内的生产条件,所以分段的几何形状、尺寸、精度及技术要求是相似的。因此,根据复合零件法或复合路线法可以构成一个复合工艺,组中每一个分段的具体工艺都包括在复合工艺内。按成组技术相似性分析,分段在分类分组后,相似性得到了控制。在同一类一组的工序内容上,由于分段的相似性,其工序也具有相似性。

②标准工艺路线的制定

标准工艺路线是利用成组技术对工序的分类成组方法和工作研究方法优化典型工艺路线中的每一工序而形成的工艺路线。现在船厂采用的工艺技术大都是几十年的生产工艺的沉淀,对单种装配方法而言,业已达到了最优,那么就以这些单种装配方法为基础,制定单种装配方法的标准工艺路线。对于某一个分段的装配,对其在不同的装配方法之下,都要制定相应的标准工艺路线,如图 A-2 所示。一旦一条工艺路线被选择进行生产指导,就必须严格按照选定的工艺路线执行。

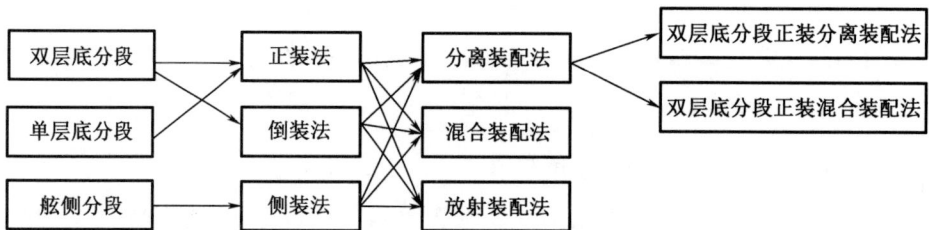

图 A-2　船体分段不同装配条件下的典型工艺制定

5　附录小结

面向智能制造的船舶中间产品标准工艺路线指导性文件旨在指导造船企业根据各自的产品定位、资源禀赋、发展规划,研究适合于本企业的船舶中间产品标准工艺路线技术,制定本企业的船体分段、管子加工智能车间中间产品标准工艺路线,为造船企业确定推进智能车间建造提供依据,支撑我国骨干船厂智能制造的系统推进和落地实施。

附录 B 　缩略语解释

表 B-1 　缩略语解释

缩略语	全称	中文释义
ERP	Enterprise Resource Planning	企业资源计划
MES	Manufacturing Execution System	制造执行系统
PDM	Product Data Management	产品数据管理
CRM	Customer Relationship Management	客户关系管理
CMS	Central Management Server	中心管理服务器
EMS	Energy Management System	能源管理系统
LES	Logistics Execution System	物流执行系统
RFID	Radio Frequency Identification	无线射频识别
GPS	Global Positioning System	全球定位系统
MEMS	Micro-Electro-Mechanical System	微机电系统
SPD	Ship Product Design	船舶产品设计
SPDM	Ship Product Data Management	船舶产品数据管理
SMS	Short Message Service	短信服务
OA	Office Automation	办公自动化
DM	Data Market	数据集市
DW	Data Warehouse	数据仓库
ODS	Operational Data Store	操作型数据存储
ICT	Information and Communications Technology	信息与通信技术
MR	Mixed Reality	混合现实
PLM	Product Lifecycle Management	产品生命周期管理
APS	Advanced Planning and Scheduling	高级计划和排程系统
HSE	Health Safety Environment	健康 安全 环境
QMS	Quality Management System	质量管理系统
OTS	Off Tooling Samples	工程样件
NC	Numerical Control	数控
BOM	Bill of Material	物料清单
PLC	Programmable Logic Controller	可编程逻辑控制器

表 B-1（续）

缩略语	全称	中文释义
UPS	Uninterruptible Power Supply	不间断电源
DAP	Detailed Assembly Process	详细组立流程
AGV	Automated Guided Vehicle	自动导引运输车
FCB	Flux Copper Backing	焊剂铜衬垫单面焊接
WPS	Welding Procedure Specification	焊接工艺规程
MBD	Model Based Definition	基于模型的定义
MAC	Media Access Control	媒体访问控制
CAD	Computer Aided Design	计算机辅助设计
CApp	Computer Aided Process Planning	计算机辅助工艺规划
CAM	Computer Aided Manufacturing	计算机辅助制造
MAG	Metal Active Gas Arc Welding	熔化极活性气体保护电弧焊
MIG	Metal Inert Gas Welding	熔化极惰性气体保护焊